云南大学"一带一路"沿线国家综合数据库建设项目
中国周边外交研究省部共建协同创新中心　联合推出

"一带一路"沿线国家综合数据库建设丛书 | 林文勋 主编

企聚丝路
海外中国企业高质量发展调查
柬埔寨

陈瑛 等 著

Overseas Chinese Enterprise and
Employee Survey in B&R Countries
CAMBODIA

中国社会科学出版社

图书在版编目(CIP)数据

企聚丝路:海外中国企业高质量发展调查.柬埔寨/陈瑛等著.—北京:中国社会科学出版社,2022.11
("一带一路"沿线国家综合数据库建设丛书)
ISBN 978-7-5227-1032-7

Ⅰ.①企… Ⅱ.①陈… Ⅲ.①海外企业—企业发展—研究—中国 Ⅳ.①F279.247

中国版本图书馆 CIP 数据核字(2022)第 216543 号

出 版 人	赵剑英
责任编辑	马 明 郭 鹏
责任校对	任晓晓
责任印制	王 超

出 版	中国社会科学出版社
社 址	北京鼓楼西大街甲 158 号
邮 编	100720
网 址	http://www.csspw.cn
发 行 部	010-84083685
门 市 部	010-84029450
经 销	新华书店及其他书店
印 刷	北京明恒达印务有限公司
装 订	廊坊市广阳区广增装订厂
版 次	2022 年 11 月第 1 版
印 次	2022 年 11 月第 1 次印刷
开 本	710×1000 1/16
印 张	18.25
字 数	255 千字
定 价	95.00 元

凡购买中国社会科学出版社图书,如有质量问题请与本社营销中心联系调换
电话:010-84083683
版权所有 侵权必究

《"一带一路"沿线国家综合数据库建设丛书》编委会

主　　编　林文勋

副 主 编　杨泽宇　赵琦华　李晨阳

编委会成员　(按姓氏笔画顺序)

孔建勋　毕世鸿　许庆红　杨　伟

杨泽宇　杨绍军　李彦鸿　李晨阳

吴　磊　沈　芸　张永宏　陈炳灿

陈　瑛　陈善江　范　俊　林文勋

罗茂斌　赵琦华　廖炼忠

总　序

党的十八大以来，以习近平同志为核心的党中央准确把握时代发展大势和国内国际两个大局，以高瞻远瞩的视野和总揽全局的魄力，提出一系列富有中国特色、体现时代精神、引领人类社会进步的新理念新思想新战略。在全球化时代，从"人类命运共同体"的提出到"构建人类命运共同体"的理念写入联合国决议，中华民族为世界和平与发展贡献了中国智慧、中国方案和中国力量。2013年秋，习近平主席在访问哈萨克斯坦和印度尼西亚时先后提出共建"丝绸之路经济带"和"21世纪海上丝绸之路"的重大倡议。这是实现中华民族伟大复兴的重大举措，更是中国与"一带一路"沿线国家乃至世界打造政治互信、经济融合、文化包容的利益共同体、命运共同体和责任共同体的探索和实践。

大国之路，始于周边，周边国家是中国特色大国外交启航之地。党的十九大报告强调，中国要按照亲诚惠容理念和与邻为善、以邻为伴周边外交方针深化同周边国家关系，秉持正确义利观和真实亲诚理念加强同发展中国家团结合作。[①] 当前，"一带一路"倡议已从谋篇布局的"大写意"转入精耕细作的"工笔画"阶段，人类命运共同体建设开始结硕果。

---

① 习近平：《决胜全面建成小康社会　夺取新时代中国特色社会主义伟大胜利——在中国共产党第十九次全国代表大会上的报告》(2017年10月18日)，人民出版社2017年版，第60页。

在推进"一带一路"建设中，云南具有肩挑"两洋"（太平洋和印度洋）、面向"三亚"（东南亚、南亚和西亚）的独特区位优势，是"一带一路"建设的重要节点。云南大学紧紧围绕"一带一路"倡议和习近平总书记对云南发展的"三个定位"，努力把学校建设成为立足于祖国西南边疆，面向南亚、东南亚的综合性、国际性、研究型一流大学。2017年9月，学校入选全国42所世界一流大学建设高校行列，校党委书记林文勋教授（时任校长）提出以"'一带一路'沿线国家综合数据库建设"作为学校哲学社会科学的重大项目之一。2018年3月，学校正式启动"'一带一路'沿线国家综合数据库建设"项目。

一是主动服务和融入国家发展战略。该项目旨在通过开展"一带一路"沿线国家中资企业与东道国员工综合调查，建成具有唯一性、创新性和实用性的"'一带一路'沿线国家综合调查数据库"和数据发布平台，形成一系列学术和决策咨询研究成果，更好地满足国家重大战略和周边外交等现实需求，全面服务于"一带一路"倡议和习近平总书记对云南发展的"三个定位"。

二是促进学校的一流大学建设。该项目的实施，有助于提升学校民族学、政治学、历史学、经济学、社会学等学科的建设和发展；调动学校非通用语（尤其是南亚、东南亚语种）的师生参与调查研究，提高非通用语人才队伍的科研能力和水平；撰写基于数据分析的决策咨询报告，推动学校新型智库建设；积极开展与对象国合作高校师生、中资企业当地员工的交流，促进学校国际合作与人文交流。

项目启动以来，学校在组织机构、项目经费、政策措施和人力资源等方面给予了全力保障。经过两年多的努力，汇聚众多师生辛勤汗水的第一波"海外中国企业与员工调查"顺利完成。该调查有如下特点：

一是群策群力，高度重视项目研究。学校成立以林文勋书记任组长，杨泽宇、张力、丁中涛、赵琦华、李晨阳副校长任副组长，各职能部门领导作为成员的项目领导小组。领导小组办公室设在社科处，由社科处处长任办公室主任，孔建勋任专职副主任，陈瑛、许庆红任技术骨干，聘请西南财经大学甘犁教授、北京大学邱泽奇教授、北京大学赵耀辉教授、北京大学翟崑教授为特聘专家，对项目筹备、调研与成果产出等各个环节做好协调和指导。

二是内外联合，汇聚各方力量推进。在国别研究综合调查数据库建设上，我校专家拥有丰富的实践经验，曾依托国别研究综合调查获得多项与"一带一路"相关的国家社科基金重大招标项目和教育部重大攻关项目，为本项目调查研究奠定了基础。国际关系研究院·南亚东南亚研究院、经济学院、民族学与社会学学院、外国语学院、政府管理学院等学院、研究院在问卷调查、非通用语人才、国内外资料搜集等方面给予大力支持。同时，北京大学、中国社会科学院、西南财经大学、广西民族大学等相关单位的专家，中国驻各国使领馆经商处、中资企业协会、企业代表处以及诸多海外中央企业、地方国有企业和民营企业都提供了无私的支持与帮助。

三是勇于探索，创新海外调研模式。调查前期，一些国内著名调查专家在接受咨询时指出，海外大型调查数据库建设在国内并不多见，而赴境外多国开展规模空前的综合调查更是一项艰巨的任务。一方面，在初期的筹备阶段，项目办面临着跨国调研质量控制、跨国数据网络回传、多语言问卷设计、多国货币度量统一以及多国教育体系和民族、宗教差异性等技术难题和现实问题；另一方面，在出国调查前后，众师生不仅面临对外联络、签证申请、实地调研等难题，还在调查期间遭遇地震、疟疾、恐怖袭击等突发事件的威胁。但是，项目组克服各种困难，创新跨国调研的管理和实践模式，参与调查的数百名师生经过两年多的踏实工作，顺利完成了这项兼具开源性、创新性和唯一性的调查任务。

四是注重质量，保障调查研究价值。项目办对各国调研组进行了多轮培训，强调调查人员对在线调查操作系统、调查问卷内容以及调查访问技巧的熟练掌握；针对回传的数据，配备熟悉东道国语言或英语的后台质控人员，形成"调查前、调查中和调查后"三位一体的质量控制体系，确保海外调查数据真实可靠。数据搜集完成之后，各国调研组立即开展数据分析与研究，形成《企聚丝路：海外中国企业高质量发展调查》报告，真实展现海外中国企业经营与发展、融资与竞争、企业形象与企业社会责任履行状况等情况，以及东道国员工工作环境、就业与收入、对中国企业与中国国家形象的认知等丰富内容。整个调查凝聚了700多名国内外师生（其中300多名为云南大学师生）的智慧与汗水。

《企聚丝路：海外中国企业高质量发展调查》是"'一带一路'沿线国家综合数据库建设"的标志性成果之一。本项目首批由20个国别调研组组成，分为4个片区由专人负责协调，其中孔建勋负责东南亚片区，毕世鸿负责南亚片区，张永宏负责非洲片区，吴磊负责中东片区。20个国别调研组负责人分别为邹春萌（泰国）、毕世鸿（越南）、方芸（老挝）、孔建勋和何林（缅甸）、陈瑛（柬埔寨）、李涛（新加坡）、刘鹏（菲律宾）、杨晓强（印度尼西亚）、许庆红（马来西亚）、柳树（印度）、叶海林（巴基斯坦）、冯立冰（尼泊尔）、胡潇文（斯里兰卡）、邹应猛（孟加拉国）、刘学军（土耳其）、朱雄关（沙特阿拉伯）、李湘云（坦桑尼亚）、林泉喜（吉布提）、赵冬（南非）和张佳梅（肯尼亚）。国别调研组负责人同时也是各国别调查报告的封面署名作者。

今后，我们将继续推动"'一带一路'沿线国家综合数据库建设"不断向深度、广度和高度拓展，竭力将其打造成为国内外综合社会调查的知名品牌。项目实施以来，尽管项目办和各国调研组竭尽全力来完成调查和撰稿任务，但由于主、客观条件限制，疏漏、错误和遗憾之处在所难免，恳请专家和读者批评指正！

《"一带一路"沿线国家综合数据库
建设丛书》编委会
2020年3月

目　录

第一章　柬埔寨经济形势与中资企业 …………………………（1）
　第一节　柬埔寨经济形势分析 …………………………………（1）
　第二节　柬埔寨国际经贸交往形势分析 ………………………（8）
　第三节　"一带一路"在柬埔寨的进展 ………………………（13）

第二章　柬埔寨中资企业调查技术报告 ………………………（15）
　第一节　调查方案与数据采集 …………………………………（15）
　第二节　企业数据描述 …………………………………………（18）
　第三节　员工数据描述 …………………………………………（23）

第三章　柬埔寨中资企业生产经营状况分析 …………………（32）
　第一节　运营基本状况 …………………………………………（32）
　第二节　生产与销售状况 ………………………………………（44）
　第三节　融资及其结构分析 ……………………………………（60）
　小　结 ……………………………………………………………（64）

第四章　柬埔寨营商环境和中资企业投资风险评价 …………（66）
　第一节　基础设施供给评价分析 ………………………………（66）
　第二节　公共服务供给评价分析 ………………………………（76）
　第三节　营商环境影响评价分析 ………………………………（99）
　第四节　投资风险评价分析 ……………………………………（118）

小　结 …………………………………………………………（125）

第五章　柬埔寨中资企业雇用行为与劳动风险分析 …………（128）
第一节　员工构成分析 ……………………………………（128）
第二节　雇用行为分析 ……………………………………（135）
第三节　劳资纠纷及处理效果分析 ………………………（148）
小　结 …………………………………………………………（153）

第六章　柬埔寨中资企业本地化经营与企业国际形象分析 ……（156）
第一节　本地化经营程度 …………………………………（156）
第二节　社会责任履行程度 ………………………………（162）
第三节　形象传播及东道国认可度评价 …………………（170）
第四节　公共外交分析 ……………………………………（176）
小　结 …………………………………………………………（181）

第七章　柬埔寨中资企业员工的职业发展与工作条件 …………（183）
第一节　职业经历和工作环境状况 ………………………（183）
第二节　工作时间与职业培训情况 ………………………（187）
第三节　工会参与及社会保障情况 ………………………（193）
第四节　收支水平分析 ……………………………………（198）
第五节　工作态度分析 ……………………………………（202）
第六节　家庭的社会地位评价和耐用消费品使用分析 …（206）
小　结 …………………………………………………………（214）

第八章　柬埔寨中资企业员工情感认同 ……………………………（217）
第一节　社会交往与社会距离分析 ………………………（217）
第二节　企业评价 …………………………………………（222）
小　结 …………………………………………………………（230）

第九章 柬埔寨中资企业员工的媒体使用与文化消费 …………（232）
  第一节　互联网与新媒体使用 ……………………………（232）
  第二节　文化消费 …………………………………………（242）
  小　结 ………………………………………………………（247）

第十章　国内议题与大国影响力 ……………………………（249）
  第一节　品牌认知与消费行为 ……………………………（249）
  第二节　社会责任履行 ……………………………………（254）
  第三节　大国影响力 ………………………………………（257）
  小　结 ………………………………………………………（271）

参考文献 ………………………………………………………（273）

后　记 …………………………………………………………（279）

第一章

柬埔寨经济形势与中资企业

2013年习近平主席提出了"一带一路"倡议,2015年中国企业对"一带一路"沿线相关的49个国家进行了直接投资,2017年中国企业对"一带一路"沿线的57个国家新增投资,合计96亿美元。柬埔寨是"一带一路"沿线中国投资额增长较快的国家之一,随着共建"一带一路"深化推进,处在中国"一带一路"建设海上丝绸之路重要节点上的柬埔寨,成为中国在东盟的重要战略支撑和重点投资区域,政局稳定、市场经济自由、政策优惠等因素吸引着越来越多的中国企业在柬埔寨投资设厂,也取得了丰硕的成果,如西哈努克港经济特区、金边至西哈努克港高速公路项目、桑河二级水电站工程等。柬埔寨首相洪森高度赞扬:"'一带一路'倡议提出以来,促进了周边各国的发展,取得了令人瞩目的成就;我相信,柬埔寨未来的经济、社会发展一定得益于'一带一路'倡议对基础设施建设和互联互通的大力支持"。

第一节 柬埔寨经济形势分析

一 柬埔寨经济增长与发展态势

自1953年柬埔寨正式独立以来,柬埔寨的经济发展取得了一定的进步,经济发展经历了由"混合型"到"市场型"的突破性转变。① 但由于柬埔寨国内长期饱受战乱，国内工业基础薄弱、基础建设落后，经济发展严重依赖于农业，致使柬埔寨长期处于贫穷和落后的社会状态，至今仍是世界经济最不发达的国家之一。近年来，为了稳定、发展国内经济，柬埔寨政府先后实施了"三角战略"和"四角战略"，在推动私有化和贸易自由化的同时，柬埔寨将农业、加工业、旅游业等行业作为优先发展领域，经济发展呈现出强劲增长的态势，2010—2014 年柬埔寨国内 GDP 保持在 7.00%—7.50%的增长率。从 2014 年开始，柬埔寨经济增长略微放缓，但到 2018 年，柬埔寨 GDP 为 85.80 万亿美元，增速为 7.52%。此外，柬埔寨通货膨胀水平常年维持在较低水平，近些年虽有增长，但依然维持在 3.00%附近。

农业是柬埔寨国家经济发展的支柱性产业，也是柬埔寨国家战略发展规划的重点产业，对推动柬埔寨经济增长、减少贫困人口、保障粮食安全具有重要的作用。2015 年和 2018 年柬埔寨农业在国内生产总值中的贡献占比分别为 26.58%和 23.50%。20 世纪 50 年代，柬埔寨经历连年战乱和动荡，农田大量荒废、水利设施技术被毁，粮食安全不得不依赖于国外进口粮食和国家社会援助。② 自 1994 年柬埔寨颁布《投资法》以来，柬埔寨政府引导国内外资金向农业倾斜，在"提高产量"、"多样化"和"商业化"的目标下，大力促进农业发展。截至 2016 年，柬埔寨农业用地面积占全国土地面积比例为 30.90%，相比 1961 年增长 55.04%，农业信息化水平也得到了逐年提升③。但柬埔寨农业仍处于粗放式发展的阶段，农业基础设施不完善、机械化程度低、现代化种植成本高等问题直接阻碍了柬埔寨农业的发展，大米、木薯等优势农产品亦面临种植、收割、加工、电力供

---

① 李轩志：《柬埔寨社会文化与投资环境》，世界图书出版公司 2012 年版，第 31 页。

② 毕世鸿：《柬埔寨经济社会地理》，世界图书出版公司 2014 年版，第 99 页。

③ 王欣、杜楚薇：《柬埔寨农业信息化发展水平评价研究》，《产业经济》2018 年第 23 期。

应等基础设施供给缺乏等问题。

20世纪60年代,在美欧等国家的援助下,柬埔寨工业开始进入发展阶段,各类工厂陆续建成,工业呈现出快速发展的态势。[①] 到60年代末,工业产值占国民经济比重已达19.00%,工业企业就业人数占全国劳动力人口总数的4.00%。[②] 但在随后的柬埔寨国内战乱中,刚刚起步的工业销毁殆尽,直到1993年柬埔寨政府试行自由市场经济,并颁布相关投资优惠政策,工业才得以重新发展,其中服装制造业作为柬埔寨国内新兴行业,快速发展形成规模,成为柬埔寨工业中的支柱产业。2002—2003年,欧美国家加大在柬埔寨的成衣订单,并加大对柬埔寨的服装进口配额,进一步推动了柬埔寨制衣业的发展。截至2003年末,柬埔寨制衣工厂总数为197家,纺织品出口额达15.7亿美元。之后随着世贸组织框架下纺织服装协议终止、美国取消对柬埔寨的优惠配额、国际金融危机等事件的发生,柬埔寨制衣业陷入寒冬,2016年以来,超半数的制衣企业开工不足,部分企业开始压缩开支、减少工人雇用数量。

自1993年柬埔寨国内战乱平息以来,柬埔寨旅游业快速发展,已成为柬埔寨经济发展的重要力量之一。柬埔寨国内共计1300余处旅游景点,旅游人数平均每年增长17.00%,年收入已达30亿美元的规模,2017年国际旅游收入为40.23亿美元,相比2016年增长14.19%。2007年以来,柬埔寨国际旅游收入占国内生产总值比重在25.00%左右,2002年占比高达30.00%。柬埔寨旅游资源虽然丰富,但交通、医疗等发展旅游所需的基础设施建设,却成为柬埔寨旅游业发展的瓶颈所在。

二 柬埔寨国际贸易与外资流动情况分析

柬埔寨是一个高度开放的国家,其对外贸易在1993年和平进程

---

① 杨武:《当代东盟经济与政治》,世界知识出版社2006年版,第218页。
② 王士录:《当代柬埔寨经济》,云南大学出版社1999年版,第222页。

完成后才得以进入正常状态。在波尔布特政权时期，除了与中国进行贸易外，柬埔寨在1977年出口额为300万美元，进口额为2200万美元。在金边政权时期，对外贸易额虽有增加，但对外贸易对象主要是苏联等社会主义经济体，且其中大部分商品以捐赠方式进口至国内。1985年，柬埔寨与苏联进口额为1.002亿美元，出口额为1490万美元。[①] 与波尔布特时期相同的是，两个时期柬埔寨在对外贸易中均处于逆差的状态。随着柬埔寨国内自由市场经济和对外开放政策的实行，以及美国对柬埔寨贸易禁运的解除，柬埔寨对外贸易得到了快速发展。以服装成品加工为主的出口加工业迅速发展，大米、木材、橡胶等柬埔寨传统贸易品的大规模出口，柬埔寨出口额不断增长，贸易逆差逐步缩小。2018年，柬埔寨货物与服务对外贸易差额为-4.19亿美元，相比2017年下降44.80%。柬埔寨1999年加入东盟、2004年加入世界贸易组织进一步扩大了柬埔寨对外贸易的空间，在较为宽松的经济和贸易政策保障下，2001—2005年，柬埔寨对外贸易年增长率保持在16.00%，五年内柬埔寨对外贸易依存度从97.00%上升到110.00%。[②] 2013—2018年，柬埔寨对外贸易稳定增长。2018年进出口贸易总额为307亿美元，同比增长10.90%。

自1989年柬埔寨经济体制由计划经济转为市场经济依赖，柬埔寨一直积极欢迎外国直接投资，并于1993年通过新的投资法案，该法案在2003年得到修改，以适应柬埔寨国内新的经济需求。除金融危机时期，外国直接投资有所下降外，柬埔寨FDI一直保持稳定增长的状态，在2008年FDI达到峰值，投资额为252.98亿美元。在2008年以后，由于受经济危机的影响，柬埔寨FDI出现不同时期的阶段性下降。首先是2008—2009年，其次是2012—2013年和2014—2015年。这一现象主要是由于投资者追求"短平快"利益，这一目的使

[①] 王士录：《当代柬埔寨经济》，云南大学出版社1999年版，第68—69页。
[②] Brett M. Ballard, "Annual Development Review 2006–2007", *Cambodia Development Resource Institute*, February 2007, p. 38.

得柬埔寨在2008年经济危机期间仍然能够大幅度吸引外国直接投资。① 2015年以来，柬埔寨外国直接投资净流入连年增长，2018年，柬埔寨外国直接投资（FDI）净流入为31.03亿美元，较去年同期的27.88亿美元，增长11.30%。另外，2018年FDI净流入占GDP的比重为12.63%。

中国与柬埔寨长期以来保持友好关系，近年来，随着"一带一路"倡议的提出、中国—东盟自由贸易区的建成以及澜沧江—湄公河合作项目的进一步落实，使中国与东盟各国特别是柬埔寨的贸易投资进一步增长、经济融合加深。截至2018年，中国已经连年成为柬埔寨的最大外国直接投资来源地、第一大贸易伙伴、最大国际游客来源国、最大大米进口国、最大外来援助国。

2013—2018年，中柬双边贸易呈持续增长态势。其中，中国对柬埔寨出口除在2014年略有下降外，其余年份都稳步增长，并且从2016年开始增长速度加快；中国自柬埔寨进口一直保持稳步增长态势。2018年中柬双边贸易额为74.63亿美元，同比增长28.89%。其中，中国对柬埔寨出口59.83亿美元，同比增长25.09%；自柬埔寨进口14.80亿美元，同比增长46.83%。在投资方面，2013—2015年中国对柬埔寨对外直接投资呈下降趋势，在2015年之后，呈上升趋势。2017年中国对柬埔寨对外直接投资为7.40亿美元，同比增长18.21%。

中国一直是柬埔寨大米出口的最大市场。2016年，为进一步促进柬埔寨大米出口中国，中柬双方就签署合作备忘录，中方同意将2017年进口柬埔寨大米配额增加到20万吨。此外，中国与柬埔寨合作建立"中柬国家级农业经贸合作区"，以促进柬埔寨农业经济的发展。2016年，中国在柬直接投资总额为5.11亿美元，其中农业领域投资达5300万美元，占比达10.37%。旅游方面，除中柬政府双方签

---

① 刘亚萍等：《2015—2016柬埔寨国情报告》，经济管理出版社2018年版，第73—74页。

订《中华人民共和国国家旅游局与柬埔寨王国旅游部关于旅游合作的谅解备忘录》外,中资企业也在促进柬埔寨旅游发展的道路上砥砺前行,先后在柬埔寨建立"澜湄合作"先行试验区、开设免税店等一批促进旅游发展的配套设施。除此之外,中柬双边金融合作持续深化。2018年12月13日中柬双方签署两份总价值为18.22亿元人民币的贷款协议。其中无偿贷款(援助)12亿元人民币,该贷款将主要用于执行提高柬埔寨人民生活水平和建设重要基础设施的计划;优惠贷款6.22亿元人民币用于柏威夏省储存水库发展项目。

三 柬埔寨人民生活与社会发展态势

2018年,柬埔寨顺利完成议会换届,柬埔寨人民党成为参议院选举的最大赢家。人民党的成功当选可以部分归因于其实施的一系列利民举措。2017年,柬埔寨人民党关注民生建设,在民生建设领域投入了较多的资金和精力,落实了许多收效显著的民生项目,主要包括:就业与社会保障方面,落实对政府公务员的加薪承诺、提出工人退休金制度、进一步完善工人健康保险机制;食品安全方面,成立食品物品监管工作组,对市场重点食品、生活必需品以及市场上流通的其他物品和食品的价格进行监控,除此之外,工作组还与政府或非政府部门等相关单位合作,帮助农民开拓国内外市场,另外,其他部门也加强了对进口肉类和禽类的管制,确保食品安全并维护公众健康;公共服务和基础设施方面,金边市政府分两阶段完成"电子眼"的安装工作,这不仅有利于金边市的交通安全和管理,还有利于加强治安工作,打击街头抢劫等犯罪活动。2018年,柬埔寨人民党为稳定民心、赢得大选,持续关注民生,进一步实施了一系列的惠民举措,包括:不断减少税项,调高个税起征点;继续打假工作,保障消费者的权益;在财政预算方面,财政支出计划中有很大一部分用于教育和医疗保健等领域。

2018年当选的新一届政府,继续推进柬埔寨"四角战略",重点发展基础设施建设、房地产和工商金融业等领域,确保经济增速维持在7.00%以上。"四角战略"是柬埔寨第三届王国政府继"三角战略"之后提出的。"四角战略"中的"四角"分别是："提高农业生产力、恢复和重建基础设施、发展私人经济和增加就业、培训人才和发展人力资源。"其宗旨为："在各领域和层面，通过有效的管理和深入改革，促进柬埔寨经济增长，解决民众就业，保障社会平等与公正。"随着"四角战略"各阶段的不断落实，柬埔寨在经济和社会发展方面取得了令人瞩目的成绩。

据世界银行规定，人均国民收入（GNI）低于1025美元的国家将被列入最不发达国家（LDC）；人均国民收入为1026—4035美元的国家被列入中等偏下收入国家。2016年，柬埔寨人均GNI达到1140美元，已经达到中等偏下收入国家的水平。近年来，柬埔寨经济增长速度保持在较高的水平上，通货膨胀率维持在较低的水平上，进出口贸易稳定增长，旅游业稳定发展，房地产业增长势头迅猛，金融业取得了显著的成效，FDI净流入连年增长。由上，柬埔寨近几年的经济表现，居于东盟国家前列。

近年来，柬埔寨经济发展成本面临的上行压力却在不断增大。工人最低工资的上调、健康保险新机制的出台将原本由工人和企业各付一半的保险金全部转嫁到了企业身上，这些政策增加了劳动密集型产业投资商的成本。女工产假政策的出台也对女性工人占比高的制衣制鞋企业（柬埔寨的支柱性产业）增加了压力。此外，美国经济增长开始下滑、欧盟提出在EBA贸易计划下削减柬埔寨的贸易利益，使得柬埔寨在美国和欧盟这两个制衣业的重要出口市场上的出口利益缩减，进而导致柬埔寨制衣业投资商的利润空间大幅度缩减，再加上相同产业领域其他国家的竞争压力，为柬埔寨劳动密集型产业的发展埋下诸多隐患。除制衣业外，农业方面，受到技术落后、农业设施不足等诸多因素的制约，其现代农业发展水平依然不高，农业发展受到诸多限制。此外，由于柬埔寨国民受教育程度普遍偏低，其发展水平也受到了人力资本水平的制约。

基于此，新一届柬埔寨政府致力于巩固宏观经济的稳定、继续致力于人力资源培训、通过发展和健全社会保障体系，以此来保证柬埔寨今后社会安全和人民的生活稳定等确定为其优先发展的方向。

第二节　柬埔寨国际经贸交往形势分析

柬埔寨自1953年11月独立以来，坚持奉行"大国平衡战略"，奉行独立、和平、永久中立和不结盟的政策，以和平共处五项原则为基础，重视发展与其邻国，以及东盟国家友好关系的同时，发展与世界各国的友好合作关系。截至2017年底，柬埔寨与107个国家建交，其中，62个国家向柬埔寨派出大使，常驻金边使馆28家；柬埔寨向22个国家派出大使，开设8个领事馆，任命3个名誉领事。①

一　柬埔寨与其邻国的经贸交往

（一）柬埔寨与泰国的经贸交往

柬泰两国在政治、外交领域总体上呈现复杂多变的态势，而在经贸交往方面，长期以来，两国之间的经贸关系保持良好发展的态势。在柬埔寨与其3个邻国（泰国、越南、老挝）的经贸合作中，与泰国的双边贸易额长期居于第一位。据 UNCTAD 预测，2018年柬泰双边贸易额达42.8亿美元，同比增长34.00%，其中泰国对柬埔寨出口额高达42.28亿美元。

（二）柬埔寨与越南的经贸交往

自1953年柬埔寨独立到1993年柬埔寨王国新政府成立，柬越两国之间既有过激烈的抗争，也有过合作。

近年来，柬埔寨积极发展与越南的全面关系，两国之间高层互访频繁，货物贸易往来也愈加频繁。同时，越南对柬埔寨的投资额稳步增长，越南已成为柬埔寨外国投资的主要来源国之一。2017年3月15日，柬越政府就有争议的边界问题达成临时协议，这一协议有利

---

① 《一带一路2018年投资指南》，中国一带一路网站，https://www.yidaiyilu.gov.cn/。

于双方建立信任,同时,为两国之间更顺利、更快速地解决划定边界问题铺平道路。同年4月24日,越南总理阮春福前往柬埔寨,进行了为期3天的访问,并与柬埔寨首相洪森签订了4项谅解备忘录,其中一项协议要求针对建立金边到越南胡志明市高速公路的这项计划进行联合研究,这一协议将修建高速公路的计划提上日程。同时,高速公路的建成将使柬越两国间的经贸关系更加紧密。

二 柬埔寨与东盟的经贸交往

柬埔寨于1999年4月30日正式加入东盟,成为东盟的第10个成员。柬埔寨与东盟的联系使其收获了很多的现实利益。

与东盟的联系促进了柬埔寨与东盟成员及世界各国的经贸合作。1991年东盟与柬埔寨加强联系后,双方经贸关系取得了长足的发展,新加坡、泰国、马来西亚等东盟成员国陆续成为柬埔寨的主要贸易伙伴和投资国。柬埔寨加入东盟后,2010年10月1日,柬埔寨国会审议并一致通过《东盟与澳大利亚及新西兰建立自由贸易区的协议》,有效促进了柬埔寨和东盟其他国家与澳大利亚和新西兰的经贸合作。[1] 除此之外,柬埔寨重视加强东盟内部和大湄公河次区域经济合作,积极推动柬越老经济三角区、柬泰老经济三角区和柬泰老缅四国经济合作。

东盟一方面提高了柬埔寨的国际地位和影响力。2002年是柬埔寨第一次担任东盟轮值主席国的一年,在这一年中,柬埔寨成功承办了东盟多方面的重要会议。在此期间柬埔寨经受住了各方面的考验,在许多会议上取得了丰硕的成果,圆满完成了东盟轮值主席国的任务,展示了柬埔寨良好的国际形象,提升了其在东盟内部的影响力,提高了其在国际社会的声誉和地位。另一方面改善了柬埔寨与东盟其他成员国之间的关系。柬埔寨加入东盟后,柬老两国之间的关系快速

---

[1] 《东南亚研究》第一辑,世界图书出版广东有限公司2012年版,第397—400页。

发展，两国在交通、电力、教育、文化、旅游等领域加强了交流与合作，还就两国历史遗留的边界问题进行了和平谈判。

三 柬埔寨与美国的经贸交往

美国是继欧盟之后，柬埔寨第二大出口市场，柬埔寨25%的出口商品目的地为美国。同时，美国是柬埔寨最大的服务出口国，柬埔寨出口到美国的大部分商品是纺织品与鞋子。2018年柬埔寨对美国的出口总额为38.256亿美元（同比增长24.76%），美国对柬埔寨出口总额为4.466亿美元（同比增长11.59%），双边贸易总额达42.722亿美元（同比增长23.24%），贸易顺差达33.79亿美元（同比增长26.74%）。另据柬埔寨发展理事会发布的最新数据报告显示，截至2018年8月，美国公司累计对柬埔寨投资11亿美元。截至2019年6月，美国公司在柬埔寨共有52个项目，其中制造业与工业投资2.74亿美元。

四 柬埔寨与日本的经贸交往

1953年1月9日，柬埔寨与日本正式建立外交关系。柬埔寨重视发展与日本的友好关系，在柬进入和平与发展的新时期后，柬日关系更是获得了全方位的发展。日本是对柬埔寨援助最多的国家之一，自1992年起年均向柬埔寨提供1亿美元援助，援助方式主要包括技术援助、无偿资金援助和日元贷款等；援助的领域广泛，涉及路桥、水电等基础设施以及农业发展、医疗健康、教育、人才培训、环境保护、司法、古迹保护等领域。[1] 并且，日本对柬埔寨的援助中，无偿援助所占的比重很大，大多以人道主义援助为主。[2] 据柬埔寨发展委员会数据，2016年，日本已成为柬埔寨的第二大外资来源国。

---

[1] 《一带一路2018年投资指南》，中国一带一路网站，https://www.yidaiyilu.gov.cn/。

[2] 李涛:《日柬关系发展的演变、动因及发展趋势》，《国际展望》2012年第4期。

此外，柬日两国的经贸合作也逐渐加强，双边贸易额逐年攀升，但是，日本企业对柬的投资却停滞不前。为改变在柬埔寨投资持续落后的现状，近年来日本利用柬埔寨稳定的政局、宽松的投资政策及潜在的巨大劳动力市场等优势，力图加大对柬投资力度。日本对外贸易机构数据显示，2010年仅有19家，而到2015年就有250家日本企业在柬埔寨商业部完成注册。

五　柬埔寨与中国的经贸交往

1993年柬埔寨王国新政府成立，中国政府和人民对新建立的以西哈努克为首的柬埔寨王国给予了大力的支持与帮助，柬埔寨也重视发展与中国的睦邻友好关系。2006年4月9日，温家宝总理访问柬埔寨。在此期间，两国政府发表了《联合公报》，建立了中柬全面合作伙伴关系。随后在2010年12月13日，应温家宝总理的邀请，柬埔寨首相洪森对中国进行访问。在此期间，中柬两国进一步建立了全面战略合作伙伴关系。2013年，中国提出"一带一路"倡议后，柬埔寨各界积极响应，为中柬两国之间更广泛的合作提供了新的机遇。

近年来，两国高层互访频繁，政治互信稳固。2016年10月，习近平主席访问柬埔寨，将中柬关系评价为高度互信的好朋友、肝胆相照的好伙伴、休戚相关的命运共同体，从而将两国全面战略合作伙伴关系推上新的历史高度。2017年，洪森首相出席"一带一路"国际合作高峰论坛并正式访华，中柬双方就全面推进"一带一路"合作、深化产能与投资合作达成重要共识。2018年，李克强总理访柬，提出两国携手打造具有战略意义的命运共同体，为中柬关系的发展注入新的动力。

在经贸领域，中柬经济贸易关系持续、高速、健康地发展。2000—2008年，中柬双边贸易合作连续九年保持两位数以上的高速增长。[①] 近

[①] 裴长洪：《海上丝绸之路亮点：中国柬埔寨经济贸易关系发展分析》，《财经智库》2019年第4期。

几年,中柬双边贸易额保持高速增长,中国成为柬埔寨第一大贸易伙伴;另外,中国对柬埔寨的进口迅速增长,当前已经成为柬埔寨大米的最大进口国。据 UNCTAD 预测,2018 年中柬双边贸易额为 74.63 亿美元,同比增长 28.89%。其中,中国对柬埔寨出口 59.83 亿美元,同比增长 25.09%;自柬埔寨进口 14.80 亿美元,同比增长 46.83%。

随着中国经济的高速增长和综合国力的显著提升,中国已经成为柬埔寨最大的外资来源国。据《中国对外直接投资统计公报》统计,2017 年中国对柬埔寨对外直接投资为 7.40 亿美元,同比增长 18.21%。截至 2017 年底,中方累计在柬埔寨直接投资达 126 亿美元。① 中国对柬埔寨投资的主要领域包括:制衣业、纺织业、酒店与旅游景区、工业园区、石油和水泥等。

同时,中国对柬埔寨的援助也逐年增加。自 2009 年以来,中国对柬埔寨援助水平不断提升,年援助金额均保持在 1 亿美元以上。② 中国向柬埔寨援助的领域主要包括水电站、基础设施、油气资源开发、农业和教育等,援助的重心在于改善基础设施。中国向柬埔寨提供的一系列经济援助,对柬埔寨的经济增长、贫困削减、民生改善、教育发展和人员培训等发挥了关键作用。

此外,中柬两国在人文交流、医疗卫生和文化教育等各方面的合作也在不断增强。据柬埔寨旅游部发布的报告,2018 年,柬埔寨共接待外国游客 620 万人次,比 2017 年增长 11.50%。其中中国游客数量达 200 万人次,占游客总数的 32.30%,游客人数超越越南成为柬埔寨最大游客来源地。

---

① 杨保筠:《中柬关系与中国—东盟战略伙伴关系的稳定与发展》,《东南亚纵横》2018 年第 6 期。

② 《一带一路 2018 年投资指南》,中国一带一路网站,https://www.yidaiyilu.gov.cn/。

第三节 "一带一路"在柬埔寨的进展

中国国家主席习近平于2013年9月和10月分别提出建设"新丝绸之路经济带"和"21世纪海上丝绸之路"的合作倡议。柬埔寨地处中南半岛腹地,是"21世纪海上丝绸之路"的重要沿线国家。当前以洪森为首相的柬埔寨王国政府正致力于推进国家发展"四角战略"的第三阶段,全面推动经济发展和社会改革进程。2016年习近平主席提出"一带一路"倡议与"四角战略"对接的合作思路,得到洪森首相的高度认同。现阶段,"一带一路"倡议正与柬埔寨国家发展"四角战略"进行有机对接。双方在经贸投资、互联互通、能源资源等重点领域不断务实并拓展合作与交流。

自"一带一路"倡议提出以来,中柬共建"一带一路"合作取得了丰硕的成果,在政策沟通、设施联通、贸易畅通、资金融通、民心相通方面都取得了可喜的进展。

政策沟通方面,近几年,中柬两国高层互访频繁,在各自高度关注的领域内相互支持,政治互信稳固并不断加强。

设施连通方面,两国在柬埔寨基础设施改善方面合作密切。能源设施方面,中国成为柬埔寨最大的电力提供商;在交通设施、通信设施方面,中国对柬埔寨也给予了巨大的援助;此外,由中国江苏红豆集团与柬埔寨国际投资开发有限公司联合开发的国际级经贸合作区——西哈努克港经济特区,成为西哈努克省发展最好、就业人口最多的经济特区,为柬埔寨的经济增长发挥了重要作用。

贸易畅通方面,现阶段,中国成为柬埔寨最大的贸易伙伴和进口来源地,最大的投资来源国、最大的大米进口国。

资金融通方面,在2017年3月的"2016年柬埔寨展望论坛"上,洪森首相明确表示柬埔寨将从亚洲基础设施投资银行和丝绸之路基金中受益。此外,中国国内多家银行也为柬埔寨电厂、水电站、路桥建设和改善提供优惠贷款或无息贷款等融资服务。

民心相通方面,近几年,中柬两国不断丰富与扩大双边人文交流。2009年成立的柬埔寨孔子学院,近年来取得了日新月异的发展,截至2018年,已经培养柬埔寨各领域各阶层学员5万多人,下设27个教学点,覆盖柬埔寨12个省市。[①]

[①] 邵建平、宗蔚:《"一带一路"在柬埔寨:进展、困难和前景》,《和平与发展》2018年第5期。

第 二 章

柬埔寨中资企业调查技术报告

本书所采用数据来自云南大学2018—2019年于"一带一路"沿线国家就中资企业高质量发展数据库于2019年5—6月在柬埔寨开展的中资企业调查。云南大学"双一流"建设项目——"中国海外企业营商环境调查"以东南亚、南亚、中东、非洲地区20个国家的中资企业及企业内当地员工为调查对象,调查这些国家中,中国企业的营商环境和东道国劳动力使用情况。该数据库是一套涵盖"一带一路"沿线20个国家的海外中国企业雇主——雇员匹配调查数据,在整合其它相关调查数据的基础上,旨在形成一套具有唯一性、创新性和实用性的"'一带一路'沿线国家综合调查数据库"。柬埔寨作为"一带一路"沿线国家的重要节点,是近年来中国对外直接投资比较青睐的国家,也是本次调研的重点调查对象国。

第一节 调查方案与数据采集

一 调查方案

本次调查通过收集关于"一带一路"沿线国家的中资企业与东道国员工的雇主—雇员匹配的微观数据,反映中国企业"走出去"现状及其对东道国带来的经济、政治和社会影响。推动"一带一路"领域的相关研究工作,为中国"一带一路"国际合作的顺利实施提供数据支持。

本次调查使用了两套问卷，一套企业问卷、一套员工问卷，雇主与雇员问卷相互匹配。

企业问卷主要针对企业的基本信息、生产与销售情况、企业融资结构、固定资产与创新、员工就业与培训、基础设施情况、公共服务以及治理、企业绩效、企业所履行社会责任、在东道国投资的风险与中国形象评价、选择该东道国的投资原因、公司人员结构和公司经营状况指标等方面的情况进行调查。

员工问卷主要用于访问在中资企业工作三个月以上的已满18岁的东道国员工，主要针对员工的个人信息、目前工作状况与工作环境、就业史、个人与家庭收入、家庭耐用品消费品的使用情况、企业对本地社区影响的认知与评价、对中国国家形象的看法、几个世界大国在当地的影响力评价等方面进行调查。

二 调查地点及流程

调研准备阶段，调研准备小组联系了柬埔寨皇家科学院，与柬埔寨皇家科学院达成合作，对方为云南大学调研团队发送邀请函，并根据调研组的需要招募了近20位在校大学生或在校教师作为访员参与本次调研。除此之外，调研小组从皇家金边大学招募了5位中国在柬交换生作为访员参与本次调研。调研小组到达金边后，首先联系了柬埔寨调研的合作单位——柬埔寨皇家科学院，并在皇家科学院对访员进行了相关培训。

根据事先安排的行程，调研小组分为金边小组和西港小组两队，分别在金边市、西哈努克经济特区和暹粒展开调研活动。历经二十余月的调研，共调研58家在柬中国企业，有效样本为55家企业。

西港小组调研相对顺利，且在本地访员的通力配合之下，调研有条不紊地进行着，小组分别对云南建投、金水佳、中国国电建等工业企业进行了调研。与金边地区不同的是，西港公司大部分为工程前线，员工数量相对集中，这就为调研提供了足够的样本，为顺利完成调研提供了基础性条件。

三　调查执行过程

本次调查使用了CAPI（计算机辅助个人访谈）数据收集方法来提高质量控制水平，并通过减少数据录入，编辑和运输硬拷贝问卷到总部的时间来启动更快的数据收集方式。本次调查主要采用了以下措施对调查过程和数据质量进行控制：

（一）培训访员

为了完成本次调研任务，云南大学通过与柬埔寨皇家科学院、皇家金边大学进行合作，在柬埔寨当地招募了一批有相关调查经验的大学在校教师或在校大学生作为本次调研的访员，使用高棉语对受访者进行更加高效的访问。由云南大学的中方访员督导与柬埔寨访员共同组成本次调研团队，在正式调查开始之前，调研组首先在柬埔寨皇家科学院对访员们进行了集中培训，培训内容主要为：

（1）阐明项目主题、内容及意义；

（2）调研时长及日程计划；

（3）薪酬安排及奖惩机制；

（4）CAPI系统具体使用；

（5）熟悉问卷及提问技巧。

（二）实地质量核查

调查期间，调查小组以"1+1+1+X"（1位组长、1位会高棉语的中方督导、1位后勤人员、多位当地访员）的模式分成若干个小分队，由小组长带领前往。

（1）督导的语言保障：本次云大调研小组中，有三位精通高棉语的访员督导，能在当地访员进行实地访问时，无障碍地进行全程监督与应急处理，从源头开始避免数据出现错漏，初步把控数据采集的质量。

（2）后期质量控制：在云南大学访问终端后台，由专门的技术人员、各个语种的留学生和小语种专业学生们组建了核查、质控小组。

每天对实时回传回来的录音文件及问卷进行重听及核查，避免出现由于误听误填等情况而导致的误差，并每天都将所发现的问题与相应的访员进行联系，提醒他/她访问过程中存在的错误，以便及时改正。

第二节　企业数据描述

本次调研根据商务部备案的驻柬中资企业名录，调查柬埔寨境内不同地区、不同行业的55家中资企业。受访企业的行业类型、规模大小、控股情况等基本符合当前在柬中资企业的总体分布。

企业信息来源如表2-1所示，在本次调研访问的中方管理人员中，部分为企业所有者，其余为企业高层管理人员。其中企业所有者占比为27.78%，总经理或CEO职务的人员占比为33.33%，二者比重之和超过六成，其余受访者则为副总经理及企业其他高层管理人员。

表2-1　　　　　　　　受访者职务占比　　　　　　　（单位：%）

受访者职务	比重
企业所有者	27.78
总经理或CEO	33.33
副总经理	7.41
其他	31.48

注：其他包括企业内部门的管理者。

调研取样充分考虑了中资企业在柬埔寨各行业的分布，包括工业和服务业。其中工业企业占比为49.09%，服务业企业占比为50.91%，二者比重相对均衡，并未出现较大偏倚。

表2-2　　　　　　　不同行业类型企业占比　　　　　　　（单位：%）

行业类型	百分比
工业	49.09
服务业	50.91

目前柬埔寨经开区尚处于发展阶段。从表2-3中可以看出，76.36%的受访企业不在经开区内，仅18.18%的受访企业位于经开区内，还有5.45%的受访企业位于其他国家在柬建立的经开区内或其他。

表2-3　　　　　　　是否在经开区企业占比　　　　　　　（单位：%）

是否在经开区	比重
不在经开区	76.36
中国境外经贸合作区（西哈努克经济特区）	18.18
其他	5.45

借鉴世界银行中资企业的规模分类标准[①]，此次调查的企业规模分类如表2-4所示，大型企业占比为54.55%，超过调研企业数的一半，中型企业占比为32.73%，小型企业占比为12.73%。调研不仅注重企业的类型、所在区域，还兼顾企业规模。从表2-4中可以看出，此次调研集中在大型企业，中小型企业与大型企业分布均衡。

表2-4　　　　　　　不同规模企业占比　　　　　　　（单位：%）

企业规模	比重
小型企业	12.73

---

① 世界银行企业调查规模分类标准为：启用5—19人为小型企业，20—99人为中型企业，100人以上为大型企业。https：//www.enterprisesurveys.org/en/methodology。

续表

企业规模	比重
中型企业	32.73
大型企业	54.55

柬埔寨中国商会是在中国驻柬大使馆经济商务处指导下经柬埔寨政府有关部门批准依法成立的在柬中资企业自律性、非营利性组织，是在柬中资企业沟通交流、合法权益得到保障的平台。表2-5对样本企业是否加入柬埔寨中国商会进行了统计，过半数企业加入了柬埔寨中国商会，41.51%的企业没有加入。

表2-5　　企业是否加入柬埔寨中国商会占比（增加企业规模分类）（单位：%）

是否加入柬埔寨中国商会	比重
是	58.49
否	41.51

表2-6反映了企业自身是否成立有工会的情况。其中77.78%的企业自身没有成立工会，仅22.22%的企业成立有工会。

表2-6　　　　　　企业是否有自身工会占比　　　　　（单位：%）

企业是否有自身工会	比重
是	22.22
否	77.78

本次调研不针对特定企业，兼顾国有和私有两种企业类型，并且结合实际情况，对在柬企业进行调查，其中受访私企比重略高。从表2-7中可以看出，受访企业中国有控股的比重为21.82%，非国有控股的比重为78.18%。这一比例与柬埔寨国内产业结构的发展较为符合。

表 2-7　　　　　　　　企业是否为国有控股占比　　　　　　（单位：%）

是否为国有控股	比重
国有控股	21.82
非国有控股	78.18

表 2-8 是对受访企业是否在中国商务部备案的统计。从表中可以看出,在中国商务部有备案（54.9%）,有 45.10% 的企业未进行备案。

表 2-8　　　　　　企业是否在中国商务部备案占比　　　　　（单位：%）

是否在中国商务部备案	比重
是	54.90
否	45.10

表 2-9 是对受访企业是否在中国有母公司的情况的统计,其中 60.00% 的受访企业在中国有母公司,在柬企业是母公司在柬埔寨经营的分支机构。此外有 40.00% 的企业直接在柬埔寨注册运营。

表 2-9　　　　　　　企业是否有中国母公司占比　　　　　　（单位：%）

是否有中国母公司	比重
有中国母公司	60.00
没有中国母公司	40.00

表 2-10 反映了受访中资企业中国母公司的类型,可以发现私营企业更加青睐在柬埔寨投资,这一部分占比为 45.45%,高于国有企业 12.12 个百分点,其他类型的企业则相对较少。

表 2-10　　　　　　　　企业中国母公司类型占比　　　　　　　（单位：%）

中国母公司类型	比重
国有	33.33
集体	3.03
股份合作	3.03
有限责任公司	3.03
股份有限公司	12.12
私营企业	45.45

表 2-11 反映了企业在柬埔寨的注册时间及运营时间情况。从两者的占比可以发现，在柬中资企业的注册时间与运营时间具有高度一致性。2000 年以前，中资企业在柬虽有注册或运营，但企业数量相对较少，1995 年以前仅有 1.82% 的企业在柬注册或运营，1996—2000 年之间，没有任何一家受访中资企业在柬注册或运营。2001 年以后，随着柬埔寨经济活力的提升、柬埔寨政府各项政策的实施，在柬注册或运营的中资企业数连年增加，但近半数调研企业都是在 2016 年以后在柬注册或运营的。出现表 2-11 中的注册或运营情况，主要与柬埔寨国内经济政策有较大关系。自 1995 年开始，柬埔寨逐步吸引外资，积极加入东盟、WTO 等国际组织，使得柬埔寨国内经济、政治稳定，成为中资企业青睐的投资对象。

表 2-11　　　　　　　按时间段分企业注册与运营分布　　　　　　（单位：%）

时间	注册企业分布	运营企业分布
1995 年以前	1.82	1.82
1996—2000 年	0.00	0.00
2001—2005 年	1.82	1.82
2006—2010 年	12.72	5.45
2011—2015 年	36.37	41.82
2016 年以来	47.27	49.09

表 2-12 反映了企业中是否有女性高管的情况，可以看出近七成的企业中有女性高管，远超没有女性高管的企业。柬埔寨作为传统的佛教国家，69.09%的比重充分反映了柬埔寨传统与开放的双重性，女性在企业中能够得到充分的尊重与重视。

表 2-12　　　　　　公司高层有无女性占比　　　　（单位：%）

有无女性高管	比重
有	69.09
无	30.91

第三节　员工数据描述

本次调研收集了受访东道国劳动者性别、年龄、受教育程度、族群、宗教信仰、婚姻、出生地以及工作时长和岗位等个体特征，本节将分别从性别与年龄两方面考察上述个体特征。

图 2-1 为按性别划分的员工年龄分布情况。由图可知，年龄在 16—25 岁之间的受访者不论男女，所占比例大约都在 40.00%；年龄在 26—35 岁之间的男性受访者的比例下降到 39.80%，而女性受访者的比例则上升到 42.37%；36 岁及以上的男性受访者有 19.80%，女性受访者所占比例下降至 17.13%。

由以上分析可知，80.00%以上的员工年龄在 16—35 岁之间，36 岁及以上的员工所占比低于 20.00%，可见受访在柬中资企业东道国员工以青年为主。

图 2-2 为按性别划分的员工受教育程度分布情况。总体来看，中学及以下学历的员工所占比例在 80.00%以上，本科及以上学历的员工所占比例不到两成。具体而言，未受教育的员工所占比例大约在 7.00%；男性员工的小学学历占 40.49%，比女性员工比例多 2.17%；

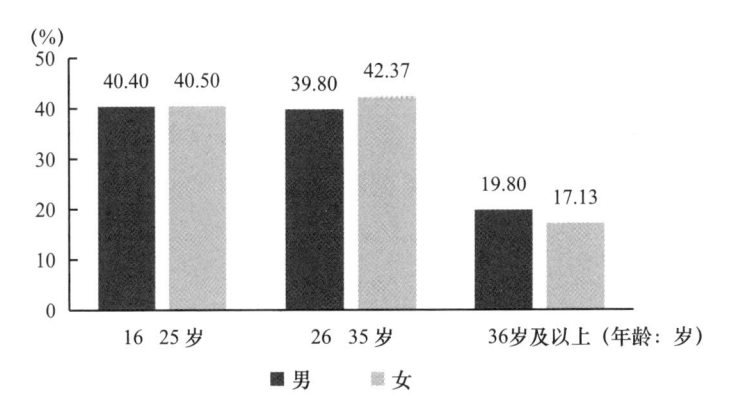

图 2-1　按性别划分的员工年龄分布（$N=811$）

男性员工的中学学历的比例下降至 38.45%，比女性员工比例多 5.74%；男性员工的本科及以上学历的比例进一步下降到 14.11%，女性员工比例下降为 22.12%。

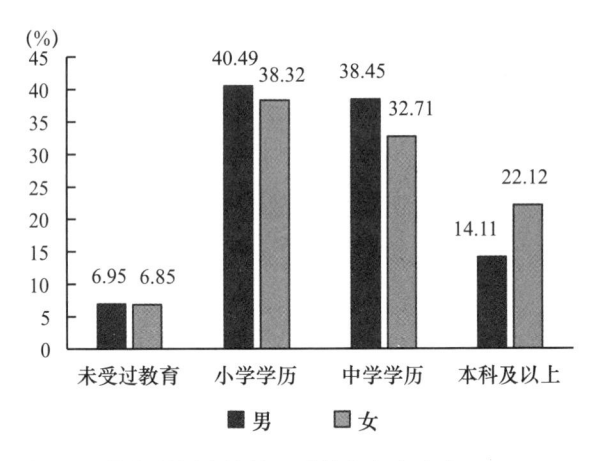

图 2-2　按性别划分的员工受教育程度分布（$N=810$）

由以上分析可知，受访员工的受教育程度存在差异，按照所占比例从大到小依次是小学及中学学历的员工、本科及以上学历的员工、未受教育的员工，这反映出柬籍员工教育水平以初、中等教育程度为主。图表所反映的受访者教育程度情况，与调查的整体抽样情况有一定关系。本次调研样本覆盖不同的主要行业包括建筑业、纺织业等行业，这些行业对员工的受教育程度要求偏低。

表 2-13 显示了按性别划分的员工族群分布情况。如表所示，受访的男性员工中有 98.98% 是高棉族，占族及其他民族所占比例仅为 1.02%；整体而言，99.38% 是高棉族，占族及其他民族所占比例仅为 0.62%。由以上分析可知，较高比例的受访员工都为高棉族，高棉族也是柬埔寨的主体民族。

表 2-13　　　　按性别划分的员工族群分布（$N=811$）　　　（单位：%）

族群	男	女	合计
高棉族	98.98	100.00	99.38
占族	0.82	0.00	0.49
其他民族	0.20	0.00	0.13

表 2-14 为按性别划分的员工宗教信仰分布情况。如表所示，宗教信仰为上座部佛教的受访员工不论男女，其所占比例均超过了 97.00%，而伊斯兰教、新教等其他宗教和不信仰任何宗教的受访员工总的比例不到 3.00%。由以上分析可知，绝大多数受访员工的宗教信仰都为上座部佛教，上座部佛教是柬埔寨最主要的宗教。

表 2-14　　　　按性别划分的员工宗教信仰分布（$N=807$）　　　（单位：%）

宗教信仰	男	女	合计
上座部佛教	97.13	97.49	97.27
伊斯兰教	1.84	0.63	1.36
新教	0.41	0.00	0.25
其他	0.41	0.94	0.62
不信仰任何宗教	0.21	0.94	0.50

图 2-3 为按性别划分的员工婚姻状况分布。如图所示，婚姻状况为单身的受访员工占总比例的 44.27%，其中男性占 45.51%，比女性所占比例多 3.14 个百分点；婚姻状况为已婚的受访员工占总比例的 52.03%，其中男性员工占 52.65%，女性员工占 51.09%，婚姻状况为其他的员工占总比例的 3.70%。

由以上分析可知，已婚员工所占比例比未婚员工所占比例多 7.76 个百分点，可知已婚的柬籍员工所占比例最大。未婚员工所占比例排名第二，其中男性未婚的比例比女性未婚的比例高，男性单身情况更多。

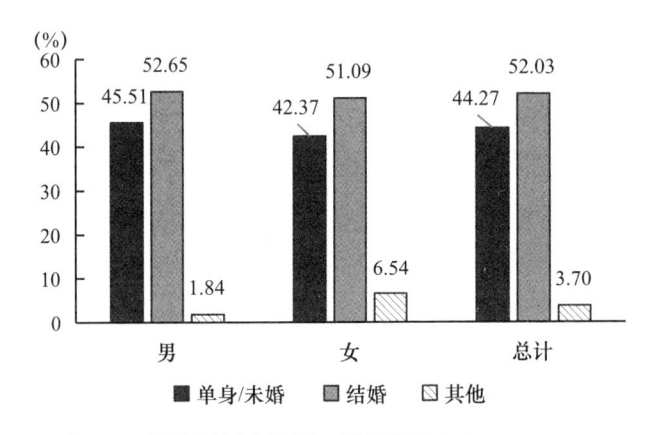

图 2-3 按性别划分的员工婚姻状况分布（$N=811$）

图 2-4 显示了按性别划分的员工出生地分布情况。所有受访的男性员工中，出生地为农村的员工占 75.98%，比在城市出生的员工所占比例多 51.96 个百分点；所有受访的女性员工中，出生地为农村的员工占 72.81%，而出生地为城市的员工所占比例为 27.19%。出生地为农村的所有员工占总比例的 74.72%，数量大约是出生地为城市的所有员工的三倍。

由以上分析可知，大部分员工出生地为农村，出生地为城市的员工占比不到三成，柬籍农村出生的员工为受访中资企业的主要组成人

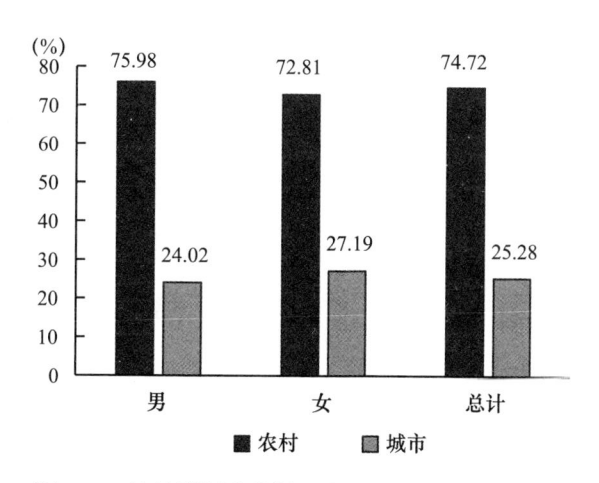

图 2-4　按性别划分的员工出生地分布 ($N=807$)

员，其中出生地为农村的男性员工较多。

图 2-5 显示了按年龄段分布的受访者族群差异情况。如图所示，年龄在 16—25 岁之间的受访者中有 99.70% 的员工为高棉族，有 0.30% 的员工为占族；年龄在 26—35 岁之间的受访者中高棉族的员工占比 98.79%，占族的员工所占比例为 0.91%，其他民族的员工只有 0.30%；年龄在 36 岁及以上的受访者均为高棉族。

由以上分析可知，受访企业中高棉族所占比例最大的人群为年龄在 36 岁及以上的员工，其次是年龄在 16—25 岁之间的员工，最后是年龄在 26—35 岁之间的员工。总体来看，三个年龄段的高棉族员工所占比例均超过 98.00%。

图 2-6 表示了管理人员与非管理人员的年龄差异。年龄在 16—25 岁之间的受访者中，有 82.59% 的员工为非管理人员，管理人员占 17.41%；年龄在 26—35 岁之间的受访者中，非管理人员占比为 70.82%，管理人员所占比例为 29.18%；年龄在 36 岁及以上的受访者中，非管理人员占 76.16%，是管理人员所占比的三倍多。

由此，非管理人员主要集中于年龄在 16—25 岁之间的员工中，其次集中在 36 岁及以上年龄的员工中；管理人员主要集中于年龄在

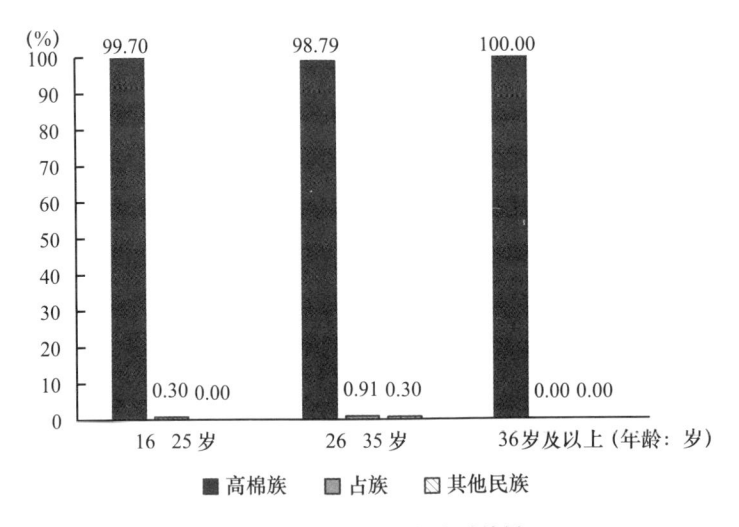

图 2-5 按年龄段分布的受访者族群差异（$N=811$）

26—35岁之间的员工中，年龄在16—25岁之间的员工中管理人员所占比例最小。总体来看，非管理人员分两个层次，年纪较小和年纪较大的员工，管理人员集中于年龄中等的员工中。

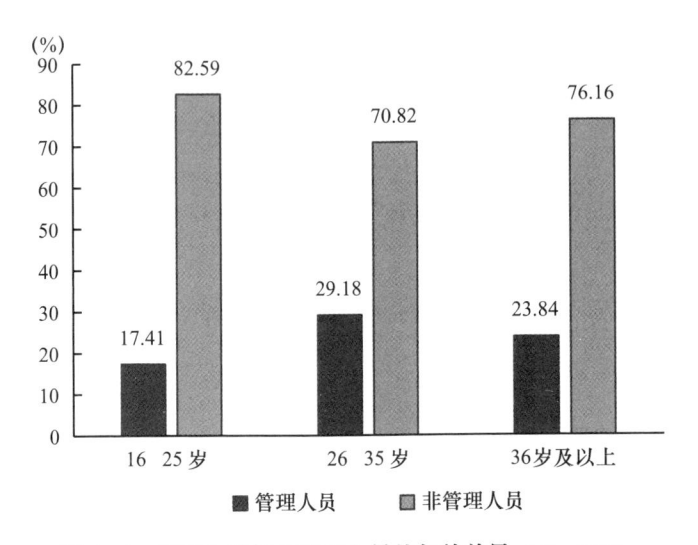

图 2-6 管理人员与非管理人员的年龄差异（$N=796$）

表 2-15 显示了在当前企业工作时长不同的员工的年龄差异。在受访员工中，有参加工作不久的，也有在企业中工作了六年以上的。可以看到 16—25 岁受访者中，有 79.82% 的员工工作时长在两年以内，工作时长为六年及以上的员工所占比例极小，占比 3.36%；在 26—35 岁的受访者中，49.55% 的员工工作时间为一年及以下，有 32.71% 的员工工作时长为两年到四年，工作时长超过五年的员工占比 17.74%；在 36 岁及以上的受访者中，工作时间为一年及以下的员工占比 63.58%，工作时间在六年及以上的员工所占比例为 15.22%。

表 2-15　在当前企业工作时长不同的员工的年龄差异（$N=805$）

	不足一年	一年	两年	三年	四年	五年	六年	六年以上
16—25 岁	34.56	33.64	11.62	10.09	3.06	3.67	1.53	1.83
26—35 岁	22.03	27.52	12.23	11.31	9.17	6.12	1.53	10.09
36 岁及以上	26.49	37.09	5.96	4.64	7.95	2.65	0.65	14.57
总计	27.95	31.80	10.80	9.57	6.46	4.47	1.37	7.58

总的来看，在柬中资企业的员工，有 59.75% 的员工工作时间为一年及以下，半数多的受访员工工作时长很短。能够工作两年到五年的员工数量较少，工作时长在六年以上的员工数量最少，其中年龄在 36 岁及以上的受访者，其工作时长在六年及以上的所占比例最大。

表 2-16 反映了在中资企业工作时长不同的员工的性别差异。从表中可见，在男性中，工作时长占比最多的依次是一年、不足一年和两年，三者相加比例超过了 70.00%；工作时长占比最少的依次是六年、五年和四年，三者相加比例为 10.11%。在女性中，工作时长占比最多的依次是一年、不足一年和三年，三者占比相加超过了 65.00%，工作时长占比最少的依次是六年、五年和四年，三者相加比例为 15.63%。

表 2-16　在当前企业工作时长不同的员工的性别差异（N=805）

性别	不足一年	一年	两年	三年	四年	五年	六年	六年以上
男	30.72	32.99	10.52	8.25	5.98	2.89	1.24	7.41
女	23.75	30.00	11.25	11.56	7.19	6.88	1.56	7.81
总计	27.95	31.80	10.81	9.57	6.46	4.47	1.37	7.57

由以上分析可知，有七成以上的员工在中资企业中工作时长不超过两年，有大约两成的员工工作时长在三年到五年之间，只有不到一成的员工工作时长在六年及以上。这在一定程度上说明了在柬中资企业的多数员工工作时长较短。

表 2-17 为按年龄组划分的员工受教育程度分布。16—25 岁年龄段的受访者中，小学及以下学历的员工占 41.47%，43.29% 的员工接受了中学教育，有 15.24% 的员工接受了本科及以上教育；在 26—35 岁这个年龄段，小学及以下学历的员工占 43.51%，31.72% 的员工接受了中学教育，受过本科及以上教育的员工不到占 24.77%；36 岁及以上的受访者受教育情况不理想，64.24% 的员工为小学及以下学历，中学学历的员工 30.46%，而本科及以上学历的员工所占比例仅为 5.30%。

由以上分析可知，有 75.81% 的受访员工为小学及中学学历，其中 16—25 岁的员工所占比例最大；本科及以上学历的员工占总比例的 17.28%，其中主要集中在年龄为 26—35 岁的员工中；未上过学的员工所占比例最少，主要分布在 36 岁及以上的员工之中。总的来说，柬埔寨的整体教育水平不高。大部分未上过学的员工年纪较大，中等及高等学历的员工普遍年龄较小，这在一定程度上说明柬埔寨的教育水平有一定改善，未上过学的群体人数正在显著减少。

表 2-17　按年龄组划分的员工受教育程度分布（N=810）　　（单位：%）

受教育程度	16—25 岁	26—35 岁	36 岁及以上	合计
未上过学	4.27	3.93	19.21	6.91

续表

受教育程度	16—25岁	26—35岁	36岁及以上	合计
小学学历	37.20	39.58	45.03	39.63
中学学历	43.29	31.72	30.46	36.18
本科及以上	15.24	24.77	5.30	17.28

表2-18显示了按年龄组划分的员工出生地分布情况。年龄在16—25岁之间的受访者中有72.78%的员工出生地为农村，年龄在26—35岁之间的受访者中出生地为农村的员工比例上升至74.16%，年龄在36岁及以上的受访者中出生地为农村的员工所占比例上升到80.13%。出生地为城市的员工占总比例的25.00%左右，并且随着年龄的增长，在城市出生的受访员工比例逐步下降。

由以上分析可知，大部分受访员工出生地为农村，并随着年龄的增长，出生地为农村的员工所占比例也不断上升，大部分的受访员工出生地均为农村，说明农村人口为柬埔寨的主要人口。同时也能看出年龄越小，出生地为城市的员工所占比例越大，这在一定程度上可以说明城市出生的人口数量在逐步上升。

表2-18　　按年龄组划分的员工出生地分布（$N=807$）　　（单位：%）

出生地	16—25岁	26—35岁	36岁及以上
农村	72.78	74.16	80.13
城市	27.22	25.84	19.87

第三章

柬埔寨中资企业生产经营状况分析

本章将选取注册资金、股权结构、商会情况、供销商情况、融资来源等作为重要指标，从中资企业的运营基本情况、生产与销售情况以及融资状况等方面分析中资企业在柬投资的生产经营过程。

第一节 运营基本状况

本节从中资企业的注册时间和运营时间、股权结构及变动、企业母公司情况、在中国商务部进行境外投资备案的现状、在柬埔寨加入中国商会的情况五个方面对本次走访的中资企业运营基本状况进行介绍。

一 柬埔寨中资企业投资快速增长

对比本研究调查企业与世界银行2016年于柬埔寨进行的营商环境调查数据，如图3-1所示，进入柬埔寨的外资企业始于20世纪90年代，在2005年到达峰值，此后保持平稳的外资进入水平。对于中资企业而言，本研究的调查数据显示进入柬埔寨的中资企业最早始于1993年，此后保持相对较低的平稳增长，2006年及其后在柬投资的中国企业快速增长，其后保持高速增长至2017年，2018年进入柬埔寨投资的中国企业比例有所下降。对比中国对外直接投资的变动趋势，如图3-2所示中国对外直接投资流量增长起飞时间点在2006年，其后保持高速增长，到 2018 年中国对外直接投资流量有所下降。图 3-1 与图 3-2 的对比意味着在柬埔寨投资的中国企业发展趋势与中国全部对外直接投资变动趋势保持大体一致。

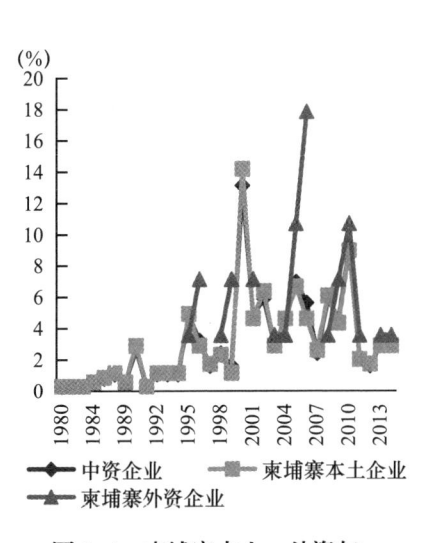

图 3-1　柬埔寨本土、外资与中资企业运营时间

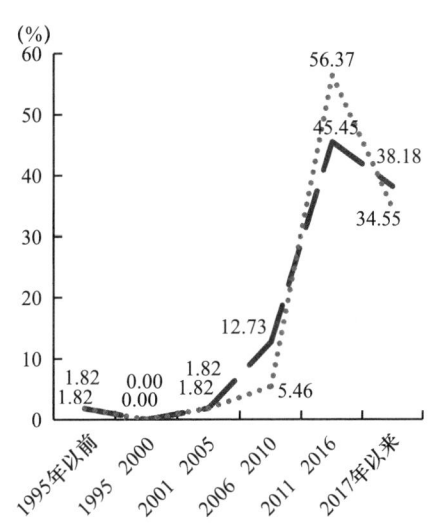

图 3-2　中国对外直接投资的变动趋势

基于上述对比，2003 年中国提出促进企业"走出去"要求之后，在柬投资中国企业数量快速增加，2006—2011 年为起飞阶段，2011—2016 年为中国到柬埔寨投资的快速增长阶段；2011—2016 年的两个曲线均比前面两个时段陡峭很多，开始运营的曲线增长更明显，说明增长速度有了很大的飞跃。这期间注册的企业占访问企业数量的 45.45%，相比上一阶段增长了 2.5 倍，开始运营的企业占比为 56.37%，达到最高点。也是在这一时期，正式运营的企业数量首次超过了企业的注册数量，可能有一部分企业选择先运营再注册企业。这和"一带一路"倡议的提出密切相关，倡议一经提出，大量企业抓住机遇，快速进入柬埔寨市场。

2017 年以来，企业注册数量和开始运营的数量都有所回落，在所访企业中的占比分别为38.18%和34.55%，这种现象的可能原因为：一是随着到柬埔寨的中资企业越来越多，当地对于入驻柬埔寨的企业审核、监管都更加严格，导致有些企业达不到入驻条件或者当地设立的门槛；二是当地的营商环境问题，访问过程中可以明显感觉到当地的水电等基础设施对企业的经营带来很大的影响；三是可能和整个柬埔寨的市场容量有关，随着入驻企业的增加，市场竞争力不断增大，企业的边际收益减少。此外，一个重要的原因可能是母国境外投资制度的调整。2017年8月4日，国务院办公厅转发国家发展改革委、商务部、中国人民银行、外交部《关于进一步引导和规范境外投资方向指导意见的通知》（国办发〔2017〕74号），明确了对外直接投资原则、境外投资的"鼓励发展"和"负面清单"内容。这使中国企业境外投资回归理性。

进而，分行业考察在柬埔寨投资的中国企业比例变化，图3-3显示，早期进入柬埔寨投资的以工业企业为主，受访企业中2006年之前进入柬埔寨的工业企业居多，且多数为如纺织业的轻工企业，2007年以后，进入柬埔寨的中资企业投资服务业的企业越来越多。

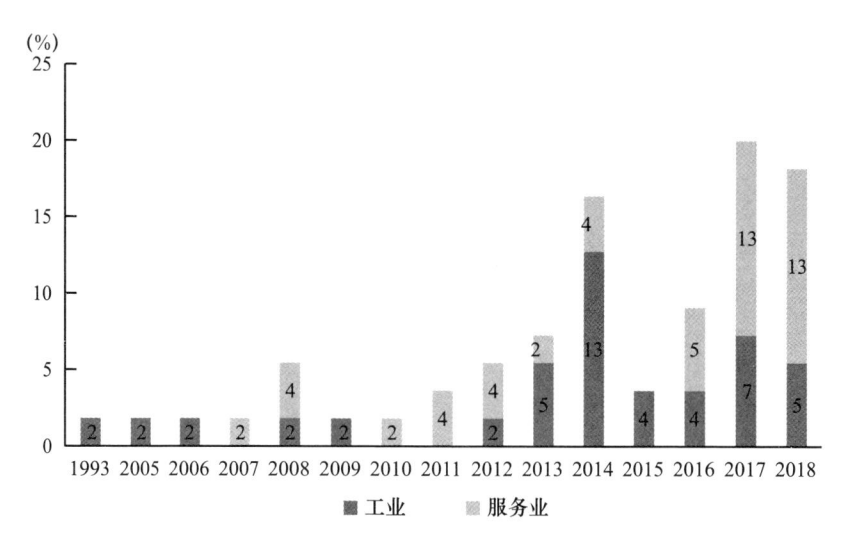

图3-3 按行业分类的在柬中资企业数量变化

在柬投资的中国企业与中国对外投资的形势及政策变化密不可分。"一带一路"倡议提出之后,进入柬埔寨投资的中资企业数量迅速增长,2017年之后在柬投资有所回落,这与中国对外直接投资变动趋势是一致的,2017年之后中国对外直接投资正在经历从无序增长向理性回归的转变;同时,进入柬埔寨的中资企业中近年来投向服务业的增长速度远远高于工业企业,投资行业类型发生转变。

二 柬埔寨中资企业股权结构及变动

海外中资企业已经形成包括国有、民营以及多类投资模式组成的海外投资形式。就柬埔寨而言,受访中资企业的股权结构如3-4所示。

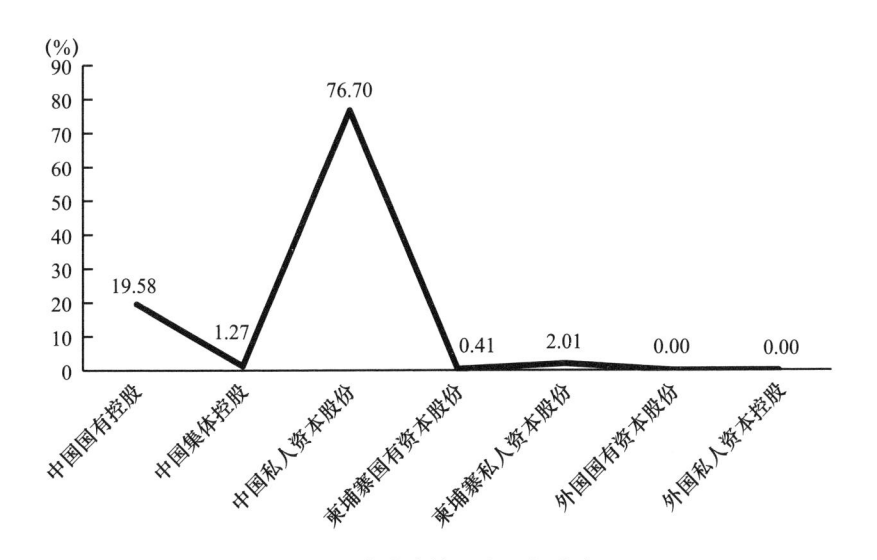

图3-4 在柬中资企业股权分布

由图3-4可知,受访中资企业的股权构成中,中国私人资本和中国国有控股在柬埔寨的中资企业股份中占比较高,其中中国私人资本股份最多,受访企业中占比为76.70%,其次是中国国有控股,占企业总数的19.58%。接下来按占比从高到低依次为柬埔寨私人资本控股企业、中国集体控股企业、柬埔寨国有资本控股企业,但占比相对都较小,分别占企业总量的2.01%、1.27%、0.41%,三者总计占比为3.69%。

不同企业间股权分配及变化不尽相同,为了进一步观察海外中资企业股权结构的差异性与稳定性,除了分析股权占比分布外,有必要分析不同注册时长下的股权变动情况、有无母公司条件下的股权变化、不同类型的母公司下股权变化之间的差异。

如表3-1所示,从中国股权的角度看,注册时间超过五年即在2014年6月之前注册的企业中有95.83%的企业,中国股东是一直控股的,有4.17%的企业中国股东一直不控股。注册时间低于五年的企业中,在96.67%的企业中,中国股东一直控股,在3.33%的企业中,中国股东一直没有控股;注册时间长短对企业中中国股东的股权变化影响极小,其中注册时间短的企业对中国控股可能会更重视。无论注册时间超过五年还是低于五年的企业,都不存在以前控股现在不控股或以前不控股现在控股的情况,可以看出,在柬中资企业的中国股东控股情况整体变化不大,比较稳定。

表3-1　　按注册时间区分的在柬中资企业的股权变化状况　　(单位:%)

	中国股东股权变化				柬埔寨股东股权变化				其他国家股东股权变化			
	一直控股	以前控股	以前不控	一直不控	一直控股	以前控股	一直不控	一直没有柬埔寨股东	一直控股	以前控股	一直不控	一直没有其他国家股东
注册超过五年	95.83	0.00	0.00	4.17	0.00	4.00	60.00	36.00	4.00	4.00	48.00	44.00
注册低于五年	96.67	0.00	0.00	3.33	3.33	0.00	50.00	46.67	0.00	0.00	46.67	53.33

从柬埔寨股东股权的角度看,注册时间超过五年的企业中,柬埔寨股东在60.00%的企业中虽有当地股东但一直不控股,在36.00%的

企业中一直没有柬埔寨股东，有4.00%的企业柬埔寨股东以前控股现在不控股了，没有企业是柬埔寨股东一直控股的，也就是目前注册时间超过5年的企业中没有柬埔寨控股的。注册时间低于五年的企业中，有半数企业柬埔寨股东是一直不控股，在46.67%的企业中一直没有柬埔寨股东，在3.33%的企业中柬埔寨股东一直控股。所有企业中股权发生变化的两种情况均占比很小，其中注册时间超过五年的企业该比例仅为4.00%，注册时间低于五年的企业更是没有股权的变化。整体来看，在柬中资企业的柬埔寨股东股权变化很少，比较而言注册时间长的企业更容易倾向于调整当地股东的股权占比，而且更多的是降低当地股东的股权比例。这可能和当地政府出台的本地相关政策有关。另外需要强调的是，在此说的股权的变化，是指一个国家的股东从控股到不控股或由不控股到控股，不涉及股东内部的调整。

从除中柬两国以外的其他国家控股情况看，同样有很少企业的此类股东股权发生变化，注册时间超过五年的企业中股权发生变化的有4.00%，注册时间低于五年的企业则没有发生变化，两者有少许差距，注册时间长的更有可能调整其他国家股东的控股情况。

总的来说，无论是注册时间长短，中国股东、柬埔寨股东、其他国家股东的控股情况都很稳定，相比较而言，注册时间更长的企业在这方面的调整稍多，且均倾向于将控股调整为不控股。

接下来分析企业控股状况在有母公司和无母公司两种情况下的差异。

如表3-2所示，从中国股权的角度看，有96.88%的在中国有母公司的在柬中资企业是中国股东一直控股，3.13%的同类企业是中国股东一直不控股；在没有中国母公司的企业中，95.45%的为中国股东一直控股，4.55%的为中国股东一直不控股。有控股的占到绝大多数，其中有中国母公司的这一比例略高于无中国母公司的在柬投资企业。

表 3-2　　　　　　　　在柬中资企业股权变化状况　　　　　　　（单位：%）

	中国股东股权变化				柬埔寨股东股权变化				其他国家股东股权变化			
	一直控股	以前控股	以前不控股	一直不控股	一直控股	以前控股	一直不控股	一直没有柬埔寨股东	一直控股	以前控股	一直不控股	一直没有其他国家股东
有中国母公司	96.88	0.00	0.00	3.13	0.00	3.03	66.67	30.30	3.03	3.03	54.55	39.39
无中国母公司	95.45	0.00	0.00	4.55	4.55	0.00	36.36	59.09	0.00	0.00	36.36	63.64

从柬埔寨股东股权的角度看，有中国母公司的以前控股现在不控股的企业占比为 3.03%，一直控股的企业占比为 0，一直不控股的有 66.67%，一直没有柬埔寨股东的占 30.30%。比较而言，没有中国母公司的企业柬埔寨股东股权未发生变化的比例更低；一直控股的有 4.55%，可能与企业初期需要大量运营资金等因素有关。

从其他国家股东股权的角度看，有中国母公司的企业控股发生变化的部分占比为 3.03%，一直不控股的占 54.55%，还有 39.39% 的企业一直没有其他国家股东，一直控股的占 3.03%。没有中国母公司的企业控股同样没有发生变化的，一直不控股的比例为 36.36%，一直没有其他国家股东的比例高达 63.64%。

为了观察不同类型的母公司对东道国（即柬埔寨）股东股权的倾向性，有必要分析不同母公司类型下柬埔寨股东的股权情况。

由表 3-3 可知，对于一直没有柬埔寨股东的企业占比由高到低分别为国有企业、私营企业、股份有限公司，有柬埔寨股东但是没有控股的企业占比由高到低分别为股份有限公司、私营企业、国有企业。私营企业和股份有限公司无太大差别，有约 3/4 的企业有柬埔寨股东但不控股，在当地股东入股方面，这两类公司相比国企可能更加开放包容。

表 3-3　按母公司类型区分的在柬中资企业柬埔寨股东股权变化　（单位：%）

	以前控股，现在不控股	一直没有控股	一直没有柬埔寨股东
母公司：国有企业	9.09	45.45	45.45
母公司：私营企业	0.00	73.33	26.67
母公司：股份有限公司	0.00	75.00	25.00

进一步，将母公司类型与中国股东控股情况进行交互分析，得到表 3-4。表 3-4 显示，只有母公司类型为集体的企业存在中国股东一直没有控股的现象，其余母公司类型对应的在柬中资企业均是中国股东一直控股，由此可见，在海外投资的中资企业不管母公司为何种类型都对中国股东控股有很高的要求。

结合以上分析整体来看，中国股东的股权变动很小，其中有中国母公司的企业比没有中国母公司的企业更倾向于中国股东控股。除中国股东股权外的其他所有国家股东控股占比都会有所调整，而且有中国母公司的调整程度会更大。结合企业注册时长分析，可以看出注册时间长或在中国有母公司的发展经营更加成熟的在柬中资企业，做股东股权调整的可能性更大。相比国有企业而言，母公司为私营或者股份有限公司的企业，更有可能接受柬埔寨的股东对公司控股。

表 3-4　按母公司类型区分的在柬中资企业中国股东控股情况　（单位：%）

	一直控股	一直没有控股
国有企业	100.00	0.00
私营企业	100.00	0.00
股份有限公司	100.00	0.00
集体	0.00	100.00
股份合作	100.00	0.00
有限责任公司	100.00	0.00

三 柬埔寨中资企业母公司主要特征

总体而言，在柬埔寨投资的中国企业母公司呈现出更加多元化特点。根据历年中国对外直接投资公报显示中国境外投资以国企为主，但随着"一带一路"倡议的提出，很多民营企业逐渐加入境外投资的行列，且在境外投资中所占的比重不断扩大。私营企业在海外投资中规模的重要性已经可以和国企比肩。图3-5显示，在柬中资企业母公司主要是私营企业、国有企业和股份有限公司，占比分别为45.46%、33.33%和12.12%。其余较少部分为有限责任公司、股份合作和集体企业，三者占比总计9.09%。

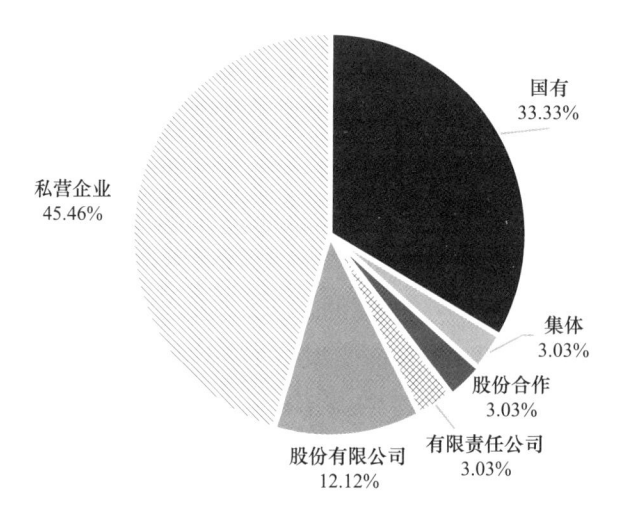

图3-5 在柬中资企业母公司类型百分比分布

其次，从母公司类型来看投资区位差异性。需要说明的是虽然此次访问的企业分布在中国境外经贸合作区、柬埔寨经济开发区以及不在任何经开区，但由于有中国母公司的企业只分布在了中国境外经贸合作区和非经开区内，所以表3-5不包含位于柬埔寨经开区的企业，另外为最大化减少结论偏误，在此仅选取企业数量最多的私营企业和国有企业，也是目前境外投资最多的两种企业类型进行比较。

表3-5显示，母公司是国有企业的公司中有81.82%不在经开区，有18.18%在柬埔寨的中国境外经贸合作区；母公司是私营企业的公司有73.33%不在经开区，有26.67%在柬埔寨的中国境外经贸合作区，两者都是不在经开区的占到3/4左右，但是相比之下，国有企业不在经开区的可能性更大。

观察企业是否在中国商务部进行境外投资备案的情况，由第二章可知，所访企业中有54.90%的企业进行了备案，占中等偏上水平，其余45.10%的企业未进行备案。进而分析按是否进行备案区分有无母公司的情况。

表3-5　　企业区位选择下在柬中资企业母公司类型分布　　（单位：%）

	国有	集体	股份合作	有限责任公司	股份有限公司	私营企业
不在经开区	81.82	0.00	100.00	0.00	100.00	73.33
中国境外经贸合作区	18.18	100.00	0.00	100.00	0.00	26.67

如表3-6所示，有中国母公司的企业中，83.33%的企业进行了备案，剩余16.67%的企业未进行备案。然而，在没有中国母公司的企业中，仅有14.29%进行了投资备案，没有进行备案的比例高达85.71%。由此可知，在中国有母公司的企业相对于没有母公司的企业更加倾向于进行境外投资备案。针对有中国母公司但是没有进行境外投资备案的这部分企业，通过将问题"有无在中国商务部进行境外投资备案"与问题"中国母公司类型"进行交互，得到表3-7。

表3-6　　有无中国母公司的商务部备案情况　　（单位：%）

	进行备案	未进行备案
有中国母公司	83.33	16.67
无中国母公司	14.29	85.71

表 3-7　　　　　　　不同母公司类型的商务部备案情况　　　　　（单位：%）

	国有	集体	股份合作	股份有限公司	私营企业
进行过境外投资备案	40.00	4.00	0.00	12.00	44.00
未进行过境外投资备案	0.00	0.00	20.00	20.00	60.00

结果显示，在有中国母公司但没有进行备案的企业中，母公司类型为国有、集体的企业占比为0，股份合作和股份有限公司的均占20.00%，私营企业的占比高达60.00%。也就是说，在有中国母公司这个更易进行备案的企业群体中，不备案的企业有六成来自私营企业，私营企业在备案方面履行程度不高。

最后观察进行海外投资备案的时间分布，图3-6表示出各个时间段进行备案的企业占所有备案企业数量的百分比，可以注意到，备案的年份分布在2005年之前与企业的注册时间的分布趋势类似，2006—2010年，备案企业数量进入增长阶段，2010年后增长速度提高，保持增长直到2015年达到最大值，之后进入缓慢上升阶段。2015年以后之所以注册的企业减少反而备案的企业增多，可能与近些年来国家对到海外投资的审查制度更加严格、规范有关。

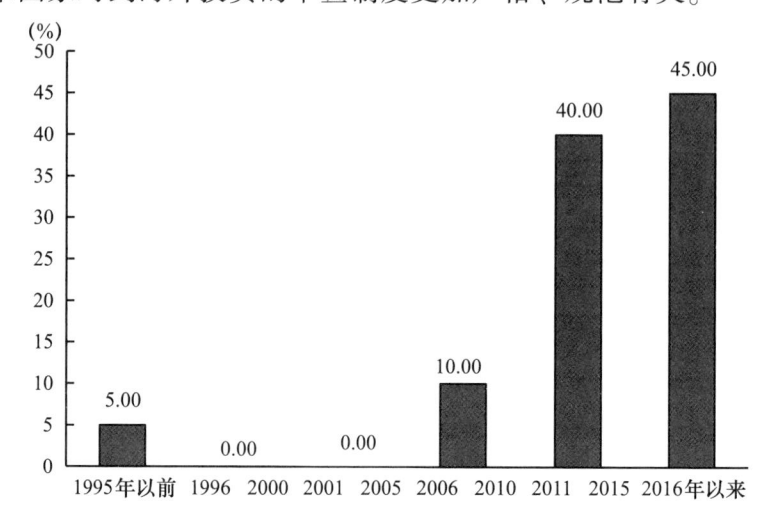

图 3-6　企业在中国商务部备案年份分布

四 柬埔寨中资企业参与海外中国商会情况

柬埔寨中国商会是在中华人民共和国驻柬埔寨王国大使馆经济商务处指导下并经由柬埔寨王国政府有关部门批准依法注册成立的在柬中资企业的自律性、非营利性组织。商会旨在推动在柬中资企业之间的相互联系、交流与团结协作，增强中资企业之间的凝聚力，树立中资企业在柬市场的整体良好形象。为了解在柬中资企业参与商会的现状，扩宽商会的覆盖面以帮助中资企业在海外更好地经营，接下来根据调查数据进行简单的分析。

由前面章节可知，访问的中资企业中有58.49%加入了中国商会，其余41.51%没有加入。另外，在加入商会的企业，其加入的商会有96.43%的是注册过的，有3.57%的没有完成注册。为了进一步分析有无中国母公司与加入中国商会与否的关系，以及不同母公司类型与加入中国商会与否的关系，将问题"有无中国母公司"与问题"有无加入中国商会"、问题"母公司类型"与问题"有无加入中国商会"进行交互，得到表3-8。

表3-8　　　　有无中国母公司及母公司类型的加入中国商会情况　　　（单位：%）

	加入中国商会	未加入中国商会
有中国母公司	61.29	38.71
无中国母公司	54.55	45.45
国有	80.00	20.00
股份有限公司	75.00	25.00
私营企业	46.67	53.33

表3-8显示，有中国母公司的企业中，有61.29%的企业加入了中国商会，有38.71%未加入。其中加入商会的比例高于所有访问企业的平均水平58.49%。没有中国母公司的企业，有54.55%的企业加入了商会，其余45.45%的企业未加入。虽然也超过了半数，但低于

所有企业加入商会占比的平均水平58.49%。由此可知无论有没有中国母公司的企业,其加入柬埔寨的中国商会的比例都是中等偏上水平,其中相比而言,具有母公司的企业倾向于加入柬埔寨中国商会的可能性更大。为证实有无加入柬埔寨中国商会与母公司类型是否相关,将两者进行交互。由前面章节所得,所访企业,占比最高的三类企业母公司类型分别是私营企业、股份有限公司、国有企业的企业。为了提高科学性,在此仅选择这三类企业的加入商会情况进行分析。数据显示,母公司为国有企业的公司加入中国商会的比例为80.00%,股份有限公司加入中国商会的比例75.00%,私营企业加入中国商会的比例为46.67%,未超过一半,三者依次递减。可以看出公司类型与加入商会两者之间具有一定的关系,对于未加入商会的原因有待进一步考证。

第二节　生产与销售状况

企业的生产经营活动通常包括供应、生产和销售三个阶段,生产和销售作为其中重要的两大环节,是全面了解企业生产经营状况必须考量的阶段。生产环节包括从原材料投入成品出产的全过程,通常包括工艺过程、检验过程、运输过程、等待停歇过程和自然过程。工艺过程是生产过程的最基本部分。销售阶段对于企业来说就是生命线,销售及其管理工作的好坏关系到企业的生死存亡。因为销售具有连接、反馈、调整和实现等功能,所以对销售方式和渠道的管理就成为企业市场营销的重要组成部分,其水平高低直接关系到企业的发展和企业的品牌建设,因此受到高度重视。本节主要从企业生产情况、企业销售情况两方面对本次走访企业的经营状况进行介绍。

一　柬埔寨中资企业生产状况分析:运营、效率与市场

这一部分主要从每周营业时间、市场份额、定价方式、产品类

型、产品竞争状况及方式几方面体现企业的生产情况。

(一) 柬埔寨中资企业普遍开工率较为充足

首先看企业每周平均营业时间的分布,将每周平均营业时间划分为六个层次:30小时以下,31—40小时、41—50小时、51—60小时、61—70小时以及70小时以上,如图3-7所示。中资企业每周平均营业时间占比最高的为41—50小时和51—60小时,比例分别为41.82%、25.46%;接下来依次为70小时及以上、61—70小时、31—40小时、30小时及以下,占比分别为12.74%、9.09%、7.27%、3.64%;本土企业每周平均生产/营业时间占比最高的也是41—50小时和51—60小时,比例分别为54.37%和28.16%,其他生产/营业时间的企业占比均较低;外资企业每周平均生产/营业时间主要是41—50小时和51—60小时,比例分别是为91.30%和8.70%,受访外资企业没有其他生产/营业时间。相比较而言,中资企业的总体的生产/营业时间高于本土企业与外资企业,前者平均生产/营业时间为57.56个小时,后两者平均生产/营业时间分别为52.68小时与49.30小时。

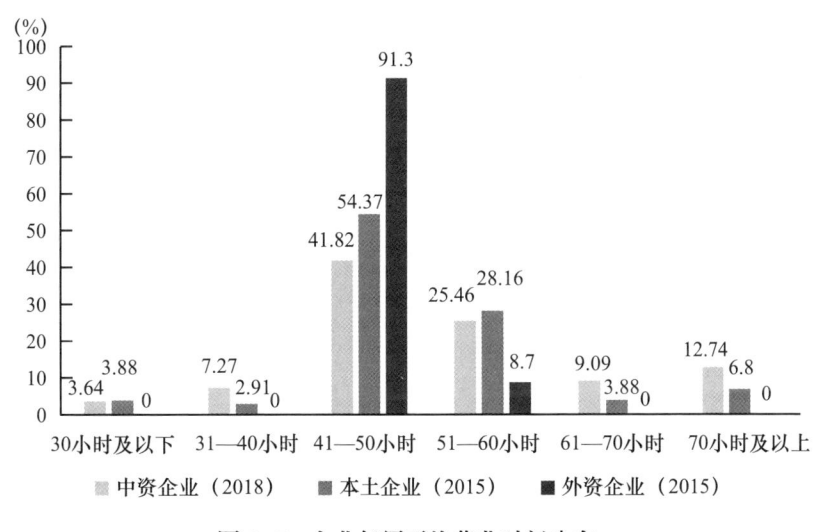

图3-7 企业每周平均营业时间分布

通过营业时间的长短可以计算出开工率。开工率是指盈亏平衡点上的开工率，它受诸多因素影响，与企业自身运营能力、目标市场的选择、定价水平、销售能力等都有关系。已有的计算开工率的方法为一年时间减去所有的停机时间（包括各类计划停机时间如检修等，非计划停机时间即在生产过程中发生各类故障导致停产的时间）再除以一年时间。一般当开工率不足40%时，企业的危急预警信号就该响起。接下来，先整体观察所访企业的开工情况，再区分行业、主要销售市场和定价方式。基于数据特点和柬埔寨劳工法关于员工工作时间的规定，在此通过公式：开工率＝每周营业时间/（6×8）来计算，并将其划分为40%及以下、40%—80%、80%—120%、120%及以上四个层次，得到图3-8。

图3-8显示，在柬中资企业开工率整体分布符合右偏分布，占比最高的开工率为80%—120%，其余的按占比高低排列依次为120%及以上、40%及以下、40%—80%。所以至少有3.64%的企业在开工率方面，需要采取相应措施，提高企业的运营水平。

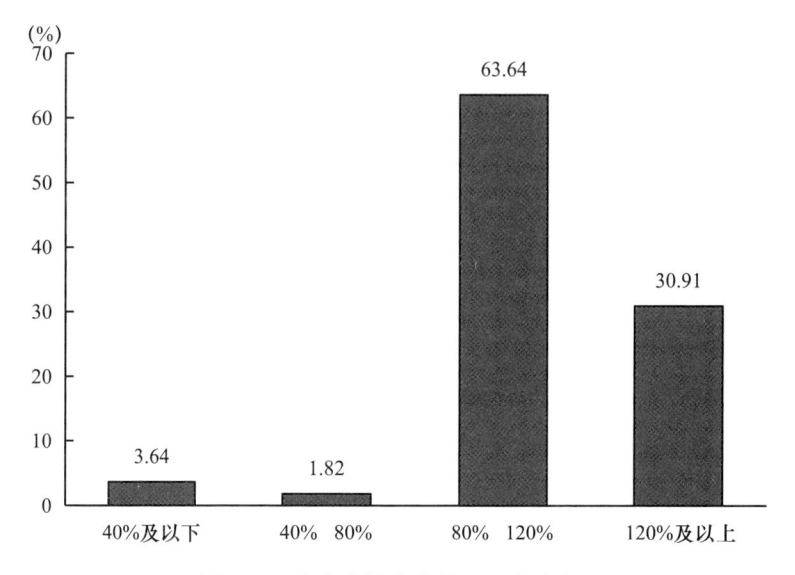

图3-8　在柬中资企业的开工率分布

接下来从开工率的诸多影响因素中选取行业、目标市场的选择进行重点分析。将"行业""企业的主要销往市场"同开工率进行交互，得到表3-9中的结果。

表3-9　　　　　不同类型在柬中资企业的开工率分布　　　（单位：%）

分类	40%及以下	40%—80%	80%—120%	120%及以上
工业	0.00	0.00	70.37	29.63
服务业	7.14	3.57	57.14	32.14
本地	7.79	3.85	53.85	0.35
东道国	0.00	0.00	84.62	15.38
中国	0.00	0.00	33.33	66.67
国际	0.00	0.00	69.23	30.77

由表3-9可以看出，开工率低于40%的企业全部是服务业，工业企业中的开工率高于120%有29.63%，服务业企业有32.14%。相比之下，服务业的开工率分布更加分散。对于不同的销售市场，可以看出只有产品销往本地的企业存在开工率小于40%的情况，且大于120%所占比例很小，在某种程度上反映出了这个市场容量有限且竞争对手较多，所以对整体开工时长要求相对较小。其他三类市场，开工率集中在80%以上较高的水平。比较而言按从高到低的顺序依次为中国市场、国际市场、柬埔寨国内市场。国际市场虽然相比中国市场更大，但销往国际的竞争对手遍布世界各国，这可能是产品销往国际市场的企业开工率低于销往中国市场的原因之一。

（二）在柬中资企业产品市场定位：经营时长与区位选择

考虑在柬中资企业产品的销售市场和相应的市场份额。按企业注册时长、经开区选择、母国国内备案选择、商会选择的情况分析在柬中资企业产品市场定位有表3-10。

表 3-10　　　　在柬中资企业产品的主要销售市场状况　　　　（单位：%）

	本地	柬埔寨国内	中国	国际
注册超过五年	40.00	20.00	4.00	36.00
注册低于五年	53.33	26.67	6.67	13.33
不在经开区	52.38	26.19	4.76	16.67
中国境外经贸合作区	30.00	10.00	10.00	50.33
柬埔寨经开区	33.33	33.33	0.00	33.33
商务部境外投资备案	35.71	35.71	3.57	25.00
未在商务部境外投资备案	65.22	13.04	8.70	13.04
加入柬埔寨的中国商会	41.94	22.58	6.45	29.03
未加入柬埔寨的中国商会	54.55	27.27	4.55	13.64

注：产品市场为本地指的是产品主要卖到企业所在城市或地区；市场为柬埔寨国内指的是产品主要销售到东道国其他的城市。

由表 3-10 可以看出，对于注册时间不同的企业，产品的主要销售市场有一定区别。注册时间超过 5 年的企业，产品市场定位由高到低依次为本地、国际、柬埔寨国内、中国。本地市场和国际市场为这些企业产品销售目的地，这二者占比分别为 40.00%、36.00%；注册时间低于 5 年的企业，产品市场定位由高到低依次为本地、柬埔寨国内、国际、中国。本地市场和柬埔寨国内市场是这些企业的主要市场定位，这二者占比分别为 53.33%、26.67%。

按经济开发区选择区分的产品销售市场来看，不在经开区的企业市场定位依次为本地、柬埔寨国内、国际、中国，前面两者占比和为 78.57%；在中国境外经贸合作区的企业的市场定位依次为国际、本地、柬埔寨国内、中国；在柬埔寨经开区的企业的市场定位在本地、柬埔寨国内和国际平均分布。不同区位选择的差别表现为，不在经开区和在中国境外经贸合作区的企业涉及市场范围更广，其中在中国境外经贸合作区的企业更看重国际市场，不在经开区的企业偏重本地市场。

按企业在中国商务部境外投资备案选择区分的产品销售市场来

看，没有进行备案的企业，其产品更多销往本地，占比 65.22%，其他三类市场的占比较低；进行过备案的企业，主要市场定位为本地、柬埔寨国内和国际三个市场，且三个市场之间差距不大。

最后按企业加入商会的选择区分企业的产品市场定位来看，加入商会和未加入商会对在柬中资企业的市场定位没有太大影响，加入中国商会的企业更为侧重于将产品销往国际市场，这可能与商会可为企业进行国际合作提供更多信息或渠道有关。

(三) 在柬中资企业产品市场份额与定价方式分析

一个企业在主要销售市场占据的市场份额的多少在一定程度上可以反映企业在同行中的竞争地位，所以有必要将销售市场与相应的市场份额综合起来，结果如表 3-11 所示。

表 3-11　　　　在柬中资企业主营产品的市场份额分布　　　（单位：%）

	小于1%	1%—10%	11%—20%	21%—30%	31%—50%	51%—70%	71%—100%
本地	22.73	22.73	9.09	9.09	9.09	13.64	13.63
柬埔寨国内	8.33	41.67	0.00	8.33	25.00	0.00	16.67
中国	0.00	0.00	50.00	50.00	0.00	0.00	0.00
国际	70.00	0.00	10.00	0.00	0.00	20.00	0.00

由表 3-11 可知，产品销往本地的企业，其市场份额小于1%的企业占比 22.73%，市场份额在 1%—10% 的企业占比 22.73%，市场份额在 11%—20% 的企业占比 9.09%，21%—30% 的企业占比为 9.09%，31%—50% 的企业占比为 9.09%，有 27.27% 的企业市场份额超过 50%。

产品销售以柬埔寨国内市场为主的企业，有一半的企业占据的市场份额小于 10%，有 33.33% 的企业的市场份额处于 21%—50%，另外的 16.67% 的企业占据的市场份额高达 71%—100%。由此，在柬中资企业市场定位为东道国国内市场的市场份额呈现出明显的差距。

产品销往中国的企业占比很低，这部分企业的产品在柬埔寨的市场份额集中处于11%—30%。

产品以国际市场为主的企业,市场份额小于1%的企业占到70.00%,在市场容量较大的国际市场中,同行业的竞争对手的规模与数量都较大;在柬埔寨市场份额达到11%—20%的企业占比10.00%,达到51%—70%的企业占比20.00%。

随着世界经济一体化的不断深入,跨国公司内部交易占全球交易总比例的不断上升,由此引发的国际贸易摩擦也不断升级,而这些摩擦又主要来自针对国际贸易交易中的产品价格和税务负担等问题的挑战。"一带一路"倡议提出之后,中国企业选择到海外进行投资,了解在柬经营的中资企业是如何定价的可避免市场信息不完全导致的损失。此次调查获取了企业定价方式选择的信息,企业产品定价方式包括接受市场价格、成本加成、政府定价、同买方议价、由商业联盟定价,以及其他方式等六种。结果如图3-9所示。由图3-9,选择最多的两种方式为成本加成和接受市场价格,占比分别为41.82%和36.36%,接下来依次为同买方议价占比10.91%,其他方式占比7.27%,政府定价和由商业联盟定价各占比1.82%。

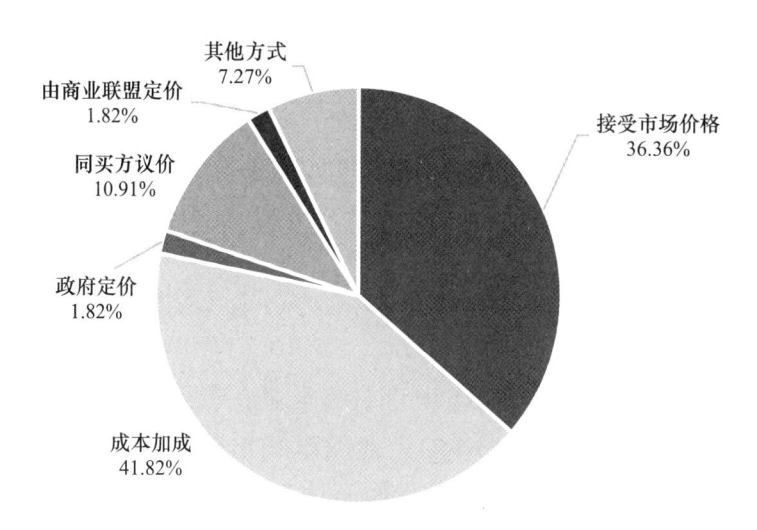

图3-9 在柬中资企业在主要市场的定价方式

进而，按企业产品市场定位、注册时长、经开区选择、中国商会加入选择区分的企业产品定价方式，见表3-12。

表3-12　　　　　在柬中资企业在柬埔寨经营的定价方式　　　　（单位：%）

	市场定价	成本加成	政府定价	买方议价	商业联盟定价	其他方式
注册超过五年	28.00	56.00	0.00	12.00	0.00	4.00
注册低于五年	43.34	30.00	3.33	10.00	3.33	10.00
不在经开区	40.48	42.86	2.38	7.14	0.00	7.14
中国境外经贸合作区	30.00	30.00	0.00	30.00	0.00	10.00
柬埔寨经开区	0.00	66.67	0.00	0.00	33.33	0.00
加入柬埔寨的中国商会	22.58	54.84	3.23	9.68	3.23	6.45
未加入柬埔寨的中国商会	59.09	27.27	0.00	4.55	0.00	9.09
本地	57.69	30.77	0.00	3.85	0.00	7.69
东道国	23.08	53.85	7.69	15.38	0.00	0.00
中国	33.33	66.67	0.00	0.00	0.00	0.00
国际	15.38	46.15	0.00	23.09	7.69	7.69

产品销往不同的市场，定价方式略有不同，对于产品销往本地、柬埔寨国内和中国的企业，大多都是依靠成本加成、接受市场价格两种方式，其中销往本地的接受市场价格多一点，销往柬埔寨国内和中国的依据成本加成来定价多一点。对于主要销往国际市场的企业，成本加成依然是定价的主要依据，另外增加了依据政府定价、同买方议价两种定价方式的比例，各占此类企业的23.08%。

按注册时间长短区分的定价方式选择来看，注册时间长的企业偏向选择成本加成方式定价，注册时间短的企业偏向市场定价方式。按企业进入开发区选择的企业定价方式选择来看，在柬埔寨开发区的企业主要选择成本加成和商业联盟定价方式；在中国境外经贸合作区的企业相对选择买方议价的比例要高。按中国商会加入选择区分的定价方式选择来看，加入商会的企业更有可能选择成本加成，未加入商会的倾向于以市场定价为主。除了前面五种定价方式，有的企业以其他方式定价，这里面出现频率稍高的是由母公司决定，这部分企业就取决于母公司是根据市场还是成本加成等其他原因定价。

（四）在柬中资企业产品出口类型与市场竞争状况分析

按注册时长、经开区选择、中国商务部备案选择、中国商会加入选择区分的企业产品出口类型分布情况。由表3-13可见，所有分类条件下，在柬中资企业在产品出口大多都是原始设备制造商。此外，注册时长超过五年的企业有30.00%属于原始设计制造商，10.00%属于原始品牌制造商。低于五年的有25.00%的企业属于原始品牌制造商。不在任何经开区的企业中有62.50%属于原始设备制造商，25.00%属于原始设计制造商，12.50%的属于原始品牌制造商；在中国境外经贸合作区的企业，三种类型的出口类型占比分别为60%、20%、20%。按在柬中资企业商务部备案选择区分的产品出口类型来看，在中国商务部备案的中资企业为原始设计制造商的比例更高。按在柬中资企业加入中国商会选择的企业产品出口类型来看，加入中国商会的在柬中资企业为原始设备制造商的比例为70.00%，原始设计制造商的比例为20.00%，原始品牌制造商的比例为10.00%，未加入中国商会的企业主要是原始设备制造商（占比66.67%）和原始品牌制造商（33.33%）。

表3-13　　　　　　在柬中资企业产品出口类型分布　　　　　（单位：%）

	原始设备制造商	原始设计制造商	原始品牌制造商	其他
注册超过五年	60.00	30.00	10.00	0.00
注册低于五年	75.00	0.00	25.00	0.00
不在经开区	62.50	25.00	12.50	0.00
中国境外经贸合作区	60.00	20.00	20.00	0.00
柬埔寨经开区	100.00	0.00	0.00	0.00
商务部境外投资备案	71.42	14.29	14.29	0.00

续表

	原始设备制造商	原始设计制造商	原始品牌制造商	其他
未在商务部境外投资备案	75.00	0.00	25.00	0.00
加入柬埔寨的中国商会	70.00	20.00	10.00	0.00
未加入柬埔寨的中国商会	66.67	0.00	33.33	0.00

注：原始设备制造商指的是买主提出要求，贵公司加工后贴上买主品牌出口；原始设计制造商指的是买主提出要求，贵公司自行设计、加工后贴上买主品牌出口；原始品牌制造商指的是母公司或本公司提出要求，自行设计、加工后贴上自有品牌出口。

表3-14给出不同行业的竞争压力来源。在柬中资企业竞争压力更多来自外资同行，工业企业有28.57%的企业压力来自柬埔寨同行，71.43%来自外资同行，服务业企业的压力15.79%来自柬埔寨同行，84.21%来自外资同行。服务业感受外资同行的压力更大。

表3-14　　　在柬中资企业不同行业类别竞争压力的主要来源　　（单位：%）

	柬埔寨同行	外资同行
工业	28.57	71.43
服务业	15.79	84.21

良性的竞争能促进企业间的共同进步，表3-15、表3-16分别给出按不同分类条件的近五年企业竞争状况变化、企业的主要竞争方式。

表3-15　　　近五年来在柬中资企业的竞争状况变化情况　　（单位：%）

	更好经营	没有变化	竞争更激烈
工业	20.00	28.00	52.00
服务业	14.81	29.63	55.56
商务部境外投资备案	18.52	29.63	51.85
未在商务部境外投资备案	19.05	23.81	57.14

续表

	更好经营	没有变化	竞争更激烈
加入柬埔寨的中国商会	24.14	24.14	51.72
未加入柬埔寨的中国商会	9.52	33.33	57.14

由表3-15可以得出,不同分类条件下,都有超过半数的企业认为经营过程中竞争越来越激烈了,其中服务业比工业认为竞争更激烈的占比更高,未在中国商务部外资备案比作过备案的企业对竞争激烈程度的感知更强,未加入柬埔寨中国商会的比未加入的对竞争方式激烈程度的感知更强。由此,直接面对市场的企业对市场的竞争状况更为敏感。

表3-16体现的是按不同分类的企业感受到的竞争方式变化情况。所有分类条件下在柬中资企业面临最为激烈的竞争方式为质量竞争和价格竞争。具体而言,各分类条件下面临更为激烈的质量竞争企业占比均超过40.00%,而面临激烈的价格竞争的企业占比在行业分类、商会选择差别不大,在是否进行过投资备案选择上,进行投资备案的企业感知到激烈的价格竞争占比17.86%,未进行投资备案的企业感知到激烈的价格竞争占比为39.13%,两者比例相差21.27个百分点。此外,少部分有些企业认为近五年来面临着低档产品价格激烈、高档产品质量竞争激烈、工期长短的竞争激烈。

表3-16 近五年来在柬中资企业的竞争方式变化情况 (单位:%)

	没有变	价格竞争更激烈	质量竞争更激烈	广告战更激烈	其他
工业	11.11	29.63	40.74	3.71	14.81
服务业	14.29	28.57	46.43	0.00	10.71
商务部境外投资备案	17.86	17.86	42.86	3.57	17.86
未在商务部境外投资备案	4.35	39.13	43.48	0.00	13.04
加入柬埔寨的中国商会	9.67	29.03	41.94	3.23	16.13
未加入柬埔寨的中国商会	13.64	27.27	45.45	0.00	13.64

（五）在柬中资企业经营自主程度分析

企业决策的实质是实现企业目标、内部条件和外部环境的动态平衡。因此，一个好的决策方案、一个正确的决策方向，都是企业生存和发展不可或缺的，是达到企业赢利目标的重要保障。但由于母公司与子公司的关系，或是行业不同、备案情况不同、加入商会情况不同都可能在一定程度上影响企业在产品生产、产品销售、技术开发、新增投资、员工雇佣等方面的自主决策程度。接下来分析此次访问企业在以上各方面的自主程度。进行不同行业的企业在产品生产等方面的自主决策程度的比较，得到表3-17的结果。

表3-17　　　　不同行业类型的在柬中资企业自主程度　　　　（单位：%）

	行业类型	0—19%	20%—39%	40%—49%	50%—59%	60%—69%	70%—79%	80%—89%	90%—99%	100%
产品生产	工业	3.85	0.00	3.85	7.69	3.85	0.00	26.92	3.85	50.00
	服务业	7.41	0.00	0.00	7.41	3.70	0.00	14.81	11.11	55.56
产品销售	工业	15.38	0.00	3.85	7.69	0.00	0.00	15.38	15.38	42.31
	服务业	10.71	0.00	0.00	3.57	0.00	0.00	21.43	10.71	53.57
技术开发	工业	19.23	0.00	0.00	0.00	11.54	7.69	0.00	19.23	42.31
	服务业	28.57	7.14	0.00	3.57	3.57	0.00	3.57	10.71	42.86
新增投资	工业	26.92	0.00	3.85	0.00	3.85	0.00	7.69	7.69	50.00
	服务业	18.52	7.41	0.00	0.00	3.70	0.00	11.11	7.41	51.85
员工雇佣	工业	0.00	10.00	0.00	0.00	7.69	0.00	7.69	26.92	57.69
	服务业	3.57	0.00	3.57	0.00	0.00	3.57	10.71	10.71	67.86

将自主决策程度0—100%进一步划分为三个层次：0—49%为低决策程度，50%—79%为中等决策程度，80%及以上为高度决策程度。在产品生产方面工业企业具有高度决策程度的占比为80.77%，服务业企业的占比为81.48%，两者都有超过80%的企业具有较高的决策权，且两者相差不大。在产品销售方面，工业、服务业具有高度决策程度的企业占比分别为73.07%和85.71%，两者差距比较明显，服务

业在此方面自主决策程度更高。在技术开发方面，工业、服务业具有高度决策程度的企业占比分别为 61.54%、57.14%，两者相差不大，工业类型的企业略胜一筹。在决定新增投资时，工业能实现 65.38% 的高度自主决策，服务业比例略高一点，为 70.37%。员工雇佣方面，工业能实现高度自主决策的比例高达 92.30%，服务业稍低一点，但也能达到 89.28%。整体来看，无论是工业还是服务业，五个方面中都是在员工雇佣方面企业具有高度自主决策权。

表 3-18 介绍的是有无在商务部备案分别对应的企业在五个方面的自主决策程度。和表 3-17 一样，还是将企业的自主决策程度划分为三个梯度，可以得出，有在商务部进行过备案的企业在产品生产、产品销售、技术开发、新增投资、员工雇佣五个方面具有高度自主决策权的企业所占比例分别为 76.92%、70.36%、48.15%、53.84%、85.18%；没有在商务部备案的企业对应的比例分别为 91.31%、95.65%、73.91%、86.96%、86.96%。明显看出在商务部进行过备案的企业整体要比没有进行备案的企业自主决策程度要低很多，恰好在一定程度上说明了对于有中国母公司的企业，母公司在经营过程中的很多环节对于柬埔寨子公司都在一定程度上进行着决策干预。其中母公司在员工雇佣和产品生产方面赋予子公司的决策自由较高。

表 3-18　　　　商务部备案情况与在柬中资企业自主程度关系　　　（单位：%）

		0—19%	20%—39%	40%—49%	50%—59%	60%—69%	70%—79%	80%—89%	90%—99%	100%
产品生产	是	7.69	0.00	0.00	11.54	3.85	0.00	23.08	7.69	46.15
	否	0.00	0.00	0.00	4.35	4.35	0.00	17.39	8.70	65.22
产品销售	是	22.22	0.00	0.00	7.41	0.00	0.00	22.22	14.81	33.33
	否	0.00	0.00	0.00	4.35	0.00	0.00	13.04	13.04	69.57
技术开发	是	37.04	3.70	0.00	3.70	3.70	3.70	3.70	18.52	25.93
	否	8.70	4.35	0.00	8.70	4.35	0.00	13.04	0.00	60.87
新增投资	是	30.77	3.85	3.85	0.00	7.69	0.00	15.38	11.54	26.92
	否	8.70	4.35	0.00	0.00	0.00	0.00	0.00	4.35	82.61

续表

		0—19%	20%—39%	40%—49%	50%—59%	60%—69%	70%—79%	80%—89%	90%—99%	100%
员工雇佣	是	3.70	0.00	3.70	0.00	3.70	3.70	11.11	29.63	44.44
	否	0.00	0.00	0.00	0.00	4.35	0.00	8.70	4.35	82.61

表3-19介绍的是是否加入中国商会分别对应的企业在五个方面的自主决策程度。加入柬埔寨中国商会的企业在产品生产、产品销售、技术开发、新增投资、员工雇用五个方面具有高度自主决策权的企业所占比例分别为82.76%、83.33%、56.66%、65.52%、86.67%；未加入中国商会的企业在这几方面相应的比例分别为81.82%、77.27%、63.63%、72.73%、95.45%。不同于有无母公司之间的对比，是否加入中国商会对企业自主程度的影响不是特别明显。其中两者相比的话，在技术开发、新增投资、员工雇佣三方面，未加入中国商会的企业自主决策程度更高；而加入中国商会的企业在产品生产、产品销售两方面的自主程度更高。

表3-19　柬埔寨中国商会入会情况与在柬中资企业自主程度关系　（单位：%）

		0—19%	20%—39%	40%—49%	50%—59%	60%—69%	70%—79%	80%—89%	90%—99%	100%
产品生产	是	6.90	0.00	3.45	3.45	3.45	0.00	20.69	3.45	58.62
	否	0.00	0.00	0.00	13.64	4.55	0.00	22.73	13.64	45.45
产品销售	是	13.33	0.00	3.33	0.00	0.00	0.00	20.00	10.00	53.33
	否	9.09	0.00	0.00	13.64	0.00	0.00	18.18	18.18	40.91
技术开发	是	26.67	3.33	0.00	0.00	10.00	3.33	3.33	13.33	40.00
	否	18.18	4.55	0.00	4.55	4.55	4.55	0.00	18.18	45.45
新增投资	是	24.14	3.45	3.45	0.00	3.45	0.00	10.34	6.90	48.28
	否	18.18	4.55	0.00	0.00	4.55	0.00	9.09	9.09	54.55
员工雇用	是	3.33	0.00	0.00	0.00	6.67	3.33	16.67	20.00	50.00
	否	0.00	0.00	4.55	0.00	0.00	0.00	0.00	18.18	77.27

二 柬埔寨中资企业海外销售模式的基本特征：传统与现代相结合

商业的发展驱动着销售管理方式发生变革，同时新的商业模式打通了企业与消费者的信息壁垒，促进了企业与消费者的联系。互联网作为企业营销活动近年来增长最快的新型渠道，伴随着物流等网络销售的基础设施建设快速发展，越来越多的企业开始使用互联网来传递企业产品信息满足消费者需求。

以下为按行业类型、投资备案选择与不同销售渠道的销售额进行交互，分析柬埔寨的互联网发展现状，见表3-20。

表3-20　　在柬中资企业的互联网销售渠道和传统渠道比较　　（单位：%）

	互联网更高	传统渠道更高	差不多	不清楚
工业	12.50	87.50	0.00	0.00
服务业	0.00	100.00	0.00	0.00
在商务部备案	8.33	91.67	0.00	0.00
未在商务部备案	0.00	100.00	0.00	0.00

表3-20显示，不同分类条件下，大多数中资企业认为传统渠道销售额更高，特别是服务业行业和没有在商务部进行境外投资备案的企业100%认为传统渠道销售额更高；工业行业中有87.50%的认为传统渠道销售额更高；在商务部进行备案的企业中有8.33%的认为互联网销售额更高；相对于传统渠道，在柬中资企业尚未广泛普及或应用互联网于企业营销和销售环节中。

广告推销产品、开拓市场可以为企业创造品牌，促使消费者对产品产生偏好，为企业创造区别于竞争对手的品牌资产价值。接下来分析受访在柬中资企业在投放电视广告上的基本情况，见表3-21。

表 3-21　　　　　　　在柬中资企业投放电视广告情况　　　　（单位：%）

	是	否
工业	0.00	0.00
服务业	25.00	75.00
在商务部备案	30.77	69.23
未在商务部备案	21.43	78.57

由表 3-21 可以看出不同类型企业的广告投入情况，需要说明的是问卷设计中工业行业不需要作答此题，服务业企业中有 25.00% 的投放了电视广告。在中国商务部备案的企业有 30.77% 投放广告，未进行备案的企业有 21.43% 投放了广告。也就是说无论是什么类型的企业，在柬埔寨的中资企业没有进行电视广告宣传的占比很高。所以有必要进一步分析未投放广告的原因，如图 3-10 所示。

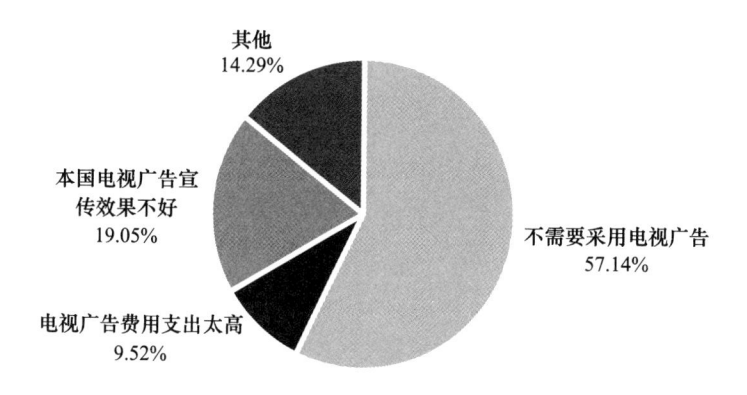

图 3-10　在柬中资未投放电视广告的原因

由图 3-10 可以看出，认为不需要采用电视广告的企业占比最高，为 57.14%；其次是认为柬埔寨电视广告宣传效果不好，占比为 19.05%；有 14.29% 的未投放广告的企业选择了其他选项，主要提及的有信息敏感的原因；还有 9.52% 的企业因为电视广告费用支出太高而选择不投放广告。

第三节　融资及其结构分析

充足的资金支持是开展项目投资和创新活动的前提,当投资目的地为经济环境不确定性较高的国家时,金融支持就更是不可缺少。"一带一路"的辐射范围多为发展中国家,有些付款能力有限,资金链条中存在很大的不确定性。另外"一带一路"倡议涉及各行各业,但是以周期长、投入大为特点的交通、通信、基建工程等项目为主,这就导致资金回收需要的周期要比其他项目长,加大了海外中资企业的收益不确定性。并且近年来部分"一带一路"沿线国家的国内政局动荡不安,安全形势不容乐观,极大地加重了中国企业对外投资过程中的不确定性,因此有必要考察海外中资企业融资现状及问题。

一　柬埔寨中资企业融资渠道分析

本调查选取企业的融资渠道进行分析,问卷中设计融资渠道主要为以下六个方面:中国国内母公司拨款、中国国内银行或正规金融机构贷款、柬埔寨银行或正规金融机构贷款、赊购和商业信用、亲戚朋友借款、社会组织贷款(如本地商会),分析结果如图3-11所示。

由图3-11可以看出,占比最高的前三项由高到低分别为:中国国内母公司拨款、社会组织贷款、中国国内银行或机构贷款,其中后两项虽然排名有优势,但企业覆盖面较小,分别也只有25.45%、7.27%的企业通过这两种渠道。另外有47.27%的企业有中国母公司拨款支持,前提也是有中国母公司的企业才有这个渠道,从前面章节可知,在走访的所有企业中有60.00%的企业在中国有母公司,也就是有一部分的企业有中国母公司但没有母公司拨款。进而按企业规模、母公司类型、行业分类,考察母公司拨款情况,如图3-12所示。

首先看有母公司但没有母公司拨款的企业规模的分布,结果显示,小型企业没有这种情况,主要分布在中型企业和大型企业中,其

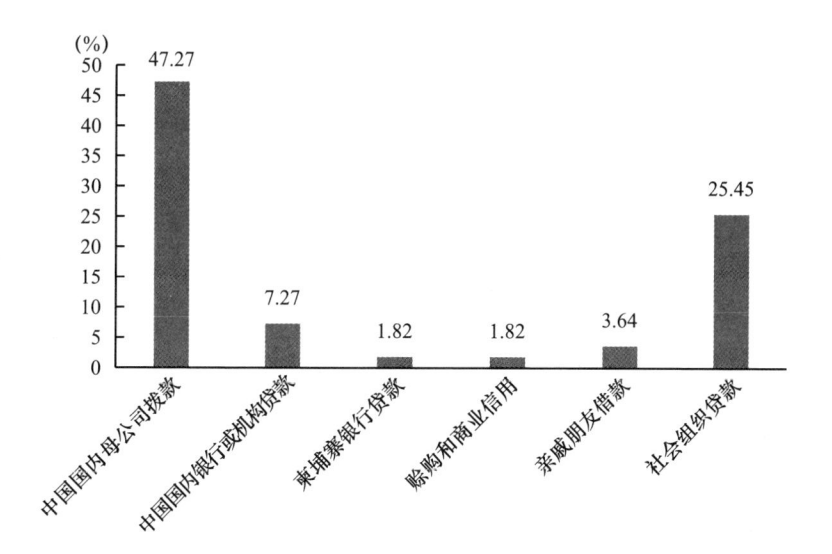

图 3-11 在柬中资企业融资来源分布

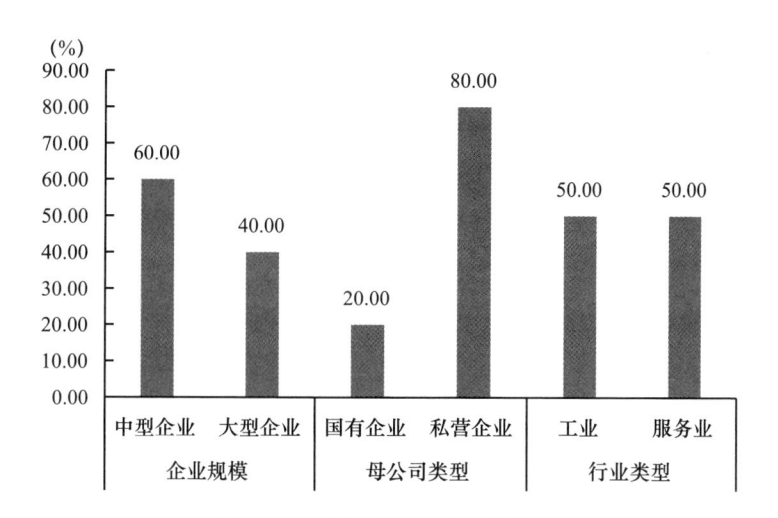

中国国内母公司拨款 47.27
中国国内银行或机构贷款 7.27
柬埔寨银行贷款 1.82
赊购和商业信用 1.82
亲戚朋友借款 3.64
社会组织贷款 25.45

图 3-12 在柬中资企业拨款情况

企业规模：中型企业 60.00，大型企业 40.00
母公司类型：国有企业 20.00，私营企业 80.00
行业类型：工业 50.00，服务业 50.00

中中型企业占比更高，为 60.00%。再看这类企业母公司类型的分布，可以看出，只分布在国有企业和私营企业之间，其中主要是私营企业，占比高达 80.00%。最后看这类企业行业的分布，得出对于有母公司但没有母公司拨款的企业，与其属于工业还是服务业并无太大关联，两者各占一半。结合以上分析，可以得出企业规模为中型并且母公司类型为私营企业的公司更有可能不为子公司提供资金支持，但与所属行业无太大关联。

另外从图 3-11 还能发现从柬埔寨当地银行进行贷款的占比很小，说明柬埔寨当地的银行或其他金融机构没有在中资企业经营过程中起到太大的支持作用。为找到造成这种现象的原因，接下来分析企业主为什么不选择在当地贷款。提取选择每个选项中回答"是"的比例得到图 3-13，企业选择较多的选项依次为没有贷款需求、申请程序复杂、其他、利率过高，均有超过 40.00% 的企业由于这些原因没有选择在柬埔寨当地贷款。进一步将选择"其他"的企业注明的原因提取出来，存在的几个其他原因分别为国内贷款渠道更利于沟通、不想与柬埔寨政府接触、母公司不允许。

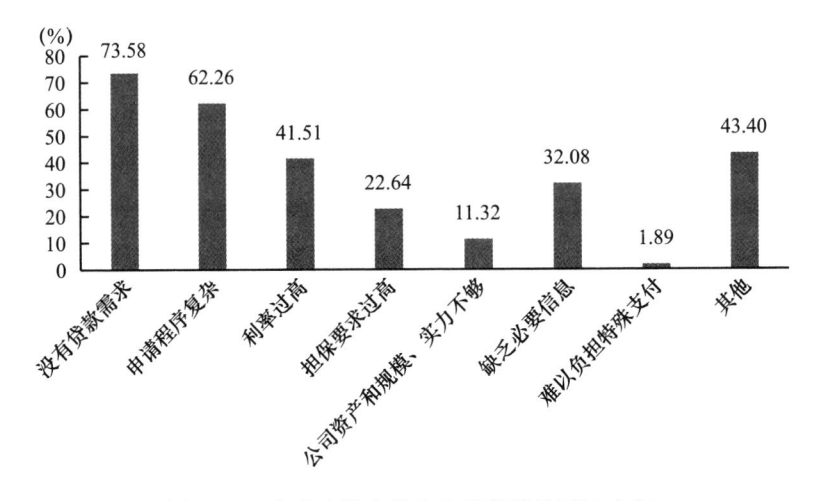

图 3-13 在柬中资企业未申请贷款的原因分布

二 柬埔寨中资企业信贷需求分析

虽然有很大部分企业选择了没有贷款需求，但是找出哪些类型的企业有贷款需求，但却没有选择当地贷款或许是更有意义的。考虑是否与企业规模、行业类型、注册时长等因素有关，重点关注在问题"没有贷款需求"中选择"否"的这些变量的分布，得到结果如图3-14。

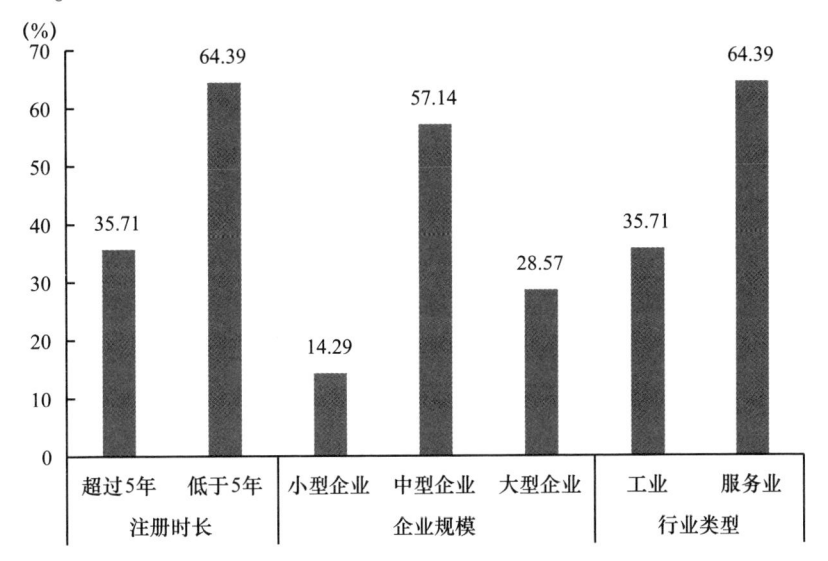

图3-14　在柬中资未在当地银行贷款的情况

由图3-14可以看出，对于有贷款需求的这类企业，小、中、大型企业的分布比例大约为1:4:2，与所有访问企业的该比例1:2.6:4.2相比，中型企业的占比有明显提升，大型企业的占比有所下降，由此可见中型企业相对大型企业而言更可能有贷款的需求。再考虑行业的分布，该类企业中工业与服务业之间的比例约为1:1.8，而所有企业中工业和服务业数量持平接近1:1，所以1.8相对1来说有明显的提高，也就是说服务业相对工业来说更可能有贷款的需求。最后看企业注册时长的分布，企业中注册时长超过五年与注册时间低于五年的企业数量的比例约为1:1.8，和所有企业内两者的比例1:1.2相比，注册时间低于五年的占比有一定程度的提高，也就是说注册时间短的企业相对于注册时间长的企业更会有贷款的需求。总体来说，属于服务业、注册时间短的中型企业有贷款需求的可能性最大。

除去以上没有贷款需求的原因，与当地银行有关的原因主要就是申请程序复杂、利率过高、缺乏必要信息以及担保要求高。也就是说柬埔寨当地银行对于申请贷款的中资企业并不友好，这将在很大程度上加大企业在海外正常运营的难度。如果政府或社会上能在这方面对海外中资企业进行扶持，或是采取和当地银行进行合作等方式，将对企业的运营环境起到很好的改善作用。

小　结

本章分析在柬中资企业的经营状况，主要内容有：第一部分是对受访中资企业运营基本情况的研究，第二部分是对受访中资企业生产与销售情况的研究，第三部分是对受访中资企业融资状况的研究。基本分析有以下结论：

首先根据运营基本情况可以发现：在柬投资的中国企业发展趋势与中国全部对外直接投资变动趋势大体保持一致；在柬投资的中资企业先后经历了初步萌芽阶段、起步加速阶段、快速增长阶段，2017年之后从无序增长向理性回归转变，表现为企业注册数量和开始运营的数量都有不同程度的回落；在柬中资企业已经形成包括国有、民营以及多类投资模式的海外投资形式多样化，其中私营企业比例逐渐呈现超过国有企业的态势。关于股权变动，分析得出中国股东控股情况整体变化不大，柬埔寨股东股权变化也很少，但注册时间长的企业更容易倾向于降低当地股东的股权比例。注册时间长或在中国有母公司的发展经营更加成熟的在柬中资企业，做股东股权调整的可能性更大，无论母公司为哪种类型，企业均对中国股东股权有很高的要求。母公司为国有类型的企业几乎都会在商务部进行境外投资备案，且加入商会的比例最高。

其次根据生产与销售情况可以发现：在柬中资企业普遍开工率较

为充足，其中与工业企业相比，服务业企业开工率相对较低，与产品销往中国市场的企业相比，产品销往国际市场的企业开工率整体偏低；在柬中资企业不管注册时间长短，一般本地市场为主要市场，其次注册时间长的企业，将市场定位为国际市场的可能性更大，而注册市场较短的企业，将市场定位为柬埔寨国内的可能性更大；在柬中资企业进行产品定价时主要通过成本加成或接受市场价格，而且产品销往不同的市场，定价方式略有不同；注册时间长的企业偏向选择成本加成方式定价，注册时间短的企业偏向市场定价方式；除此之外，在柬中资企业的定价方式还由于企业是否位于开发区以及是否加入当地商会有一定差异；在柬中资企业竞争压力更多来自外资同行，且多数企业认为经营过程中竞争越来越激烈了，其中最为激烈的竞争方式为质量竞争和价格竞争；整体而言，在柬中资企业在员工雇佣方面拥有高度自主决策权的可能性更大。另外对于有中国母公司的企业，母公司在员工雇佣和产品生产方面赋予子公司的决策自由较高。企业自主程度与企业是否加入当地商会没有明显关系；相对于传统渠道，在柬中资企业尚未广泛普及或应用互联网于企业营销和销售环节中，其中企业未投放广告的主要原因是"不需要"。

最后根据企业融资情况可以发现：在柬中资企业主要通过中国国内母公司拨款、社会组织贷款以及亲戚朋友借款三种方式进行融资，且私营企业的母公司不为海外子公司提供资金支持的可能性更大；主要由于"不需要贷款"、"申请程序复杂"或"利率太高"等原因，向当地银行贷款的在柬中资企业占比很低；服务业、注册时间短和中型企业有贷款需求的可能性更大，这部分企业有需求但是并不会选择在当地贷款。

第四章

柬埔寨营商环境和中资企业投资风险评价

优化营商环境是一国增强其国际竞争力的主要手段之一，良好的营商环境能吸引更多的跨国企业投资。企业国际化在发展中国家的发展历程显示，自然资源和劳动力资源优势是吸引外来投资的资源禀赋条件，但良好的营商环境如完善的基础设施供给、高效率的公共服务供给及健全的法制建设等则是跨国企业投资选择的重要因素。

柬埔寨是中国在东南亚地区重要的贸易伙伴之一，越来越多的中国企业到柬埔寨投资，对柬埔寨营商环境的深入了解对推动在柬中国企业国际化尤为重要。本章从柬埔寨基础设施供给状况、公共服务供给状况、营商环境影响的企业评价、中资企业投资风险状况四方面，基于本研究调查数据与世界银行 2016 年的柬埔寨营商环境调查，比较柬埔寨本土企业、外资企业与中资企业对柬埔寨营商环境的评价。

第一节 基础设施供给评价分析

基础设施在一个经济体中起着基础性的支撑作用，基础设施所提供的公共服务是所有的商品生产与服务的提供所必不可少的。经济学家保罗·罗森斯坦·罗丹大推进理论指出发展中国家或地区同时对国民经济的各个部门进行大规模投资，以促进这些部门的平衡增长，从而推动整个国民经济的高速增长和全面发展。基础设施的建设尤其是交通运输设施的建设对国民经济发展的重要作用具有普遍性，因此，发展中国家应当注重基础设施的建设尤其是交通运输建设，发达的交通运输有助于缩小地区间的差异，促进统一市场的形成，从而促进生产向具有比较优势的区域集中，提高国民经济的发展效益。交通基础设施的建设与经济增长之间的关系是研究热点之一，有研究表明，柬埔寨的基础设施建设和经济增长间存在统计上显著的正相关关系[1]。同时，良好的基础设施条件也是吸引外国直接投资的重要条件。

水、电、网、建筑是基础设施建设中最为基础的内容。本节通过基础设施供给的需求评价、基础设施供给的有效性、基础设施供给的廉洁性这三方面来考察柬埔寨的基础设施供给情况。

一　柬埔寨基础设施供给的需求评价分析

（一）在柬中资企业需要更为充足的东道国基础设施供给

图4-1显示，在用电申请方面，有42.00%的受访中资企业在过去三年内向当地部门提交过电力需求申请，世界银行的调查数据表明柬埔寨本土企业提交过用电申请的占比26.00%，柬埔寨外资企业提交过用电申请的占比23.00%；在用水申请方面，三类企业在过去三年内提交的用水申请比例基本持平；柬埔寨本土企业、在柬中资企业对于东道国供电及建筑许可的需求更高，而在用水需求方面，这三类企业的需求基本是一致的，在网络开通申请和建筑申请的需求上，在柬中资企业的需求更大。

（二）在柬中资企业对基础设施的需求高于柬埔寨其他企业，经济开发区为园区中资企业提供了良好的基础设施供给

对比在柬三类企业的用水、用电与建筑申请情况，如表4-1所示，工业行业的中资企业用水需求与在柬外资企业基本相近，但低于

---

[1] 索玛苏尔（Som Suor）：《柬埔寨交通基础设施的增长效应研究》，硕士学位论文，哈尔滨工业大学，2018年。

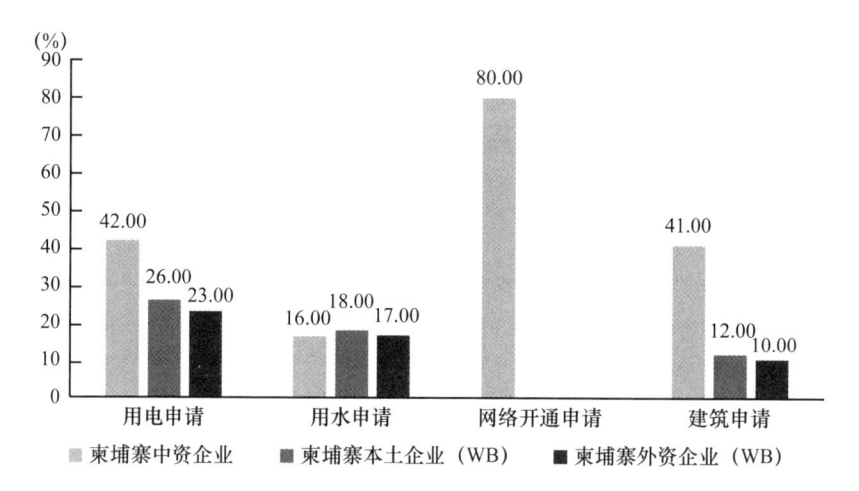

```
              (%)
              90
                                          80.00
              80
              70
              60
              50
                  42.00                                            41.00
              40
              30          26.00
                                 23.00
              20                                 16.00 18.00 17.00
              10                                                          12.00 10.00
               0
                    用电申请         用水申请         网络开通申请       建筑申请
                  ■ 柬埔寨中资企业    ■ 柬埔寨本土企业（WB）    ■ 柬埔寨外资企业（WB）
```

图 4-1　柬埔寨基础设施供给的企业需求

资料来源：柬埔寨中资企业数据来自本研究调查，柬埔寨本土企业数据与柬埔寨外资企业数据来自世界银行于 2016 年于柬埔寨进行的营商环境调查。世界银行（WB）的"Doing Business"调查未涉及网络开通与使用的调查。

柬埔寨本土企业，服务业行业的中资企业用水需求高于在柬外资企业与柬埔寨本土企业；而用电需求与建筑需求方面，在柬中资企业的工业、企业用电需求和建筑需求均高于其他两类企业，服务业企业用电需求高于柬埔寨本土企业，低于其他外资企业，建筑需求高于其他两类企业。中资企业的用电需求与建筑需求均高于柬埔寨其他企业。具体而言，在柬埔寨中资企业的分行业基础设施需求表现为：工业企业用水申请比例仅为 14.81%，用电申请和建筑申请比例均为 51.85%，用网申请比例为 77.78%；服务业企业用水申请比例仅为 17.86%，用网申请比例为 82.14%，用电申请比例为 32.14%，建筑申请比例为 29.63%。

表 4-1　　　　按企业类别与行业划分的基础设施需求　　　（单位：%）

		水		电		网络		建筑	
		是	否	是	否	是	否	是	否
中资企业 （2018 年）	工业	14.81	85.19	51.85	48.15	77.78	22.22	51.85	48.15
	服务业	17.86	82.14	32.14	67.86	82.14	17.86	29.63	70.37

续表

		水		电		网络		建筑	
		是	否	是	否	是	否	是	否
本土企业 （2015年）	工业	25.55	74.45	28.88	71.22	—	—	15.15	84.85
	服务业	12.57	87.43	23.98	76.02	—	—	9.14	90.86
外资企业 （2015年）	工业	16.67	83.33	20.00	80.00	—	—	12.50	87.50
	服务业	16.67	83.33	33.33	66.67	—	—	0.00	100.00

注：（1）中资企业调查时间为2019年，本部分调查问题询问的是2018年是否发生；世界银行Doing Business在柬埔寨调查时间为2016年，本部分调查问题询问的是2015年是否发生。（2）"—"表示世界银行调查未设计网络开通与申请的相关问题。

数据来源：中资企业数据来自本研究调查，本土企业与外资企业数据来自于世界银行Doing Business调查。

按在柬中资企业是否位于开发区来看企业的用水、用电、网络与建筑申请比例考察柬埔寨地区的基础设施供给情况，如表4-2所示。

表4-2　　　不同区位选择的中资企业的基础设施需求　　（单位：%）

企业所在区位	水		电		网		建筑	
	是	否	是	否	是	否	是	否
不在任何经开区	19.05	80.95	42.86	57.14	76.19	23.81	39.02	60.98
境外中国经贸合作区（柬埔寨）	10.00	90.00	30.00	70.00	90.00	10.00	40.00	60.00
柬埔寨经开区	0.00	100.00	66.67	33.33	100.00	0.00	66.67	33.33

从表4-2中可以看出，不在任何经开区企业申请用电比例为42.86%，在柬经开区该比例为66.67%，明显在柬经开区所提交的用电，在经开区的企业提交网络使用和建筑申请比例高于不在经开区的企业。在水、电、网、建筑四类申请中，在柬埔寨的中国经贸合作区的中资企业申请比例最高的是网络使用申请（占比为90.00%），其次是建筑申请与用电申请（分别占比40.00%和30.00%），比例最少的是用水申请（占比10.00%）；在柬埔寨经开区的中资企业申请比

例最高的也是网络使用申请（占比为100.00%），其次是用电和建筑电请（占比都是66.67%），位于柬埔寨经开区的中资企业没有提交过用水申请。通常经济开发区会提供相对完善的基础设施供给，相比不在任何经开区与柬埔寨本地经开区的基础设施供应，中国境外经贸合作区为区内企业提供了更为完善的基础设施供给。

对比位于不同区位的中资企业，不在任何经开区的中资企业面临着基础设施供应不到位的情况，因此，企业对水、电、网与建筑的需求更大；区内中资企业的水、电、网与建筑的需求就更少。

二 柬埔寨基础设施供给的效率评价分析

基础设施供给效率是指基础设施供给的持续性、安全性、绿色性和便利性。持续性可通过面向最终用户的断水、断电频数和每次断水、断电持续时间来衡量；安全性可通过基础设施供给中发生事故的频率和危害性（如基础设施供给技术不足给人带来的不良辐射）来予以衡量；绿色性可通过基础设施产生的源头的效率性和绿色性、供给过程中的节能程度及基础设施使用时对环境的污染程度来衡量；便利性指给基础设施使用者带来的便利程度，是以人为本的最好体现，也是基础设施供给发展的最终追求。其中持续性是最基础的，是基础设施供给效率的直接体现。因此以下由柬埔寨基础设施供给的持续性考察柬埔寨基础设施供给效率，由于企业发生断水、断电、断网持续时间和频数难以获得，因此用企业发生断水、断电、断网的比例来衡量柬埔寨的基础设施供给效率。

（一）在柬经营的企业易遭遇电力供应不足问题

柬埔寨政府近年高度重视电力领域发展，相继出台相关政策，逐步改善电力工业落后局面。据柬埔寨电力公司统计，2018年柬埔寨国内装机总量达2075.6兆瓦，全国供电量90.9亿千瓦时，同比增长22.83%，随着外资进入柬埔寨的投资规模越来越大，柬埔寨季节性局部电力富余（雨季）与季节性缺电（旱季）并存、局部电力富余与部分地区严重缺电并存的局面更为凸显。如图4-2，2015年世界银行的调查显示，柬埔寨本土企业有42.12%的经历过断电情况，2.39%的经历过断水；柬埔寨外资企业有64.52%的经历过断电情况，16.67%的经历过断水情况；而2018年在柬中资企业有90.91%的经历过断电，25.45%的经历过断水。对比柬埔寨的基础设施建设与对外直接投资的增长速度可以看到，柬埔寨基础设施供给效率提升的速度与质量低于柬埔寨对外直接投资的增长速度，尽管受访企业在2015年与2018年有所不同，但断水、断电发生的比例在2018年更高。

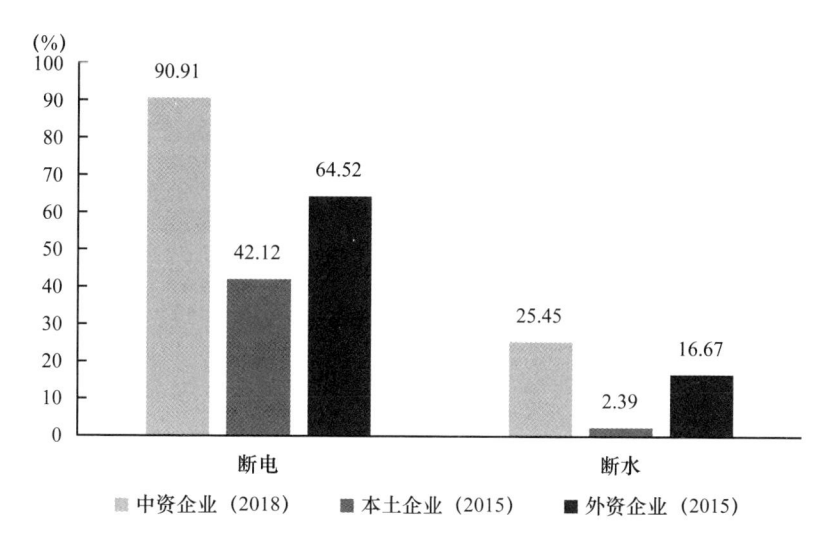

图4-2 柬埔寨基础设施供给中断情况分析

进而按不同分类条件下，企业遭遇的断水、断电、断网情况来考察柬埔寨基础设施供给的效率。由于企业发生断水、断电、断网持续时间难以获得，因此用企业发生断水、断电、断网的比例来衡量基础设施供给效率。

表4-3是按企业区位选择划分的企业发生断水、断电、断网情况表，将企业分为不在经开区、中国境外经贸合作区和柬埔寨经开区三类。不在经开区企业和中国境外经贸合作区企业遇到中断比例最高的都是断电情况（不在任何经开区企业88.10%，中国境外经贸合作区

企业100.00%），其次是网络中断情况（不在任何经开区企业73.81%，中国境外经贸合作区企业77.78%），最低的是断水情况（不在任何经开区企业21.43%，中国境外经贸合作区企业50.00%）；柬埔寨经开区企业呈现出极端现象，企业全部发生过断电、断网情况，没有企业经历过断水。除断水外，在中国境外经贸合作区和柬埔寨经开区企业发生的断电、断网比例均高于不在经开区企业。总体上，柬埔寨电、网的供给效率较差，供水管理效率相对要好。

表4-3 按是否位于开发区划分的企业发生断水、断电、断网情况 （单位：%）

	断水		断电		断网	
	是	否	是	否	是	否
不在任何经开区	21.43	78.57	88.10	11.90	73.81	26.19
中国境外经贸合作区（柬埔寨）	50.00	50.00	100.00	0.00	77.78	22.22
柬埔寨经开区	0.00	100.00	100.00	0.00	100.00	0.00

（二）投资于工业行业的外资企业在柬经历的基础设施供给不足比例更高

表4-4为按行业划分的企业发生断水、断电、断网情况。对比不同类别不同行业的企业可见，工业行业的外资企业与中资企业更易遭遇基础设施供给不足的情况，具体来说，工业行业的中资企业有88.89%的遭遇过断电，80.77%的遭遇过断网，33.33%的遭遇过断水；而本土企业有47.83%的遭遇过断电，5.84%的遭遇过断水，外资企业有72.00%的遭遇过断电，20.83%遭遇过断水。从同类型企业比较来看，2018年在柬中资企业中的工业企业比服务业企业更多地遭遇以上三类基础设施供给中断，2015年柬埔寨本土企业中的工业企业比服务业企业更多地遭遇断水、断电情况，2015年在柬外资企业中的工业企业比服务业企业更多地遭遇断水、断电情况。可见，工业企业比服务业企业更多地发生断水、断电、断网情况。

表4-4 按行业划分的企业发生断水、断电、断网情况 （单位：%）

企业类别	行业类型	断水		断电		断网	
		是	否	是	否	是	否
中资企业（2018年）	工业	33.33	66.67	88.89	11.11	80.77	19.23
	服务业	17.86	82.14	92.86	7.14	71.43	28.57
本土企业（2015年）	工业	5.84	94.16	47.83	52.17	—	—
	服务业	0	100	38.02	61.98	—	—
外资企业（2015年）	工业	20.83	79.17	72.00	28.00	—	—
	服务业	0	100	33.33	66.67	—	—

三 柬埔寨基础设施供给的廉洁性评价分析

基础设施供给的廉洁性是指基础设施供给部门在提供服务过程中是否有按照法律规定和标准规范进行基础设施的供给和分配，是否在用户使用基础设施的使用准入门槛设置额外的"租"，由这个"租"的大小和覆盖范围可以反映廉洁程度，这个"租"数值越大、覆盖范围越广表明廉洁性越差。廉洁性越差表示法制越不健全，企业得到的基础设施供给服务也不充分。本研究调查根据企业提交水、电、网、建筑的非正规支付比例反映基础设施供给的廉洁性。

（一）中资企业在柬埔寨申请基础设施使用时易遭遇非正规费用的支付

对比柬埔寨本土企业、外资企业、中资企业对柬埔寨水、电、建筑申请时的廉洁性评价有图4-3，如图所示，有61.90%的中资企业在用电申请时支付过非正规费用，41.56%的本土企业在用电申请时支付过非正规费用，而外资企业则没有支付过非正规费用；有55.56%的中资企业在用水申请时支付过非正规费用，23.08%的本土企业在用水申请时支付过非正规费用，25.00%的外资企业在用水申请时支付过非正规费用；有68.18%的中资企业在建筑申请时支付过非正规费用，66.67%的本土企业在建筑申请时支付过非正规费用，外资企业则没有支付过非正规费用。此外，本研究调查增加了网络申请的非正规费用支付情况，只有4.65%的中资企业在网络申请时支付过非正规费用，世界银行调查未做此项问题的数据收集。对比三类企业的基本情况，相比本土企业和外资企业，中资企业都有相对较高比例的企业经历过非正规费用的支付情况，但在建筑申请支付过程中，中资企业与本土企业都有较高比例经历了非正规费用的支付。

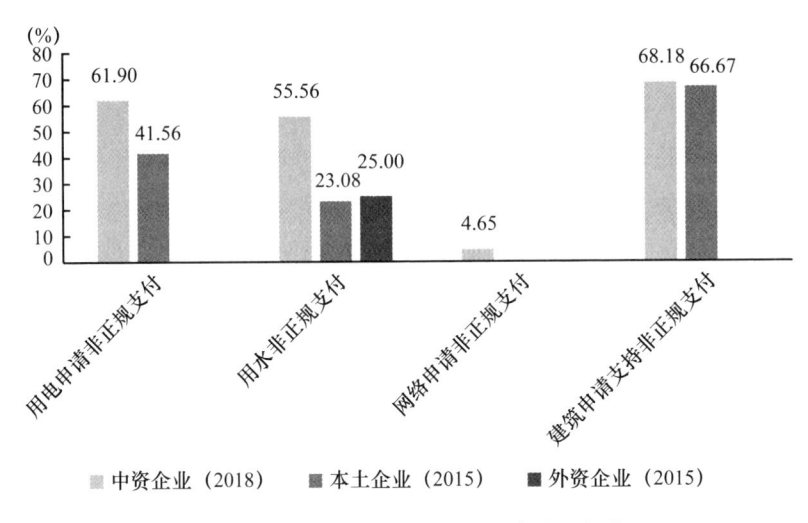

图4-3 柬埔寨基础设施供给的廉洁性评价

（二）柬埔寨经开区为中资企业提供了廉洁的基础设施供给服务

表4-5是按是否位于经开区划分的企业提交水、电、网、建筑申请的非正规支付比例表。由表4-5可知，位于柬埔寨经开区的中资企业在申请水、电、网、建筑使用时没有支付非正规费用；不在经开区的中资企业有62.50%的在申请水需求时支付了非正规费用，有68.75%的在用电申请和建筑申请时支付了非正规费用，有6.25%的企业申请用网时支付了非正规费用；位于柬埔寨中国境外经贸合作区的中资企业在用电申请和建筑申请时全部都要支付非正规费用，在提交用水申请和用网申请时全部没有支付非正规费用；位于柬埔寨经开区的中资企业在申请水、电、网、建筑时没有支付非正规费用，没有柬埔寨经开区企业提交用水申请，因此也就没有提交用水申请时的非

正规费用了。

由上可知,柬埔寨经开区的廉洁性最好。总体来看,柬埔寨网络供给廉洁性较好,供电和建筑管理部门存在严重的腐败程度(柬埔寨经开区除外)。水供给的廉洁性存在较大地区差异,不在经开区供水部门腐败程度较高,另外两个地区的廉洁性最好,没有企业在水使用申请中有非正规支付。

表 4-5　　　　不同区位选择的中资企业的基础设施使用的
非正规支付情况　　　　　　　　(单位:%)

	水		电		网		建筑	
	是	否	是	否	是	否	是	否
不在任何经开区	62.50	37.50	68.75	31.25	6.25	93.75	68.75	31.25
柬埔寨中国境外经贸合作区	0.00	100.00	100.00	0.00	0.00	100.00	100.00	0.00
柬埔寨经开区	—	—	—	—	—	—	—	—

(三)工业行业和服务业行业的中资企业更易于得到较差廉洁性的基础设施供给服务

表 4-6 是按行业划分的企业提交水、电、网、建筑申请的非正规支付比例。不论哪个行业,网供给的廉洁性最好,其余三项都出现不同程度的腐败,且呈现出了行业差异。工业的电和建筑供给廉洁性好于服务业,服务业水和网的供给廉洁性好于工业。具体地说,对于在柬中资企业,工业企业申请用网时有 5.00% 支付了非正规费用,申请用电和建筑时有五成以上(电 50.00%,建筑 57.14%)支付了非正规费用,申请用水时有 75.00% 支付了非正规费用;服务业企业申请用网时有 4.35% 支付了非正规费用,申请用电和建筑时有七成以上(电 77.78%,建筑 87.50%)支付了非正规费用,申请用水时有 40.00% 支付了非正规费用。

表 4-6　　　按行业划分的企业提交水、电、网、建筑申请的
非正规支付比例　　　　　　　　（单位：%）

企业类型	行业类型	水		电		网		建筑	
		是	否	是	否	是	否	是	否
中资企业（2018年）	工业	75.00	25.00	50.00	50.00	5.00	95.00	57.14	42.86
	服务业	40.00	60.00	77.78	22.22	4.35	95.65	87.50	12.50
本土企业（2015年）	工业	30.00	70.00	34.29	65.71	—	—	68.75	31.25
	服务业	13.64	86.36	47.62	52.38	—	—	63.64	36.36

注：（1）外资企业因样本较少该部分数据不可用。（2）"—"表示世界银行调查未设计网络开通与申请的相关问题调查。

总体而言，柬埔寨水、电、网、建筑这四项基础设施供给的建设程度和管理水平均不到位，在基础设施供给的政策偏向性方面，柬埔寨并未对经开区的基础设施供给给予政策倾斜，相比于服务业，有轻微向工业予以基础设施供给政策偏向的现象；在基础设施供给的效率性方面，柬埔寨电和网的供给效率很差（七成以上企业断电、断网），供水管理效率较好；在基础设施供给的廉洁性方面，网络服务的供给廉洁性最好，电和建筑的供给廉洁性最差（其中中国境外经贸合作区廉洁性最差）。

第二节　公共服务供给评价分析

本节的公共服务主要指东道国税务机构提供的税收服务、海关提供的进出口服务以及劳动力市场规制三方面。税务服务从税务机构检查范围和非正规支付比例反映中资企业、柬埔寨本国企业以及柬埔寨外资企业对柬埔寨税务服务规范性和廉洁性的评价比较，海关服务从企业进出口许可申请与非正规支付比例反映三类企业对柬埔寨海关服务供给规范性和廉洁性的比较，劳动力市场规制将从雇佣、工会政策等方面比较三类企业对柬埔寨劳动力市场规制的影响。除基础设施建

设外，税务服务、海关服务及劳动力市场都是影响企业投资决策的重要因素，本节将从这三方面考察柬埔寨的营商环境，对中资企业在柬埔寨的投资风险进行分析，为投资决策提供建议。

一 柬埔寨税务服务供给的企业评价分析

通过税务机构走访（或检查）的比例可以反映柬埔寨税务服务供给的规范性，通过企业对税务检查的非正规支付比例可以反映柬埔寨税务服务供给的廉洁性。图4-4给出本土企业、外资企业与中资企业经历税务检查的比例及税务检查的非正规费用的支付情况，58.00%的中资企业经历过当地税务检查，60.00%的本土企业经历过当地税务检查，而有94.00%的外资企业经历过当地税务检查，外资企业受到当地税务检查的比例更高；对比三类企业在税务检查时非正规费用的支付比例，58.00%的中资企业在税务检查时支付过非正规费用，43.00%的本土企业在税务检查时支付过非正规费用，52.00%的外资企业在税务检查时支付过非正规费用。由此，更多外资企业经历过税务检查，外资企业和中资企业对柬埔寨税务服务供给廉洁性评价基本是相同的。

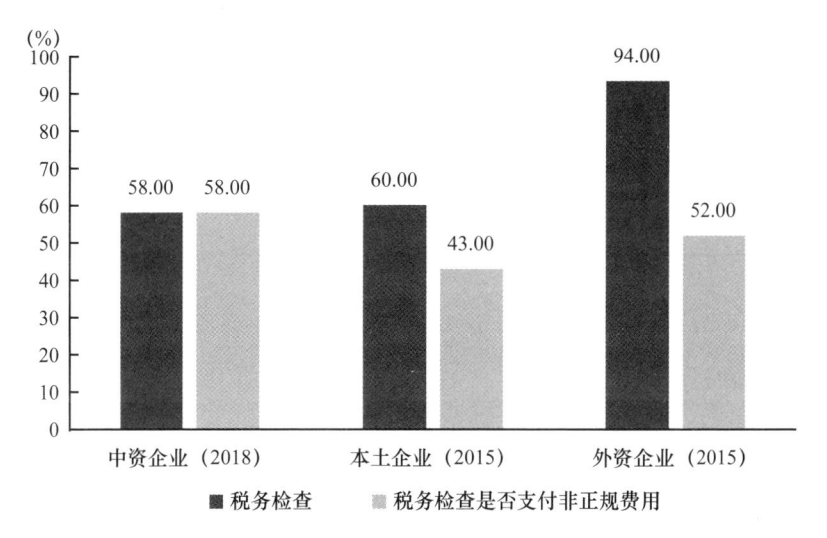

图4-4 柬埔寨税务服务供给及其廉洁性的评价比较

表4-7是按行业划分的企业税务机构走访或检查与非正规支付比例。工业企业中，税务机构走访或检查了约73.08%的中资企业，61.83%的本土企业，96.00%的外资企业，有73.68%的中资企业向税务机构支付了非正规费用，这一比例在本土企业是40.91%，外资企业是57.14%，有过半的外资企业与中资企业均支付了非正规费用；服务业企业中，税务机构走访或检查了50.00%的中资企业，59.02%的本土企业，83.33%的外资企业；61.54%的中资企业向税务机构付了非正规费用，对本土企业与外资企业来说，这一比例分别为44.71%和25.00%。由此，税务机构走访或检查工业企业的比例高于服务业企业，走访或检查外资企业的比例高于中资企业与本土企业，经历过税务机构非正规费用支付的工业企业比例总体高于服务业企业，中资企业比例高于本土企业与外资企业。

表4-7　不同类别、不同行业的企业经历的税务机构检查与非正规支付比例　（单位：%）

企业类型	行业类别	税务机构走访或检查		税务机构非正规支付	
		是	否	是	否
中资企业（2018年）	工业	73.08	26.92	73.68	26.32
	服务业	50.00	50.00	61.54	38.46
本土企业（2015年）	工业	61.83	38.17	40.91	59.09
	服务业	59.02	40.98	44.71	55.29
外资企业（2015年）	工业	96.00	4.00	57.14	42.86
	服务业	83.33	16.67	25.00	75.00

从表4-8中可以看出，不在经开区的中资企业有63.41%的受到当地税务机构的走访或检查，有64.00%的企业向税务机构支付了非正规费用；位于中国境外经贸合作区的企业有60.00%受到当地税务机构的走访或检查，有83.33%向税务机构支付了非正规费用；柬埔寨经开区的企业中，有33.33%受到了税务机构的走访或检查，全部的受访中资企业都向税务机构支付过非正规费用。由此在本地经开区

之外柬埔寨税务检查较为频繁，且税务服务廉洁性较差，其中柬埔寨经开区税务服务规范程度最差。

表4-8　　　　　按是否位于开发区划分的企业税务机构检查
　　　　　　　　与非正规支付比例　　　　　　　（单位：%）

企业区位选择	税务机构走访或检查		税务机构非正规支付	
	是	否	是	否
不在经开区	63.41	36.59	64.00	36.00
中国境外经贸合作区（柬埔寨）	60.00	40.00	83.33	16.67
柬埔寨经开区	33.33	66.67	100.00	0.00

综合起来，柬埔寨的税务服务供给规范性低，廉洁性较差，且工业企业遭遇的税务腐败程度高于服务业，柬埔寨经开区税务服务规范性最低。

二　柬埔寨海关服务供给的规范性和廉洁性评价分析

各国政治、经济情况的不同，海关的职责也不尽相同，即使同一国家，海关的职责也有变化。但履行以下职责是绝大多数国家的海关所必需的：货物进出境监管、查缉走私、编制统计、征税。进出口服务是海关最重要也是最基础的服务之一，进出口服务的规范性和廉洁性高低是给服务对象最直观的感受，通过企业进出口服务的情况可以大致了解海关服务供给情况。规范和廉洁的海关服务是吸引外商投资和贸易的重要因素，规范性高、廉洁性好的海关服务会吸引外商投资和增强通过海关的贸易。本节通过企业进（出）口许可申请比例反映柬埔寨海关服务的规范性，通过提交进（出）口许可申请时企业的非正规支付反映海关服务的廉洁性。

（一）在柬中资企业提交进口许可申请的比例更大，申请过程中更易遭受非正规支付

图4-5是不同企业在柬埔寨的进口许可申请与进口许可申请中非

正规支付的情况。从图中可知，有58.18%的中资企业提交了进口许可申请，申请过的企业有64.52%有非正规支付；有8.20%的本土企业提交了进口许可申请，申请过的企业有36.00%有非正规支付；有20.69%的外资企业提交了进口许可申请，申请过的企业有33.33%有非正规支付。中资企业提交进口许可申请的比例最高，申请过程中有非正规支付费用的比例也最高，而柬埔寨本土企业和外资企业的进口申请比例和非正规支付比例远低于中资企业。柬埔寨的进口许可申请比例及申请过程中的非正规支付比例在三类企业间存在差异且差异较大，其中，中资企业所占比例最大，可见，柬埔寨的海关服务供给规范性低，且廉洁性较差。

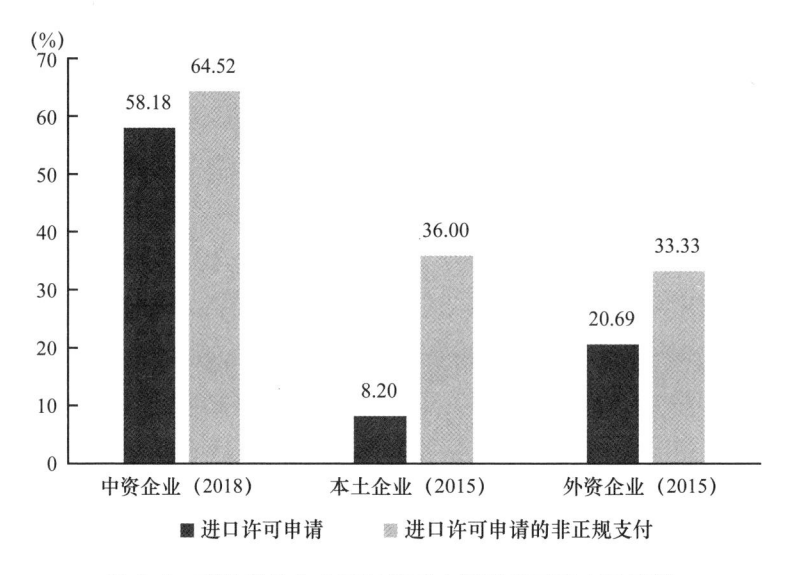

图 4-5 柬埔寨的企业进口许可申请和非正规支付情况

（二）柬埔寨经济开发区或境外中国经贸合作区内的中资企业提交进口许可申请的比例更高，申请过程中更易遭受非正规支付

表 4-9 给出了位于柬埔寨不同区域的中资企业提交进口许可申请情况和申请时的非正规支付情况。不论企业位于哪一区域，柬埔寨海关服务供给均规范性低，廉洁性较差，但经济开发区的规范性好于非

经济开发区，廉洁性比非经济开发区差。具体来说，不在经开区的企业，有54.76%提交了进口许可申请，提交了进口许可申请的企业有54.76%有非正规支付；位于中国境外经贸合作区的企业，有70.00%提交了进口许可申请，提交了进口许可申请的企业有70.00%有非正规支付；位于柬埔寨经开区的企业，有66.67%提交了进口许可申请，提交了进口许可申请的企业有66.67%有非正规支付。不难知道，经济开发区的海关服务规范性要好于不在经开区，但是腐败程度比不在经开区更高。位于中国境外经贸合作区和柬埔寨经开区的中资企业提交进口许可申请的比例更大，但在进口许可申请过程中更易遭遇非正规支付。

表4-9 不同区域的中资企业进口许可申请比例与非正规支付比例　　　　（单位：%）

	进口许可申请		进口许可申请中非正规支付	
	是	否	是	否
不在经开区	54.76	45.24	54.76	45.24
中国境外经贸合作区（柬埔寨）	70.00	30.00	70.00	30.00
柬埔寨经开区	66.67	33.33	66.67	33.33

（三）中资企业提交进出口许可申请的比例更高（尤其是工业行业），申请过程中更易遭受非正规支付（尤其是服务业行业）

表4-10是按行业划分的三类企业的进出口许可申请比例和申请时的非正规支付情况。不论企业属于哪个行业，柬埔寨海关服务供给均规范性不足，廉洁性较差，但服务业的海关服务的规范性和廉洁性都弱于工业。对中资企业来说，工业企业中有77.78%的企业提交了进出口许可申请，提交了进出口许可申请的企业有60.00%有非正规支付；服务业企业中仅39.29%的企业提交了进出口许可申请，提交了进出口许可申请的企业有七成以上企业（72.73%）有非正规支付。对柬埔寨本土企业来说，工业企业中有9.60%的企业提交了进出口许

可申请,提交了进出口许可申请的企业有2.17%有非正规支付;服务业企业中仅7.22%的企业提交了进出口许可申请,提交了进出口许可申请的企业有3.05%有非正规支付。对外资企业来说,工业企业中有21.74%的企业提交了进出口许可申请,提交了进出口许可申请的企业有8.00%有非正规支付;服务业企业中有16.67%的企业提交了进出口许可申请,提交了进出口许可申请的企业都没有非正规支付。

不难看出,工业行业和服务业行业的中资企业提交进出口许可申请的比例均远高于本土企业和外资企业,且在申请过程中中资企业比本土企业和外资企业有更多的非正规支付。可见,中资企业获得的海关服务的规范性虽然高,但是腐败程度也更高。其中,工业行业的中资企业的海关服务规范性好于服务业,服务业行业中资企业的廉洁性差于工业。

表4-10　　不同行业、不同类别企业的进出口许可申请与非正规支付比例　　（单位：%）

企业类型	行业类别	进出口许可申请		进出口许可申请中非正规支付	
		是	否	是	否
中资企业（2018年）	工业	77.78	22.22	60.00	40.00
	服务业	39.29	60.71	72.73	27.27
本土企业（2015年）	工业	9.60	90.40	2.17	97.83
	服务业	7.22	92.78	3.05	96.95
外资企业（2015年）	工业	21.74	78.26	8.00	92.00
	服务业	16.67	83.33	0	100.00

综上所述,总体上柬埔寨的海关服务供给规范性较低,廉洁性较差。从企业所属不同类别来看,在柬中资企业得到的海关服务供给规范性更好,但廉洁性差;从企业所属不同行业来看,工业行业海关服务供给的规范性和廉洁性都强于服务业行业;从企业所属不同区域来看,经济开发区的海关服务供给更加规范,但腐败也是最严重的。

三 柬埔寨劳动力市场规制对在柬中资企业生产经营影响的评价分析

劳动力市场是现代市场经济的重要组成部分，劳动力市场上制定合适的政策以及相关政策的良好协同运行，关乎整个国家的发展和社会稳定。就中国来说，改革开放 40 年来取得的巨大成就，其中一部分就归因于劳动力市场的贡献。劳动力市场的发育和改革促使劳动力重新配置并促进就业，成为推动中国经济社会发展的重要动力[1]。人力资本是指依附人体体力和智力所具有的劳动价值总和，人力资本对经济增长的贡献越来越大。有学者指出人力资本投资是实现国家或地区长期可持续发展的唯一条件。以下是在柬中资企业对柬埔寨劳动力市场上的规制政策以及相应的人力资本这两方面对其生产经营的影响评价。

（一）柬埔寨劳动力市场规制政策对在柬中资企业生产经营的妨碍整体上较小，但对工业企业生产经营的妨碍程度更大

图 4-6 是劳动力市场规制政策对不同行业中资企业生产经营的妨碍程度。从图中可以看出，柬埔寨劳动力市场规制对在柬中资企业生产经营的影响较小，但对工业企业的妨碍程度大于服务业企业。具体来说，虽然绝大部分企业都认为劳动力市场规制政策对其生产经营有妨碍，但是认为劳动力市场规制政策对生产经营没有妨碍和有一点妨碍的工业行业中资企业占比 66.67%，认为劳动力市场规制政策对生产经营没有妨碍和有一点妨碍的服务业行业中资企业占比 78.57%。尽管劳动力市场规制会向着尽善尽美的方向发展，但是很难有完美的劳动力市场规制，因而无论如何，劳动力市场规制总会对企业的生产经营有一定影响，因此在劳动力市场规制对企业生产经营有一点妨碍这一程度上，可以视为正常现象。而将其余

---

[1] 都阳：《加快建设稳定高效的劳动力市场》，《经济日报》2018 年 11 月 1 日第 14 期。

的中等妨碍、较大妨碍、严重妨碍视为劳动力市场规制对企业生产经营有妨碍，从这三个程度上看，工业行业中资企业认为劳动力市场规制政策对其生产经营有妨碍的比例为33.33%，服务业行业中资企业认为劳动力市场规制对其生产经营有妨碍的比例为21.43%。虽然工业行业中资企业的比例大于服务企业，但在劳动力市场规制政策对工业企业的妨碍程度为较大妨碍和严重妨碍这两个层面上都高于服务业企业，因此可以认为劳动力市场规制对工业行业中资企业的妨碍程度更大。

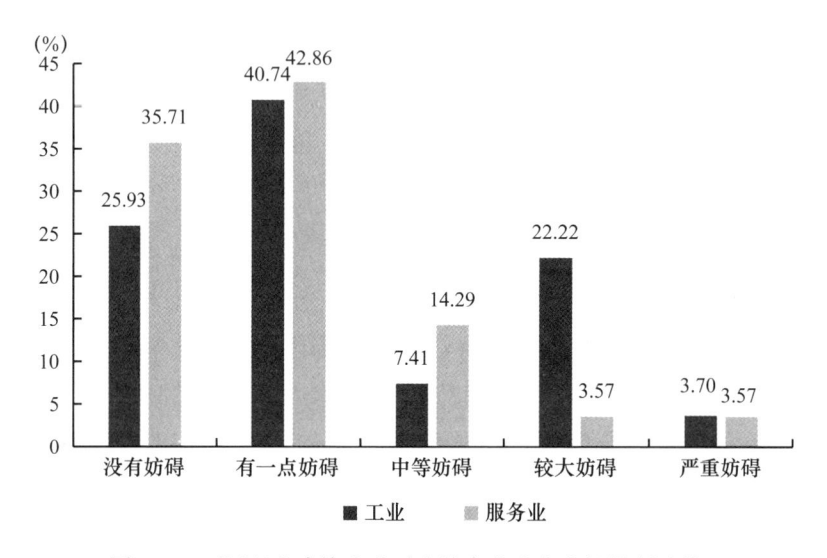

图 4-6 不同行业中资企业对柬埔寨劳动力市场规制政策
对其生产经营影响的评价

（二）员工素质对在柬中资企业的生产经营妨碍较大，且对工业行业中资企业生产经营的妨碍更大

图 4-7 给出了柬埔寨劳动力市场上员工素质对不同行业中资企业生产经营的妨碍程度，不难看出，员工素质对在柬中资企业的生产经营的妨碍程度较大，其中对工业企业的生产经营的妨碍程度比服务业企业大。具体来说，认为员工素质对企业生产经营的妨碍程度为严重

妨碍、较大妨碍和中等妨碍的工业企业占比69.24%，服务业企业占比64.29%。由此可以推知，柬埔寨员工的素质还不高，尤其是工业行业的员工素质不能满足企业的需求。

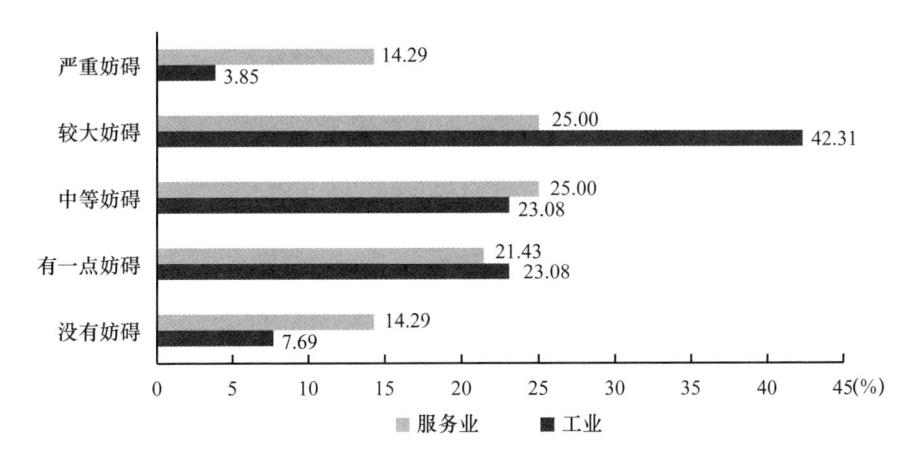

```
严重妨碍   服务业 14.29   工业 3.85
较大妨碍   服务业 25.00   工业 42.31
中等妨碍   服务业 25.00   工业 23.08
有一点妨碍 服务业 21.43   工业 23.08
没有妨碍   服务业 14.29   工业 7.69
```

图4-7 不同行业中资企业对员工素质对其生产经营影响的评价

（三）专业技术人员不足对在柬服务业行业中资企业生产经营的妨碍程度更大

专业技术人员的可替代性较低，因为不是任何一个人或绝大部分人都可以从事专业工作，因此专业技术人员在企业中的角色往往很重要且难以替代。从图4-8可以看出，绝大多数企业认为专业技术人员不足对自身生产经营有妨碍。专业技术人员不足对工业企业和服务业企业生产经营的妨碍程度有差异，对服务业企业的妨碍更大。具体来说，77.77%的工业企业认为专业技术人员不足妨碍了自身的生产经营，其中51.85%认为是较大妨碍及以上；75%的服务业企业认为专业技术人员不足妨碍了自身的生产经营，其中57.14%认为是较大妨碍及以上。专业技术人员不足对企业生产经营的妨碍程度为较大妨碍及以上的服务业企业比例高于工业企业，认为专业技术人员不足对企业生产经营为严重妨碍的服务业企业比例远高于工业企业，因此可认为专业技术人员不足对服务业企业的妨碍程度大于工业企业。

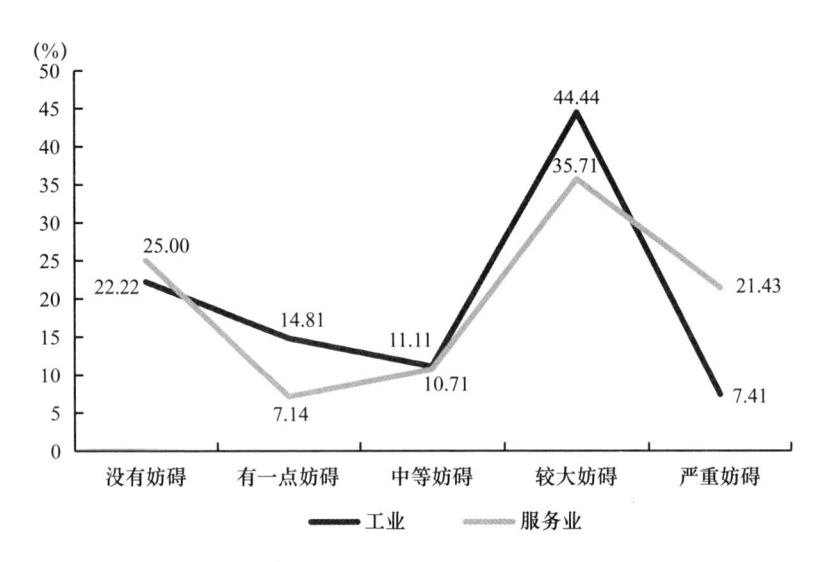

```
                                              44.44
                                           ╱╲
                                        35.71
                                       ╱     ╲
         25.00                        ╱       ╲      21.43
       22.22                         ╱         ╲   ╱
            ╲                       ╱           ╲ ╱
             ╲   14.81             ╱             ╳
              ╲ ╱                 ╱             ╱ ╲
               ╳       11.11     ╱             ╱   ╲
              ╱ ╲     10.71                         7.41
             ╱   7.14
    没有妨碍  有一点妨碍  中等妨碍   较大妨碍    严重妨碍
              ——— 工业      ····· 服务业
```

图 4-8　不同行业中资企业对专业技术人员不足对其生产经营影响的评价

（四）管理人员不足对在柬服务业行业中资企业生产经营的妨碍程度更大

管理人员是指在组织中行使管理职能、指挥或协调他人完成具体任务的人，其在企业中的作用至关重要。从图 4-9 可以看出，绝大多数中资企业都认为管理人员不足对自身生产经营有妨碍，且管理人员不足对服务业企业生产经营的妨碍程度更大。77.78%的工业企业认为管理人员不足妨碍了自身的生产经营（其中 7.41%认为严重妨碍），67.86%的服务业企业认为管理人员不足妨碍了自身的生产经营（其中 25.00%认为严重妨碍）。虽然工业企业认为管理人员不足妨碍了自身生产经营的比例高于服务业企业，但服务业企业认为管理人员不足严重妨碍了自身生产经营比例远高于工业企业，因此可以认为管理人员不足对服务业企业的妨碍程度更高。

（五）技能人员招聘难度对在柬工业行业中资企业生产经营的妨碍程度更大

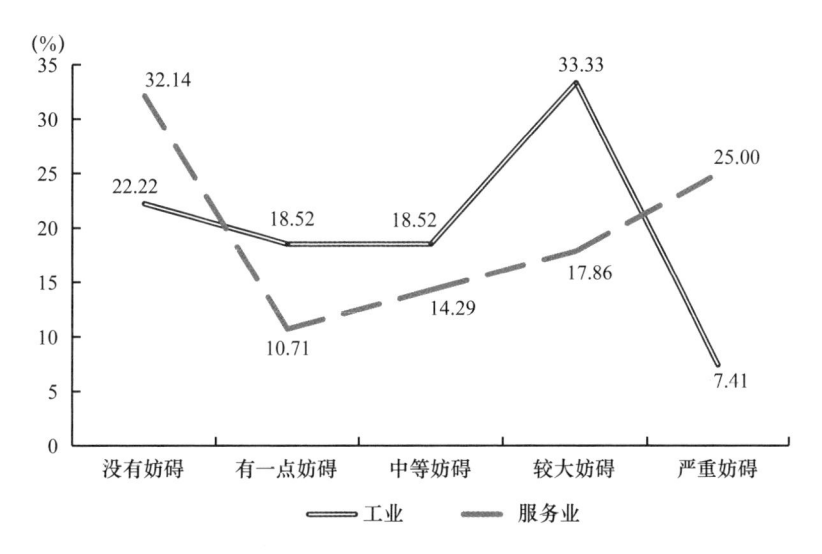

第四章　柬埔寨营商环境和中资企业投资风险评价 / 87

图 4-9　不同行业中资企业对管理人员不足对其生产经营影响的评价

从图 4-10 中可以看出，绝大部分在柬中资企业都认为技能人员招聘难度对其生产经营有妨碍，且对工业行业中资企业生产经营的妨碍程度更大。具体来说，工业行业中资企业认为技能人员招聘难度对其生产经营有妨碍的比例高于服务业企业（工业企业占 84.61%，服务业企业占 75.00%）。认为技能人员招聘难度对企业的妨碍程度为较大妨碍及以上的工业企业比例远远大于服务业企业（工业企业占 61.54%，服务业企业占 46.43%），由此可知技能人员招聘难度对工业企业的妨碍程度大于服务业企业。

将图 4-6 至图 4-10 结合起来看，绝大部分企业都认为劳动力市场规制政策、员工素质、专业技术人员不足、管理人员不足和技能人员招聘难度对企业的生产经营有一定妨碍，但对不同行业中资企业的生产经营的影响不同。柬埔寨劳动力市场规制政策、员工素质、技能人员招聘难度对工业行业中资企业生产经营的妨碍程度更大，专业技术人员不足、管理人员不足对在柬服务业中资企业生产经营的妨碍程度更大。由以上分析可推知两点，一是柬埔寨的员工素质

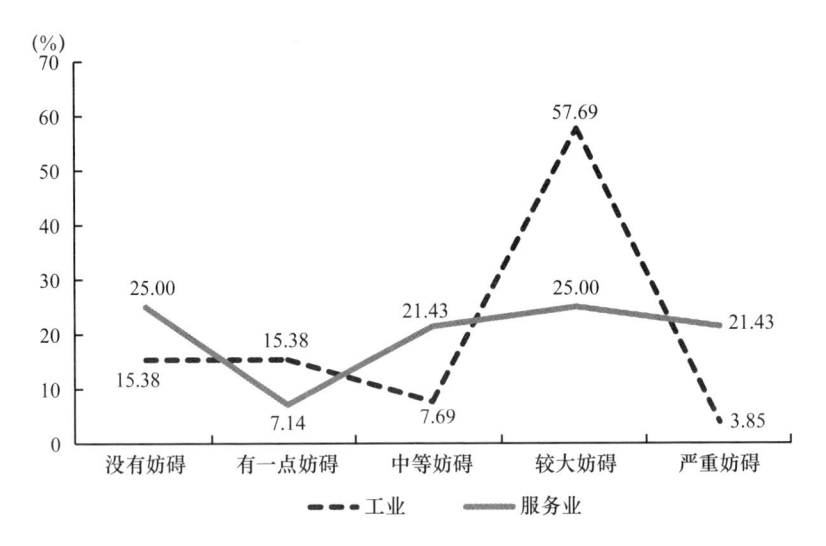

图 4-10　不同行业中资企业对技能人员招聘难度对其生产经营影响的评价

还不高，员工素质、专业技术人员和管理人员储备率都小于在柬中资企业的需求；二是柬埔寨的劳动力市场规制政策有待完善，劳动力市场规制政策和技能人员招聘难度对在柬中资企业生产经营有很大的妨碍。

劳动密集型产业在生产、加工、组装等生产环节的分工需要大量劳动力，同时生产采取"流水线"式的简单、重复劳动，这种工作岗位劳工成本低廉，劳动技能的要求较低。但易受外部需求冲击，偏好临时工、派遣工等灵活就业模式。中国劳动密集型产业"走出去"的工作性质要求劳动力市场供给劳工成本低廉与低劳动技能的劳动力，对应的劳动关系较为宽松[①]。柬埔寨劳动力市场的某些特征如劳动成本低廉、就业灵活等因素使得劳动密集型中国企业"走出去"是可取的，但中资企业在柬埔寨经营在劳动力市场上有明显的不足：劳动力素质不高和劳动力市场规制政策不完善。

---

① 陈瑛、张国胜、杨润高：《"一带一路"倡议中沿线国家劳动政策与我国产业"走出去"》，《广东社会科学》2018 年第 6 期。

四 区位选择与劳动力因素对在柬中资企业生产经营影响的评价分析

经开区即经济开发区，是国家（或国家间）按照某一发展目标划定一定区域，在这个区域实行区域外不能实行的一些特别的政策的具体组织形式。按照经济特区发展的先后顺序及其主要功能特征，可以将经济特区分为五种：贸易型经济特区、工贸型经济特区、综合型经济特区、科技型经济特区及外向型经济特区。也可按照其他的标准进行划分。经济开发区往往是国家的经济"增长极"（如巴西[1]）和国家政策的先行示范区（如中国[2]）。因此按企业是否在经开区分析各因素对企业生产经营的影响不仅对柬埔寨国家意义重大，对中国企业在柬埔寨的投资区域决策（是否在经开区投资）也有参考价值。以下将在柬中资企业的所属区域划分为不在任何经开区、中国境外合作经贸区即中国境外经贸合作区和柬埔寨经开区三类，分析柬埔寨劳动力市场规制以及员工素质对不同区域中资企业的影响。

（一）位于柬埔寨经开区的中资企业的生产经营易于受到劳动力市场规制政策的影响

图4-11将企业所在区域分为三类，不在任何经开区、中国境外经贸合作区和柬埔寨经开区。从图中不难看出，劳动力市场规制政策对中资企业生产经营的妨碍程度因其所在区域不同而有明显的差异，劳动力市场规制政策对在柬埔寨经开区中资企业生产经营的妨碍程度极其严重。具体地，69.04%的不在任何经开区的企业认为劳动力市场规制政策对自身生产经营有妨碍，70.00%的中国境外经贸合作区企业认为劳动力市场规制政策对自身生产经营有妨碍，66.67%的柬埔寨经开区企业认为劳动力市场规制政策对自身生产经营有妨碍。在

---

[1] 周启元、毕立明：《世界最大的经济特区——巴西马瑙斯自由贸易区》，《经济纵横》1992年第6期。

[2] 陶一桃：《经济特区与中国制度变迁的路径选择》，《中国经济特区研究》2018年第00期。

认为劳动力市场规制政策对企业的生产经营的妨碍程度有一点妨碍、中等妨碍和较大妨碍上，不在任何经开区和在中国境外经贸合作区的企业的比例远高于在柬埔寨经开区的企业，但在认为劳动力市场规制政策对企业的生产经营的妨碍程度为没有妨碍和严重妨碍上，柬埔寨经开区企业的比例高于另外两个地区的企业。且33.33%的柬埔寨经开区企业认为劳动力市场规制政策对自身生产经营有严重妨碍。可见，劳动力市场规制政策对柬埔寨经开区企业生产经营的妨碍程度很大。

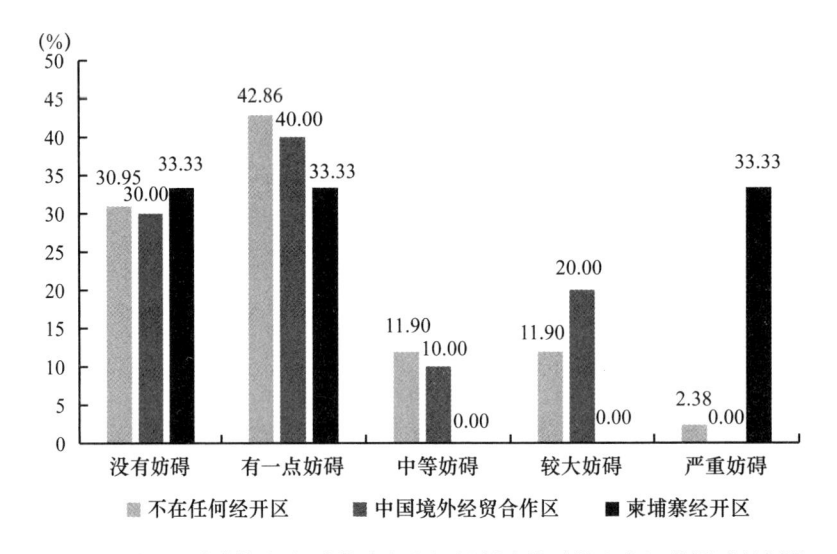

图4-11 不同区域中资企业对劳动力市场规制政策对其生产经营影响的评价

（二）柬埔寨经开区中资企业的生产经营易受到员工素质的影响，而位于中国境外经贸合作区的中资企业不易受其影响

图4-12给出了员工素质对不同区域中资企业生产经营影响的。柬埔寨员工素质对不同区域中资企业生产经营的影响程度不同，且位于柬埔寨经开区的中资企业受到员工素质的妨碍程度最大。具体的，全部位于柬埔寨经开区的中资企业认为员工素质对其生产经营有较大妨碍，而认为员工素质对企业生产经营较大妨碍的中国境外经贸合作区和不在任

何经开区的企业分别占比10.00%和34.15%;认为员工素质对企业生产经营严重妨碍的柬埔寨经开区和中国境外经贸合作区的企业占比为0,不在任何经开区企业占比12.20%;认为员工素质对企业生产经营中等妨碍的不在任何经开区和中国境外经贸合作区的企业分别占比21.95%和40.00%;认为员工素质对企业生产经营有一点妨碍的不在任何经开区和中国境外经贸合作区的企业分别占比21.95%和30.00%;认为员工素质对企业生产经营没有妨碍的不在任何经开区和中国境外经贸合作区的企业分别占比9.76%和20.00%。可见,柬埔寨员工素质对位于柬埔寨经开区的中资企业生产经营的妨碍程度最大,远远大于对其他地区企业的妨碍程度,对位于中国境外经贸合作区的中资企业的生产经营的妨碍程度最小。

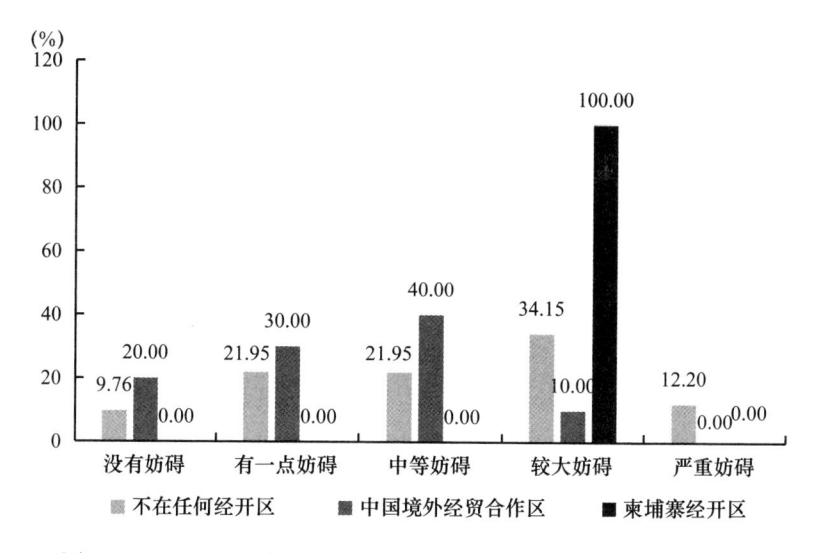

图4-12 不同区域中资企业对员工素质对其生产经营影响的评价

(三)位于柬埔寨经开区的中资企业的生产经营易受到专业技术人员招聘难度的影响

从图4-13可以看出,绝大部分在柬中资企业认为专业技术人员招聘难度对自身生产经营有妨碍,对中资企业生产经营的妨碍程度因其所在区域不同而有所差异，且对在柬埔寨经开区企业生产经营的妨碍程度极其严重，远远大于对其他地区企业的妨碍程度。具体的，73.81%的不在任何经开区的企业认为专业技术人员招聘难度对自身生产经营有妨碍，80.00%位于中国境外经贸合作区的企业认为专业技术人员招聘难度对自身生产经营有妨碍，全部位于柬埔寨经开区的企业认为专业技术人员招聘难度对自身生产经营有妨碍，且皆为较大妨碍及以上。

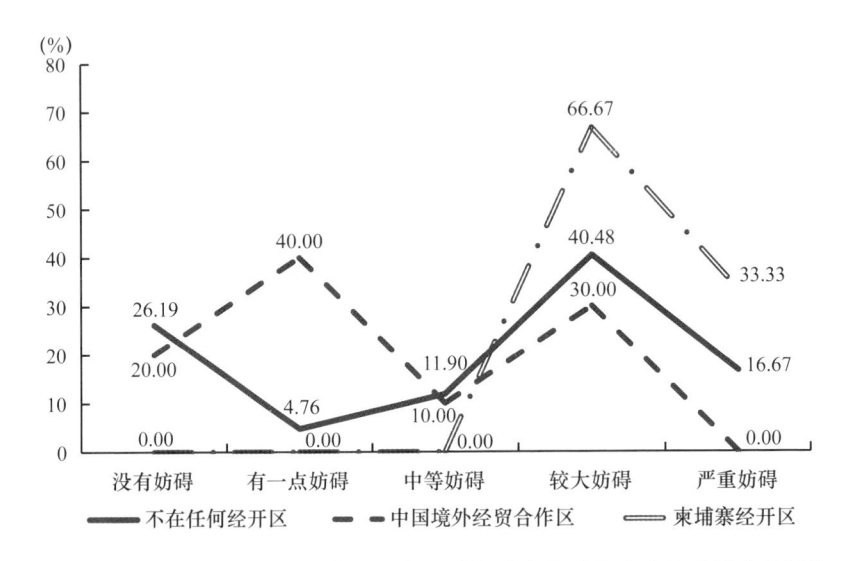

图 4-13　不同区域中资企业对专业技术人员招聘难度对其生产经营影响的评价

（四）位于柬埔寨经开区的中资企业的生产经营易受到管理人员招聘难度的影响

图 4-14 给出了管理人员招聘难度对不同区域中资企业生产经营的影响。绝大部分在柬中资企业认为管理人员招聘难度对自身生产经营有妨碍，对企业生产经营的妨碍程度因其所在区域不同而有所差异，对位于柬埔寨经开区企业的生产经营的妨碍程度极其严重，远远大于对其他地区企业的妨碍程度。具体的，71.43%的不在任何经开区的企业认为管理人员招聘难度对自身生产经营有妨碍，70.00%的

中国境外经贸合作区企业认为管理人员招聘难度对自身生产经营有妨碍，全部柬埔寨经开区的企业都认为管理人员招聘难度对自身生产经营有妨碍，且皆为中等妨碍及以上。

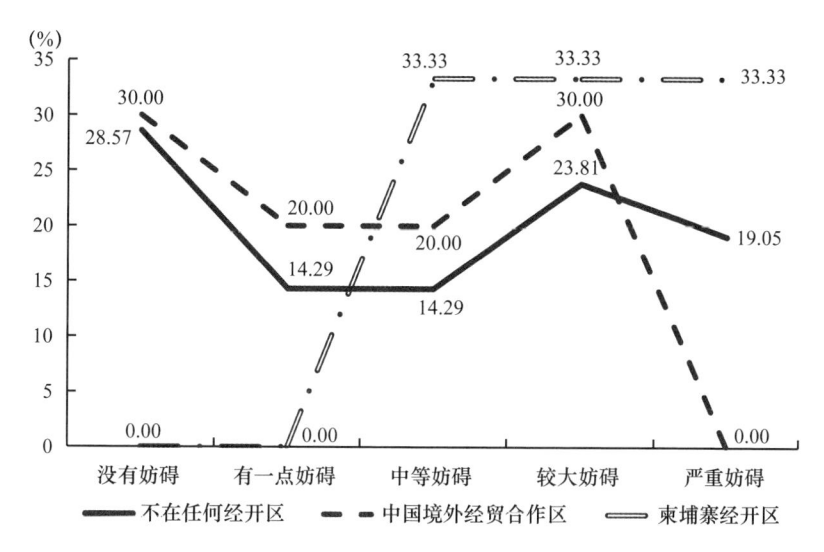

图 4-14 不同区域中资企业对管理人员招聘难度对其生产经营影响的评价

（五）位于柬埔寨经开区的中资企业的生产经营易受到技能人员招聘难度的影响

从图 4-15 可以看出，绝大部分在柬中资企业认为技能人员招聘难度对自身生产经营有妨碍，对企业生产经营的妨碍程度因其所在区域不同而有所差异，技能人员招聘难度对柬埔寨经开区企业的妨碍程度极其严重，远远大于对其他地区企业生产经营的妨碍程度。具体的，75.61%不在任何经开区的企业认为技能人员招聘难度对自身生产经营有妨碍，90.00%位于中国境外经贸合作区企业认为技能人员招聘难度对自身生产经营有妨碍，全部位于柬埔寨经开区的企业认为技能人员招聘难度对自身生产经营有妨碍，皆为较大妨碍及以上。

从图 4-11 至图 4-15 可知，绝大部分在柬中资企业都认为劳动力市场规制政策、员工素质、专业技术人员招聘难度、管理人员招聘难

严重妨碍　33.33 / 0.00 / 14.63
较大妨碍　66.67 / 50.00 / 36.59
中等妨碍　0.00 / 0.00 / 19.51
有一点妨碍　40.00 / 0.00 / 4.88
没有妨碍　0.00 / 10.00 / 24.39

柬埔寨经开区　　中国境外经贸合作区　　不在任何经开区

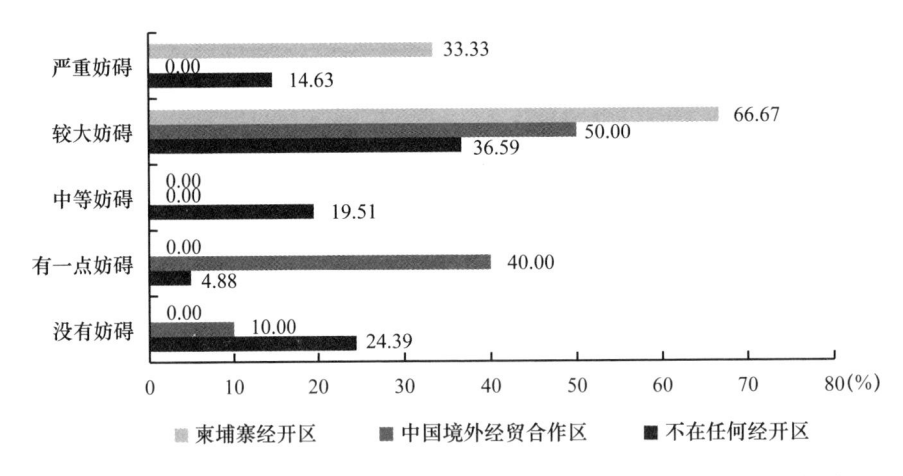

图 4-15　不同区域中资企业对技能人员招聘难度对其生产经营影响的评价

度和技能人员招聘难度对自身生产经营有妨碍，且对企业生产经营的妨碍程度因企业所在区域不同而有所差异。以上五项劳动力因素对位于柬埔寨经开区的中资企业的生产经营的妨碍程度最大。可见，柬埔寨的劳动力规制政策、员工素质、专业技术人员招聘难度、管理人员招聘难度和技能人员招聘难度都对中资企业的生产经营有很大妨碍，尤其是对柬埔寨经开区的中资企业的生产经营妨碍最严重。经济开发区本来是为园区内企业提供优惠政策和便利措施的形式组织，但是位于柬埔寨经开区的中资企业的生产经营易于受到劳动力市场因素的妨碍，带来的结果就是，这样的妨碍可能会抵消甚至超过在经开区内的优惠政策或相应便利设施带来的好处。

五　企业工会与劳动力因素对在柬中资企业生产经营影响的评价分析

工会（Trade Union）也称为工人联合会，是基于共同利益而自发组织的社会团体，有企业工会和行业工会，企业工会属于企业，行业工会属于行业。工会有责任向所在企业或行业及时反映情况，并代表职工与企业或行业方面就维护职工劳动权益的问题进行交涉，从而维护其成员（即工人、员工）的合法权益，为工人提供保护。以下按企业有无自身工会分析劳动力因素对中资企业生产经营的影响。

（一）有自身工会的在柬中资企业的生产经营易受到劳动力市场规制政策的影响

图 4-16 给出对有自身工会的中资企业和无自身工会的中资企业的影响程度。可以看出，不论企业有无自身工会，绝大部分企业都认为劳动力市场规制政策对自身生产经营的妨碍较小。但劳动力市场规制政策对企业生产经营的妨碍程度因其是否有自身工会而有所差异，对有自身工会的企业的生产经营的影响更大。具体的，75.00%的有自身工会中资企业认为劳动力市场规制政策对自身生产经营有妨碍，66.66%的无自身工会的企业认为劳动力市场规制政策对自身生产经营有妨碍。认为劳动力市场规制政策对自身生产经营的妨碍程度为较大妨碍及以上，有自身工会的企业占比 25.00%，无自身工会中资企业占比 14.28%。由此可以看出，劳动力市场规制政策对有自身工会企业的妨碍程度更大。

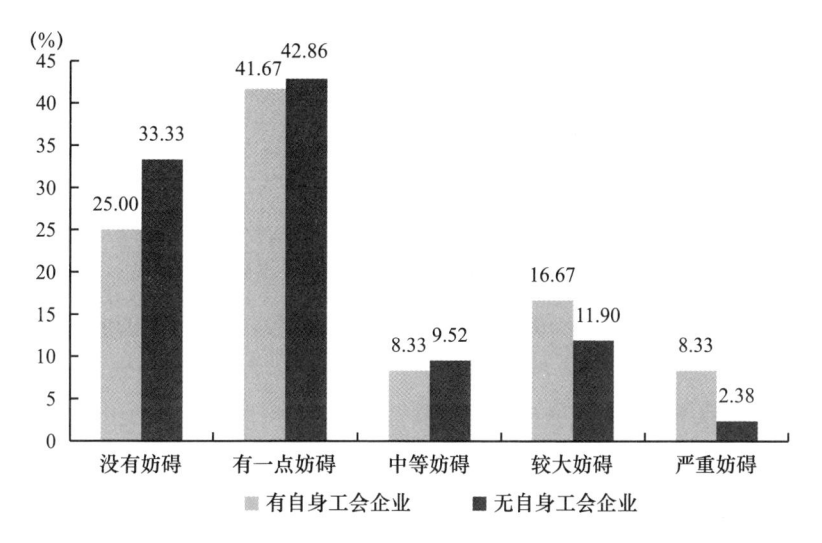

图 4-16 有无自身工会中资企业对劳动力市场规制政策对其生产经营影响的评价

(二)有自身工会的在柬中资企业的生产经营易受到员工素质的影响

图4-17给出了员工素质对有无自身工会的在柬中资企业的影响。不论企业有无自身工会,绝大部分企业都认为员工素质对企业生产经营有妨碍。员工素质对有自身工会中资企业的生产经营的妨碍更大。具体的,90.91%的有自身工会的企业认为员工素质对自身生产经营有妨碍,88.10%的无自身工会的企业认为员工素质对自身生产经营有妨碍。有自身工会的企业中认为员工素质对自身生产经营有较大妨碍及以上有自身工会的企业占比54.54%,这一比例在无自身工会的企业内为38.09%。可见,员工素质对有自身工会的企业的生产经营的妨碍程度更大。

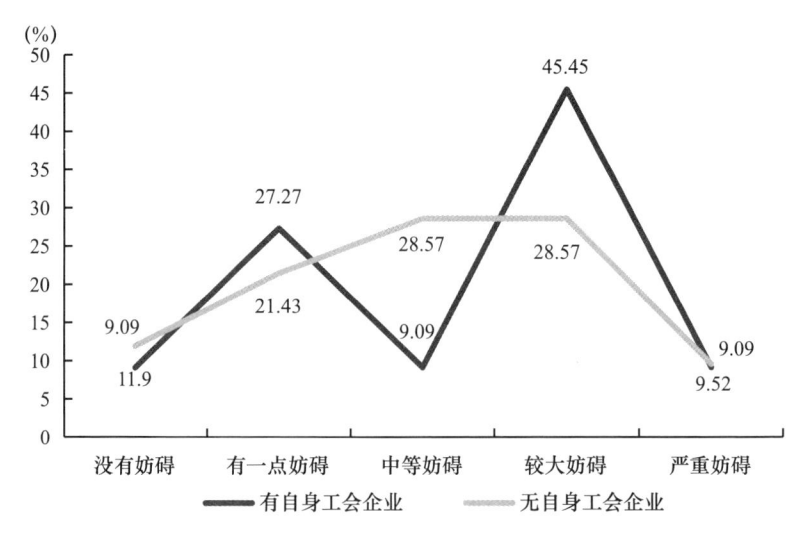

图4-17 有无自身工会中资企业对员工素质对其生产经营影响的评价

(三)有自身工会的在柬中资企业的生产经营易受专业技术人员招聘难度的影响

从图4-18可以看出,不论企业有无自身工会,绝大部分企业都认为专业技术人员招聘难度对自身生产经营有妨碍,且对有自身工会企业的生产经营的妨碍更大。具体的，75.00%的有自身工会的企业认为专业技术人员招聘难度对企业生产经营有妨碍，76.19%的无自身工会的企业认为专业技术人员招聘难度对企业生产经营有妨碍。有自身工会的企业中认为专业技术人员招聘难度对企业生产经营有较大妨碍及以上的占比为50.00%，这一比例在无自身工会的企业为54.77%。认为专业技术人员招聘难度对自身生产经营较大妨碍的比例，有自身工会的企业的占比更高。因此，可以认为专业技术人员招聘难度对有自身工会的中资企业生产经营的妨碍更大。

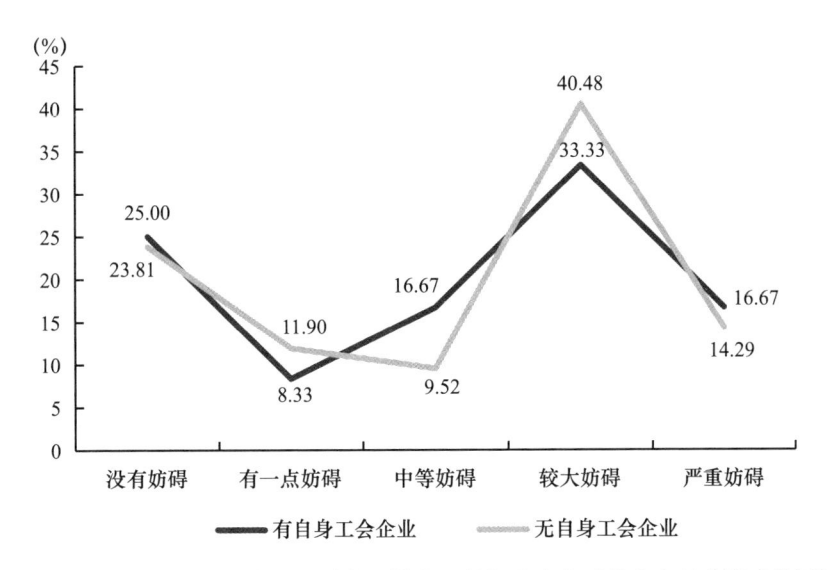

图4-18 有无自身工会中资企业对专业技术人员招聘难度对其生产经营影响的评价

（四）无自身工会的在柬中资企业的生产经营易受管理人员招聘难度的影响

从图4-19可以看出，不论企业有无自身工会，绝大部分企业都认为管理人员招聘难度对自身生产经营有妨碍，且对无自身工会的中资企业的生产经营的妨碍程度更大。具体地，66.67%的有自身工会的企业认为管理人员招聘难度对自身生产经营有妨碍，73.81%的无自身工会的企业认为管理人员招聘难度对自身生产经营有妨碍。有自身工会的企业中认为管理人员招聘难度对企业生产经营有较大妨碍及以上的占比为33.34%，这一比例在无自身工会的企业为42.86%。认为管理人员招聘难度对自身生产经营有妨碍的比例，以及认为管理人员招聘难度对自身生产经营有较大妨碍及以上的比例，无自身工会企业的占比都更高，可见，管理人员招聘难度对无自身工会的企业的生产经营的妨碍更大。

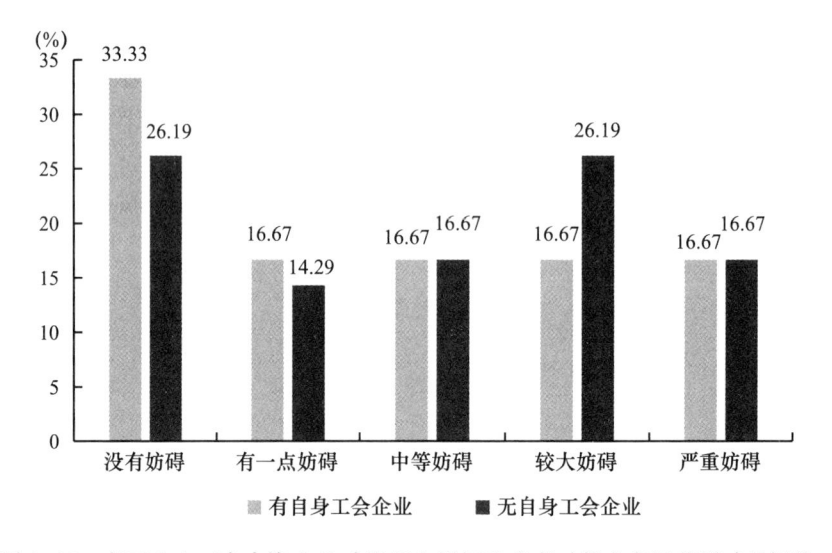

图4-19 有无自身工会中资企业对管理人员招聘难度对其生产经营影响的评价

（五）有自身工会的在柬中资企业的生产经营易受技能人员招聘难度的影响

从图4-20可以看出，不论企业有无自身工会，绝大部分企业都认为技能人员招聘难度对自身生产经营有妨碍，且对企业生产经营的妨碍程度因其是否有自身工会而有所差异。具体地，81.82%的有自身工会的企业认为技能人员招聘难度对自身生产经营有妨碍，78.57%的无自身工会的企业认为技能人员招聘难度对企业生产经营有妨碍。有自身工会的企业中认为技能人员招聘难度对企业生产经营有较大妨碍及以上的占比为54.54%，这一比例在无自身工会的企业为 52.39%。可见，技能人员招聘难度对有自身工会的企业的生产经营的妨碍更大。

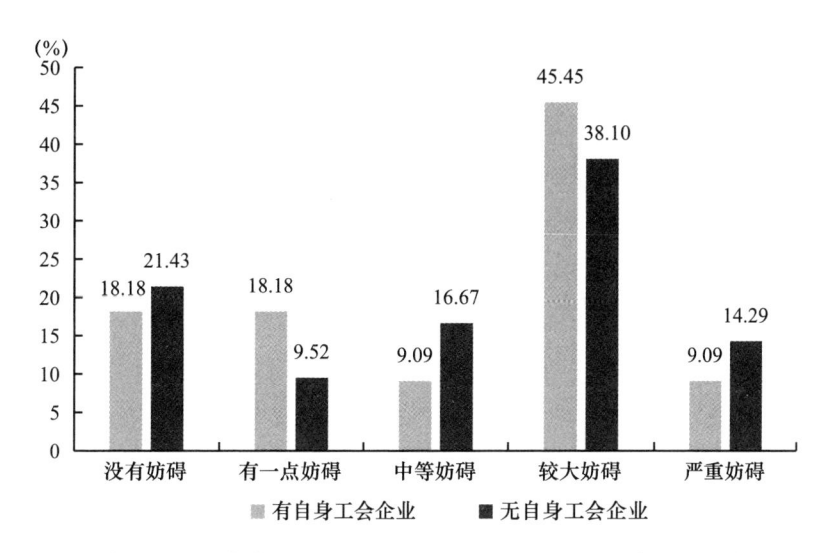

图 4-20 有无自身工会中资企业对技能人员招聘难度对其生产经营影响的评价

从图 4-16 至图 4-20 可知，劳动力市场规制政策、员工素质、专业技术人员招聘难度、管理人员招聘难度和技能人员招聘难度都对大多数在柬中资企业的生产经营有妨碍。劳动力市场规制政策、员工素质、专业技术人员招聘难度、管理人员招聘难度和技能人员招聘难度对企业的生产经营的妨碍程度对有工会的中资企业生产经营影响更大。

第三节 营商环境影响评价分析

本节重点考察企业对柬埔寨营商环境影响的评价，分别从柬埔寨营商环境的公共治理（如税收、工商许可、土地许可与政治治理如腐败、政局稳定情况等）比较本土企业、外资企业、中资企业对柬埔寨营商环境影响的评价，并对不同分类情况下中资企业对柬埔寨营商环境影响的评价进行分析。

一 柬埔寨营商环境对企业生产经营影响评价的比较分析

(一) 柬埔寨本土企业的生产经营受税率的影响较小

对比本研究调查数据与世界银行调查数据（见图4-21），柬埔寨本土企业与外资企业、中资企业就税率对企业生产经营影响的评价存在明显的差别，相当高比例的本土企业认为税率对其生产经营的影响是比较低的，认为没有影响的占比32.42%，有一点影响的占比40.06%，中等的占比20.80%，认为影响较大及非常严重的占比仅有6.12%；在外资企业中，认为没有影响的占比20.69%，有一点影响的占比24.14%，中等的占比31.03%，影响较大及非常严重的占比20.69%；在中资企业中，认为税率没有影响的占比33.33%，有一点影响的占比24.07%，影响中等的占比18.52%，影响较大及非常严重的占比24.08%。中资企业和外资企业相对柬埔寨本土企业，其生产经营受税率影响更大。

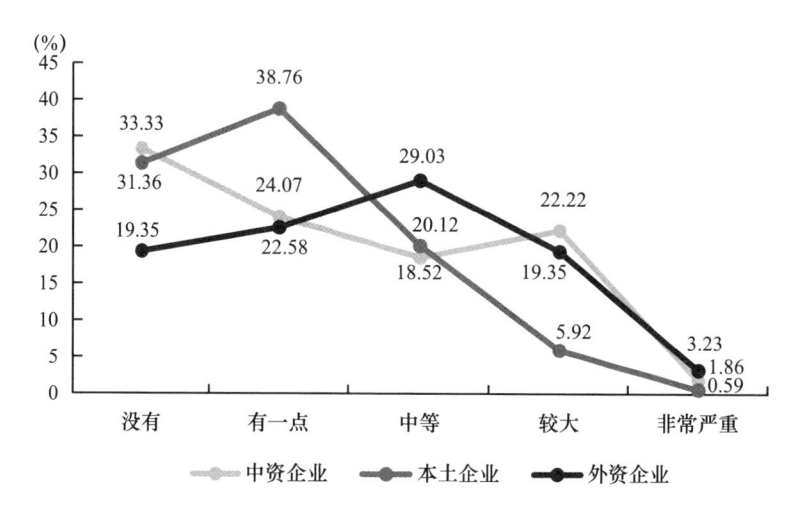

图4-21 企业对柬埔寨税率对其生产经营影响的评价

(二) 柬埔寨本土企业的生产经营受税收征收的影响较小，中资企业受其影响较大

图 4-22 给出了柬埔寨税收征收对企业生产经营影响的评价。柬埔寨税收征收对不同类型企业生产经营的影响有差异，对本土企业生产经营的影响较小。具体的，本土企业认为税收征收对企业征税经营没有影响的比例为 38.55%，有一点影响的占比 41.87%，影响中等的占比 16.57%，认为税收征收影响较大及非常严重的占比 3.01%；外资企业认为税收征收对企业生产没有影响的占比 20.69%，有一点影响的占比 31.03%，影响中等的占比 37.93%，影响较大及非常严重的占比 10.35%；中资企业认为税收征收对企业生产经营没有影响的占比 35.19%，有一点影响的占比 18.52%，影响中等的占比 20.37%，影响较大与非常严重的占比 25.92%。中资企业与外资企业相比本土企业受税收征收的影响大。

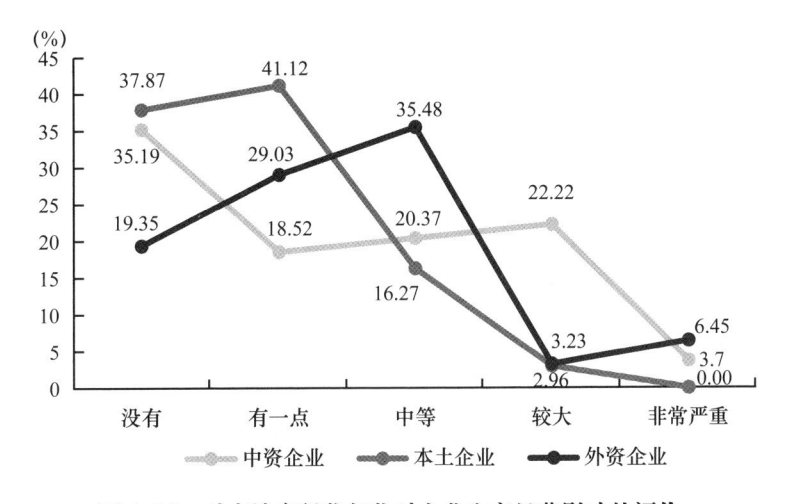

图 4-22 对柬埔寨税收征收对企业生产经营影响的评价

(三) 柬埔寨本土企业的生产经营受工商许可的影响较小

图 4-23 为工商许可对柬埔寨企业生产经营的影响，柬埔寨本土企业认为工商许可对企业生产经营没有影响的占比 33.54%，有一点

影响的占比 36.68%，影响中等的占比 20.06%，影响较大与非常严重的占比 9.71%；外资企业认为工商许可对企业生产经营没有影响的，有一点影响的占比都是 20.69%，影响中等的占比 17.24%，影响较大与非常严重的占比 41.38%；中资企业认为工商许可对企业生产经营没有影响的占比 55.56%，有一点影响的占比 14.81%，影响中等的占比 14.81%，影响较大与非常严重的占比 14.82%。相比较中资企业和外资企业，本土企业受工商许可的影响更小。

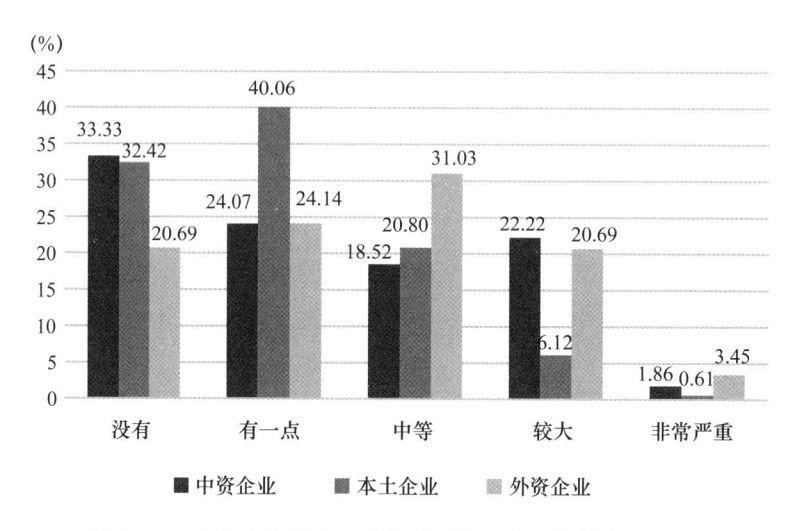

图 4-23 企业对柬埔寨工商许可对其生产经营影响的评价

（四）柬埔寨本土企业的生产经营受政治不稳定影响较小，而外资企业受其影响较大

东道国政治不稳定对企业生产经营的影响评价如图 4-24 所示，柬埔寨本土企业认为政治不稳定对其生产经营没有影响的占比 33.03%，有一点影响的占比 33.94%，影响中等的占比 18.35%，影响较大与非常严重的占比 14.68%；外资企业认为政治不稳定对其生产经营没有影响的占比 20.69%，有一点影响的占比 13.79%，影响中等的占比 17.24%，影响较大与非常严重的占比 48.27%；中资企业认为政治不稳定对其生产经营没有影响的占比 58.49%，有一点影响的

占比 16.98%，影响中等的占比 5.66%，影响较大与非常严重的占比 18.86%。总体上，柬埔寨本土企业的生产经营受政治不稳定的影响较小，相比较柬埔寨本土企业，大部分中资企业认为政治不稳定对企业生产经营的影响不大，而外资企业认为政治不稳定对企业生产经营的影响更大。

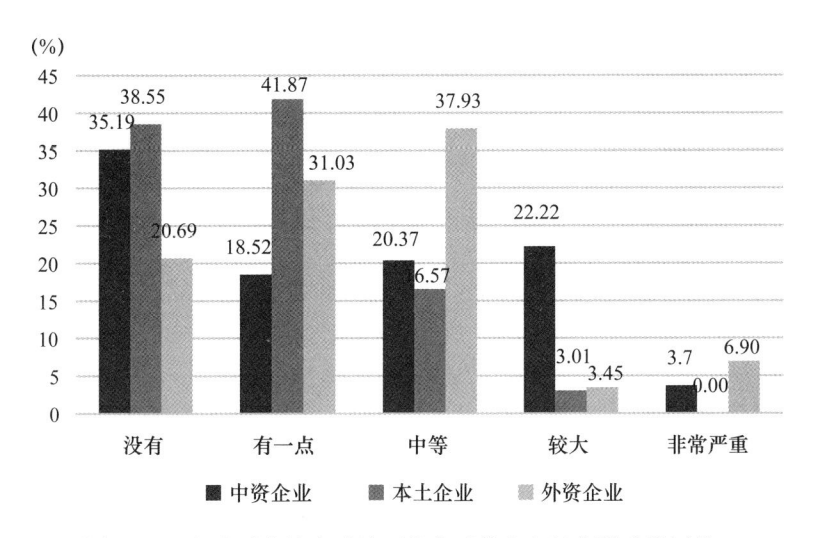

图 4-24 企业对柬埔寨政治不稳定对其生产经营影响的评价

（五）在柬中资企业的生产经营易受柬埔寨腐败影响，而本土企业不易受其影响

企业对腐败影响其生产经营的评价有图 4-25，如图所示，柬埔寨本土企业认为腐败对其生产经营没有影响的占比 31.65%，有一点影响的占比 37.66%，影响中等的占比 22.15%，影响较大与非常严重的占比 8.55%；外资企业认为腐败对其生产经营没有影响的占比 31.03%，有一点影响的占比 24.14%，影响中等的占比 27.59%，影响较大与非常严重的占比 17.24%；中资企业认为腐败对其生产经营没有影响的占比 25.93%，有一点影响的占比 22.22%，影响中等的占比 7.41%，影响较大与非常严重的占比 44.45%。相比较柬埔寨本土企业与外资企业，大部分中资企业认为腐败对其生产经营的影响较大甚至非常严重。

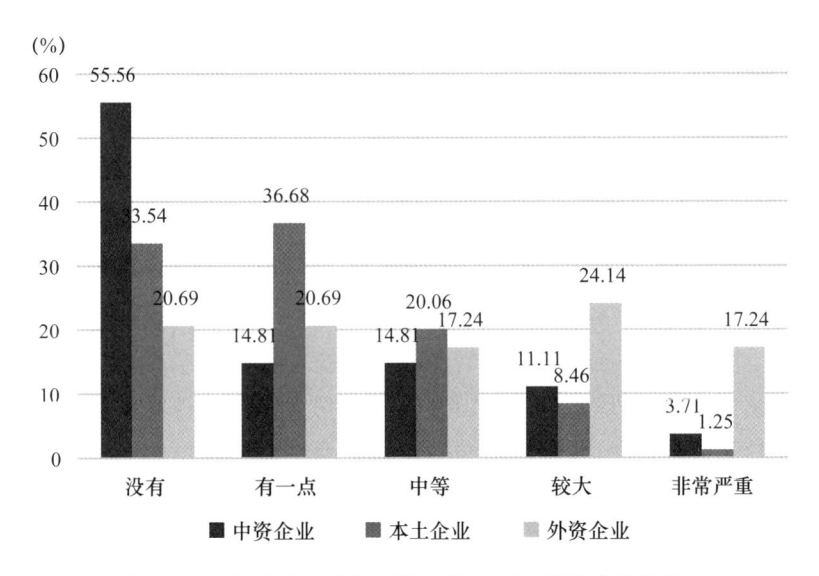

图 4-25　企业对柬埔寨腐败对其生产经营影响的评价

（六）外资企业的生产经营易受柬埔寨土地许可影响，中资企业生产经营不易受其影响

最后，考察土地许可对企业生产经营影响的评价，如图 4-26 所示，柬埔寨本土企业认为土地许可对其生产经营没有影响的占比 37.46%，有一点影响的占比 28.48%，影响中等的占比 14.24%，影响较大与非常严重的占比 19.81%；外资企业认为土地许可对其生产经营没有影响的占比 24.14%，有一点影响的占比 6.9%，影响中等的占比 27.59%，影响较大与非常严重的占比分别为 20.69%；中资企业认为土地许可对其生产经营没有影响的占比 66.67%，有一点影响的占比 14.81%，影响中等的占比 5.56%，影响较大与非常严重的占比 12.96%。相比较柬埔寨本土企业与外资企业，大部分中资企业认为土地许可对企业生产经营的影响较小；相比于本土企业和中资企业，外资企业受土地许可影响较大。

第四章 柬埔寨营商环境和中资企业投资风险评价 / 105

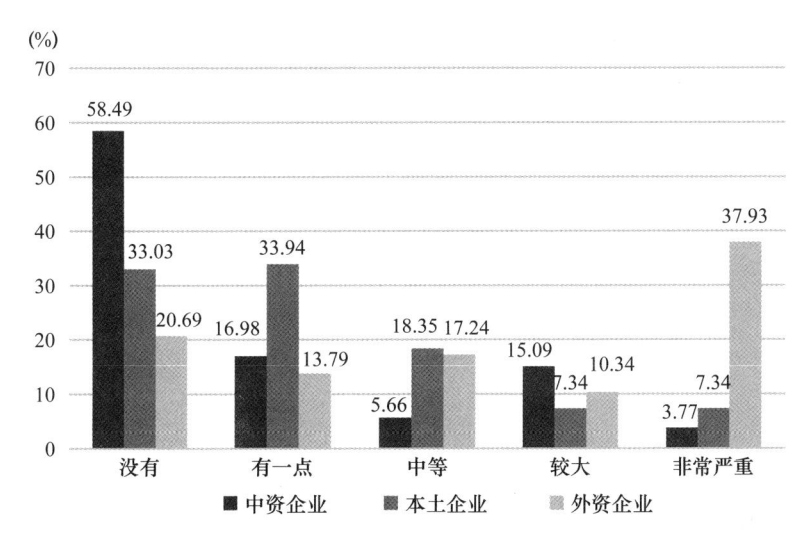

```
(%)
70
60  58.49
50
40                                              37.93
          33.94
30  33.03
    20.69      18.35
20        16.98    17.24
              13.79    15.09
10    5.66            7.34  10.34  7.34
              3.77
0
    没有    有一点    中等    较大    非常严重
        ■中资企业  ■本土企业  ■外资企业
```

图 4-26　企业对柬埔寨土地许可对其生产经营影响的评价

综合上面图 4-21 至图 4-26 的分析，总结出了表 4-11，可以看出各类企业的生产经营受表中六类因素的影响情况。可见，总体上，柬埔寨的营商环境包括税率、税收征收、工商许可、政治不稳定、腐败、土地许可对柬埔寨本土企业的生产经营影响较小，对外资企业生产经营的影响最大，对中资企业生产经营的影响参差不齐，除了土地许可对其生产经营影响较小外，其余五项因素对其生产经营的影响均不可忽视。

表 4-11　企业对柬埔寨营商环境对其生产经营影响的评价

营商环境类别 \ 企业类别	中资企业	本土企业	外资企业
税率	影响较大	影响较小	影响较大
税收征收	影响较大	影响较小	影响一般
工商许可	影响一般	影响较小	影响较大
政治不稳定	影响一般	影响较小	影响较大
腐败	影响较大	影响较小	影响一般
土地许可	影响较小	影响一般	影响较大

二 区位选择与柬埔寨营商环境对在柬中资企业生产经营影响的评价分析

将在柬中资企业所在区位划分为不在经开区、中国境外经贸合作区和柬埔寨经开区三类,考察不同区域中资企业对柬埔寨营商环境对其生产经营的影响评价。

(一)位于中国境外经贸合作区的中资企业的生产经营不易受税收规制影响,而位于柬埔寨经开区的中资企业的生产经营易受其影响

图4-27给出了税率对不同区位中资企业生产经营的影响。位于柬埔寨经开区的中资企业的生产经营受税率影响最大,位于中国境外合作贸易区中资企业的生产经营受税率影响最小。具体地,73.17%的不在经开区的中资企业认为税率对其生产经营有妨碍;30.00%位于中国境外经贸合作区的企业认为税率对自身生产经营有妨碍;位于柬埔寨经开区的企业全部认为税率对企业生产经营有妨碍。可见,税率对柬埔寨经开区企业的生产经营妨碍程度最大,对中国境外经贸合作区的企业妨碍程度最小。

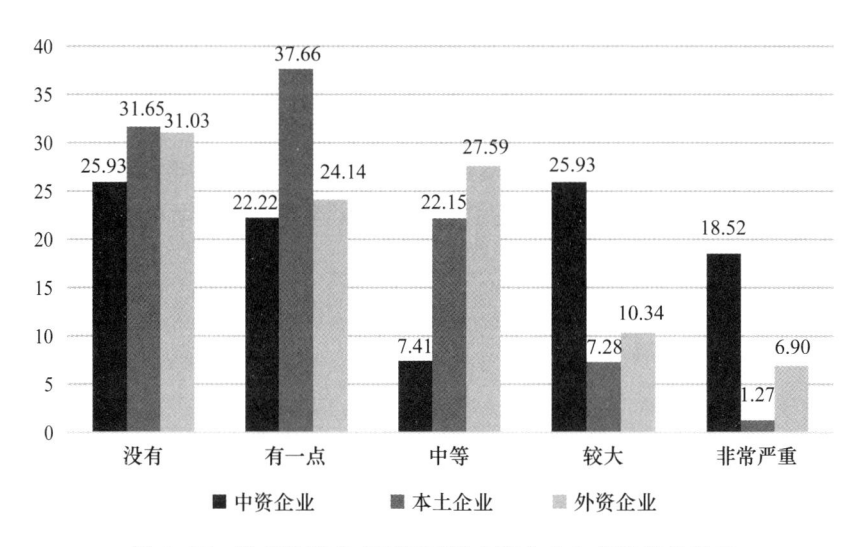

图4-27 税率妨碍在柬不同区域中资企业生产经营的程度

如图 4-28 为中资企业不同区位选择下，税收征收对企业生产经营妨碍程度的主观评价。不在经开区的中资企业，有 29.27% 认为税收征收对生产经营没有妨碍，24.39% 的认为有一点妨碍，19.51% 的认为有中等妨碍，26.83% 的认为有较大妨碍与严重妨碍；位于中国境外经贸合作区的中资企业，有 70.00% 的认为税收征收对企业生产经营没有妨碍，20.00% 的认为中等妨碍，10.00% 的认为妨碍较大；位于柬埔寨经开区的中资企业，没有企业选择没有影响与有一点影响的选项，33.33% 的认为税收征收对自身生产经营中等妨碍，66.67% 的认为较大妨碍。可见，税收征收对位于柬埔寨经开区的中资企业的生产经营妨碍程度最大，对位于中国境外经贸合作区企业的妨碍程度最小。

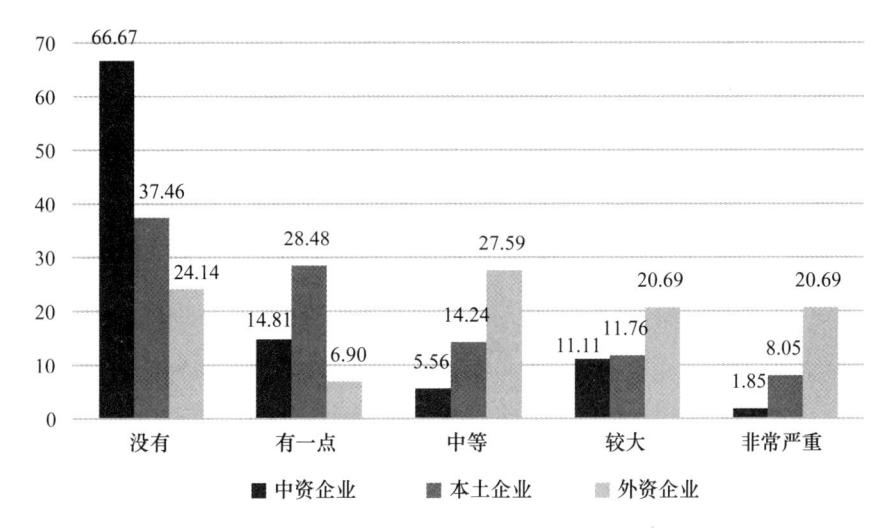

图 4-28　税收征收妨碍在柬不同区域中资企业生产经营的程度

（二）位于中国境外经贸合作区的在柬中资企业的生产经营不易受工商许可影响，而位于柬埔寨经开区的中资企业的生产经营易受其影响

图 4-29 给出了工商许可对不同区位中资企业生产经营的影响，工商许可对不同区域中资企业生产经营的影响有差异。不在任何经开区的中资企业，有 53.66% 认为工商许可对其生产经营没有妨碍，17.07% 认为有一点妨碍，14.63% 认为中等妨碍，14.64% 认为有较

大及严重妨碍；位于中国境外经贸合作区的中资企业，有 70.00% 认为工商许可对自身生产经营没有妨碍，有 10.00% 认为有一点妨碍，10.00% 认为中等妨碍，10.00% 认为有较大妨碍；位于柬埔寨经开区的中资企业，有 33.33% 认为工商许可对其生产经营没有妨碍，没有企业选择有一点妨碍，认为妨碍程度为中等妨碍与较大妨碍的各占 33.33%。由此可知，不同区位的中资企业对工商许可影响的主观评价存在差异，位于柬埔寨经开区的中资企业认为工商许可对其生产经营的妨碍程度最大，而在中国境外经贸合作区的中国企业认为这一妨碍较小。

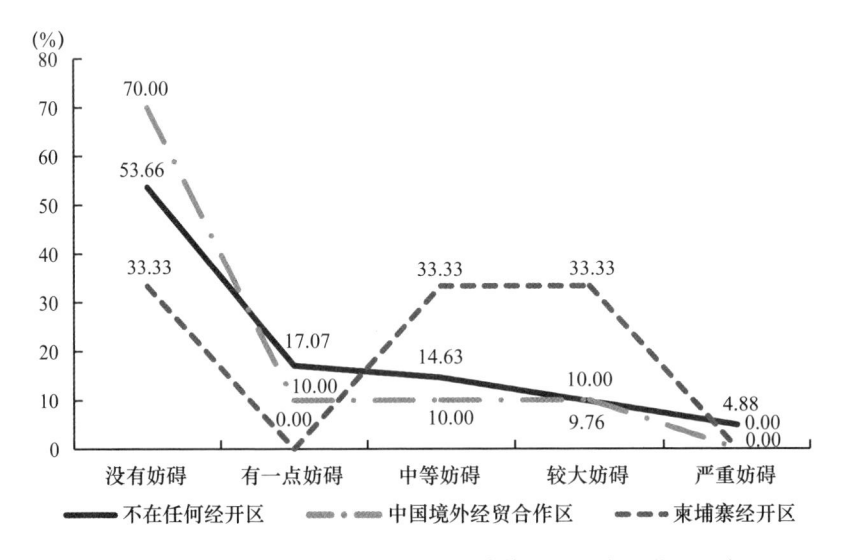

图 4-29　工商许可妨碍在柬不同区域中资企业生产经营的程度

（三）位于中国境外经贸合作区的在柬中资企业生产经营不易受政治不稳定影响，而位于柬埔寨经开区的中资企业的生产经营易受其影响

图 4-30 给出了政治不稳定对不同区位的中资企业生产经营的影响，由图可知，政治不稳定对位于柬埔寨经开区的中资企业的生产经营的妨碍最大，对位于中国境外经贸合作区的中资企业的生产经营的

妨碍最小。具体地，不在任何经开区的中资企业，有55.00%认为政治不稳定对其生产经营没有妨碍，20.00%认为有一点妨碍，5.00%认为中等妨碍，15.00%认为妨碍较大，5.00%认为有严重妨碍；位于中国境外经贸合作区的中资企业，有90.00%认为政治不稳定对其生产经营没有妨碍，没有企业认为政治不稳定会对其生产经营有一点妨碍、妨碍程度中等以及严重妨碍，10.00%认为其对企业生产经营较大妨碍；位于柬埔寨经开区的中资企业，没有企业认为政治不稳定对其生产经营没有影响及产生严重影响，认为政治不稳定对其生产经营的影响为有一点妨碍、中等妨碍和较大妨碍的企业占比均为33.33%。

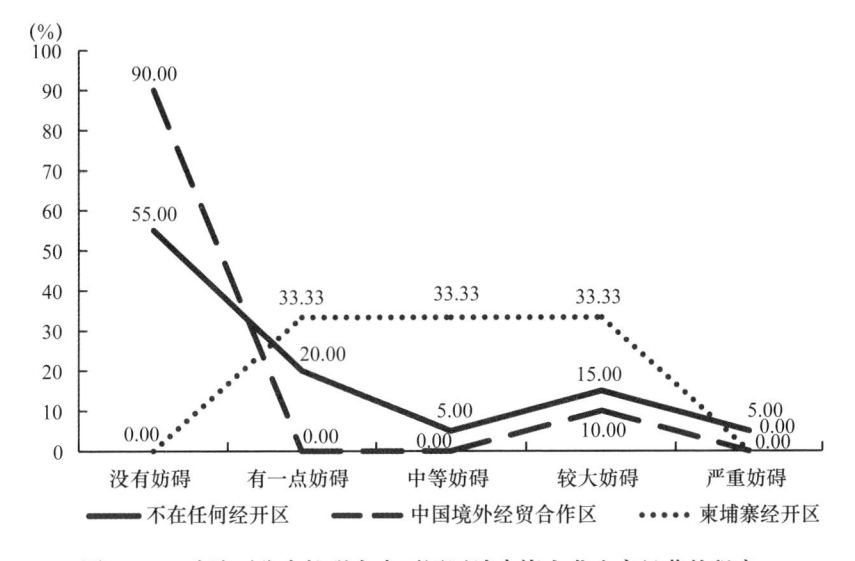

图4-30 政治不稳定妨碍在柬不同区域中资企业生产经营的程度

（四）位于中国境外经贸合作区的在柬中资企业生产经营不易受腐败影响，而位于柬埔寨经开区的中资企业的生产经营易受其影响

图4-31给出不同区位的中资企业对腐败影响其生产经营的评价。具体地，不在经开区的中资企业，有26.83%认为腐败对自身生产经营没有妨碍，19.51%认为有一点妨碍，9.76%认为中等妨碍，

26.83%认为有较大妨碍，17.07%认为有严重妨碍；位于中国境外经贸合作区的中资企业，有30.00%认为腐败对生产经营没有妨碍，有40.00%认为有一点妨碍，10.00%认为有较大妨碍，20.00%认为有严重妨碍；位于柬埔寨经开区的中资企业，有66.67%认为腐败对企业生产经营有较大妨碍，33.33%认为严重妨碍其生产经营。可见，腐败对位于柬埔寨经开区中资企业的生产经营负面影响最大，对中国境外经贸合作区的中资企业生产经营负面影响最小。

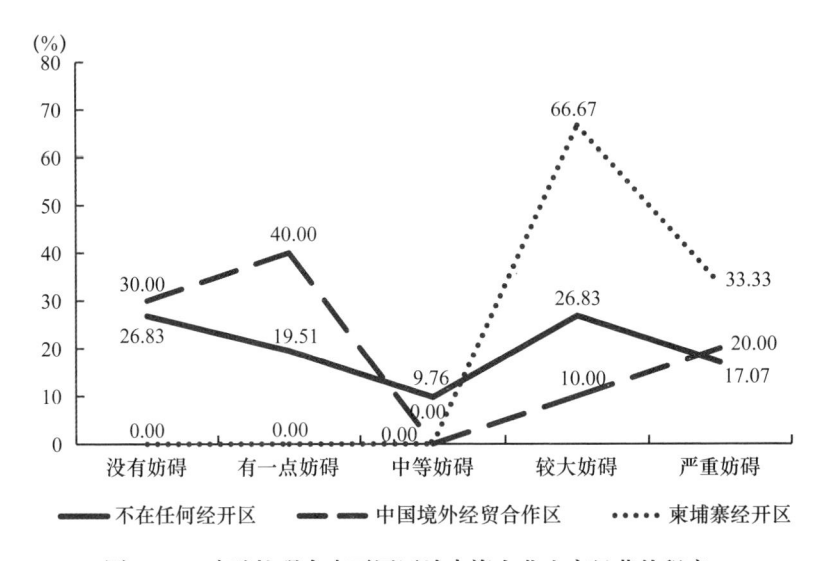

图4-31 腐败妨碍在柬不同区域中资企业生产经营的程度

（五）位于中国境外经贸合作区的在柬中资企业的生产经营不易受土地许可影响，而位于柬埔寨经开区的中资企业的生产经营易受其影响

如图4-32所示，不在经开区的中资企业，有63.41%认为土地许可对其生产经营没有妨碍，17.07%认为有一点妨碍，4.88%的认为有中等妨碍，12.20%认为有较大妨碍，2.44%认为有严重妨碍；位于中国境外经贸合作区的中资企业，有90.00%认为土地许可对其生产经营没有妨碍，有10.00%认为有一点妨碍；位于柬埔寨经开区的

中资企业，有33.33%认为土地许可对生产经营没有妨碍，66.67%认为有妨碍（中等妨碍及较大妨碍）。可见，土地许可对位于柬埔寨经开区的中资企业生产经营的妨碍程度最大，对位于中国境外经贸合作区的中资企业生产经营妨碍程度最小。

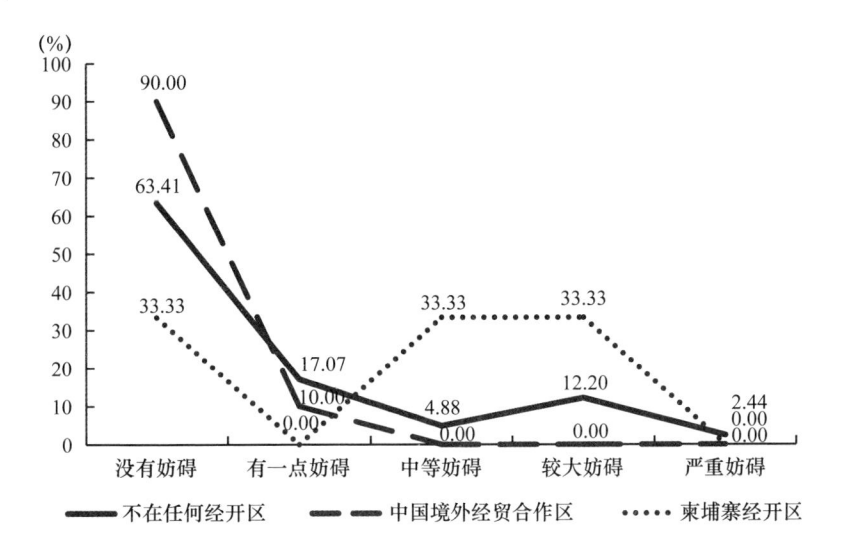

图4-32 土地许可妨碍在柬不同区域中资企业生产经营的程度

（六）位于中国境外经贸合作区的在柬中资企业的生产经营不易受政府管制与审批影响，而位于柬埔寨经开区的中资企业的生产经营易受其影响

由图4-33所示，不在任何经开区的中资企业，有21.95%认为政府管制与审批对生产经营没有妨碍，有31.71%认为有一点妨碍，19.51%认为有中等妨碍，21.95%认为有较大妨碍，4.88%认为有严重妨碍；位于中国境外经贸合作区的中资企业，有60.00%认为政府管制与审批对生产经营没有妨碍，40.00%认为有一点妨碍；位于柬埔寨经开区的中资企业，有33.33%认为政府管制与审批对其生产经营有中等妨碍，有66.67%认为有较大妨碍。可见，政府管制与审批对柬埔寨经开区企业的生产经营妨碍程度最大，对中国境外经贸合作

区的企业生产经营的妨碍程度最小。

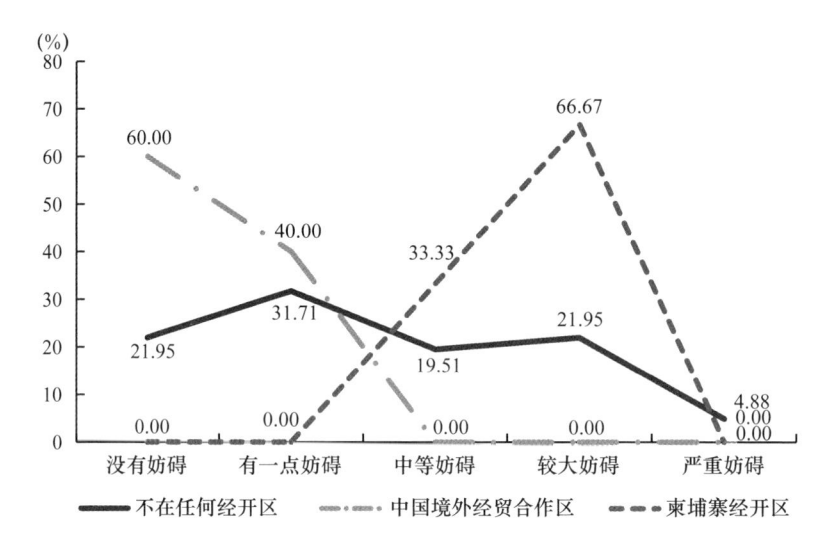

图 4-33 政府管制与审批妨碍在柬不同区域中资企业生产经营的程度

综合起来有表 4-12，税率、税收征收、工商许可、政治不稳定、腐败、土地许可及政府管制与审批对不同区位企业生产经营的影响情况。不难看出，总体上，上述各项因素对位于不同区位中资企业生产经营的影响不同，位于柬埔寨经开区的中资企业的生产经营易受其影响，位于中国境外经贸合作区的中资企业的生产经营不易受其影响。

表 4-12　　　　营商环境类别对不同区位中资企业生产经营的影响

营商环境类别 \ 不同区位	不在经开区	中国境外经贸合作区	柬埔寨经开区
税率	影响一般	影响较小	影响较大
税收征收	影响一般	影响较小	影响较大
工商许可	影响一般	影响较小	影响较大
政治不稳定	影响一般	影响较小	影响较大
腐败	影响一般	影响较小	影响较大

续表

营商环境类别 \ 不同区位	不在经开区	中国境外经贸合作区	柬埔寨经开区
土地许可	影响一般	影响较小	影响较大
政府管制与审批	影响一般	影响较小	影响较大

三 不同行业与柬埔寨营商环境对在柬中资企业生产经营影响的评价分析

(一) 工业企业生产经营更易受相关税收的规制影响

图4-34显示,绝大部分在柬中资企业都认为税率对自身生产经营有妨碍。61.54%的工业企业认为税率对其生产经营有妨碍,71.43%的服务业企业认为税率对其生产经营有妨碍。具体地,分别有23.08%和25.00%的工业企业和服务业企业认为税率对其生产经营有一点妨碍;分别有15.38%和21.43%的工业企业和服务业企业认为税率对其生产经营有中等妨碍;分别有23.08%和21.43%的工业企业和服务业企业认为税率对其生产经营有较大妨碍;有3.57%的服务业

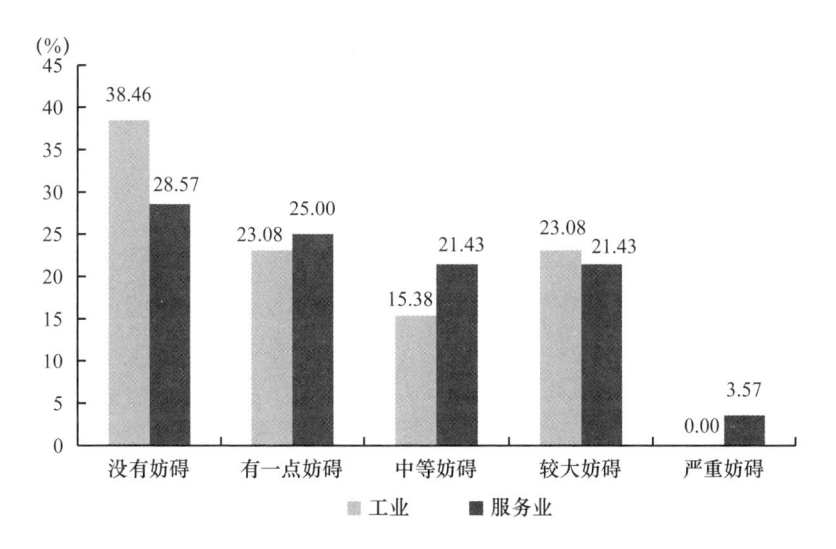

图4-34 税率妨碍在柬不同行业中资企业生产经营的程度

企业认为有严重妨碍,没有工业企业认为税率对其生产经营有严重妨碍。可见,税率对服务业中资企业的生产经营妨碍程度更大。

图4-35给出了税收征收对不同行业中资企业生产经营的影响。税收征收对工业行业中资企业生产经营的影响更大。具体地,65.38%的工业企业认为税收征收对其生产经营有妨碍,64.29%的服务业企业认为税收征收对其生产经营有妨碍。在妨碍程度为较大妨碍及严重妨碍这一程度时,工业企业中有30.77%,服务业企业中有21.43%。可见,税收征收对工业企业的生产经营妨碍程度更大。

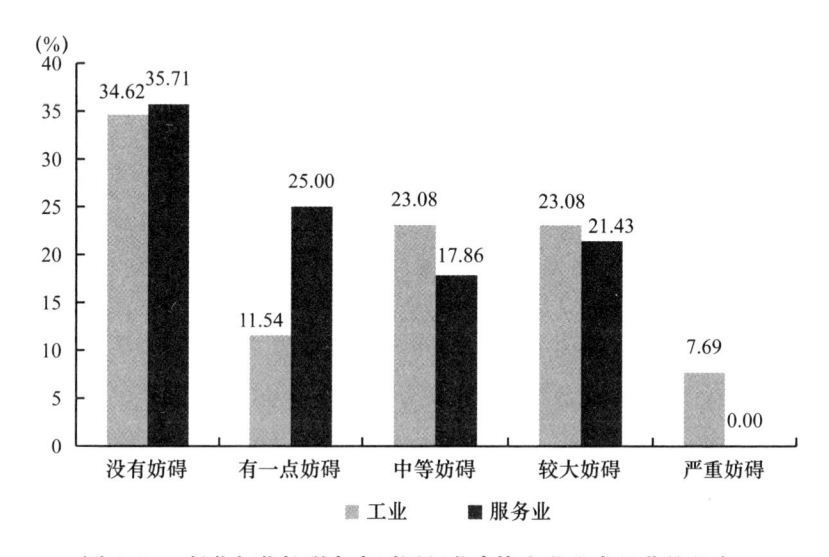

图4-35 税收征收妨碍在柬不同行业中资企业生产经营的程度

（二）服务业企业的生产经营易受柬埔寨工商许可的影响

图4-36给出了工商许可对不同行业中资企业生产经营的影响。工商许可对服务业行业中资企业生产经营的影响更大。具体而言,有46.15%的工业企业认为工商许可对企业生产经营有妨碍,42.86%的服务业企业认为工商许可对企业生产经营有妨碍。在妨碍程度为较大妨碍及严重妨碍时,工业企业中有7.70%,服务业企业中有21.43%。可见,工商许可对服务业企业的生产经营妨碍程度更大。

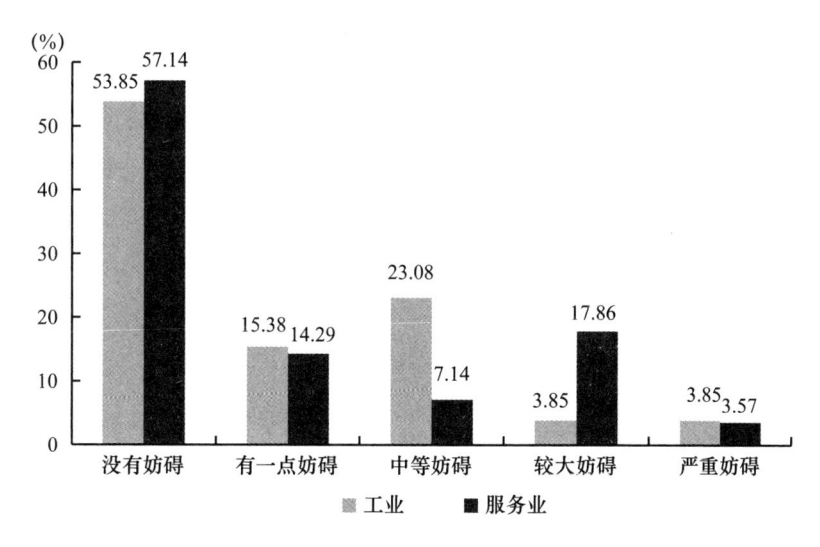

图 4-36 工商许可妨碍在柬不同行业中资企业生产经营的程度

（三）工业企业的生产经营易受政治不稳定的影响

图4-37给出了政治不稳定对不同行业中资企业生产经营的影响。政治不稳定对工业行业中资企业生产经营的影响更大。具体地，有50.00%的工业企业认为政治不稳定对其生产经营有妨碍，33.33%的服务业企业认为政治不稳定对其生产经营有妨碍。在妨碍程度为较大妨碍及严重妨碍时，工业企业中有26.92%，服务业企业中有11.11%。由此可知，政治不稳定对工业企业的生产经营妨碍程度更大。

（四）工业企业易受柬埔寨腐败的影响

图4-38给出了腐败对不同行业中资企业生产经营的影响。腐败对工业行业中资企业生产经营的影响更大。有88.46%的工业企业认为腐败对其生产经营有妨碍，60.71%的服务业企业认为腐败对其生产经营有妨碍。在影响程度为较大妨碍与严重妨碍程度上，工业企业中有53.85%，服务业企业中有35.72%。可见，腐败对工业中资企业的生产经营妨碍程度更大。

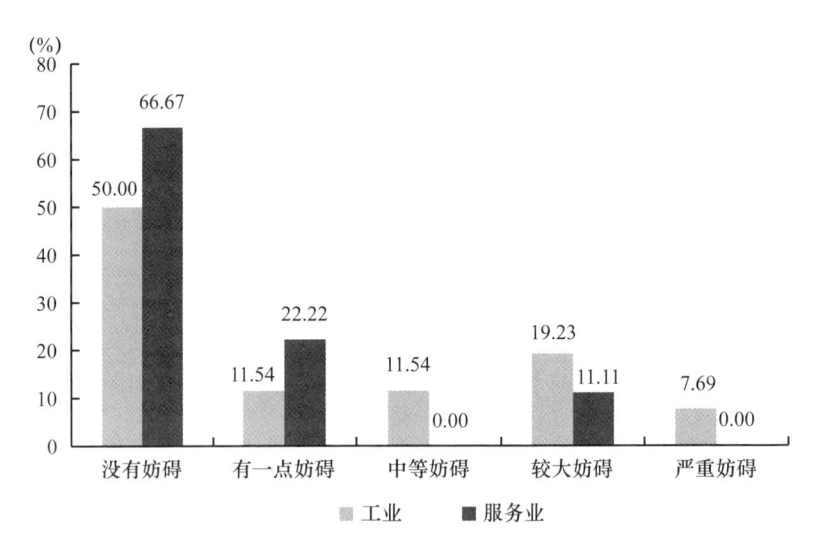

图 4-37　政治不稳定妨碍在柬不同行业中资企业生产经营的程度

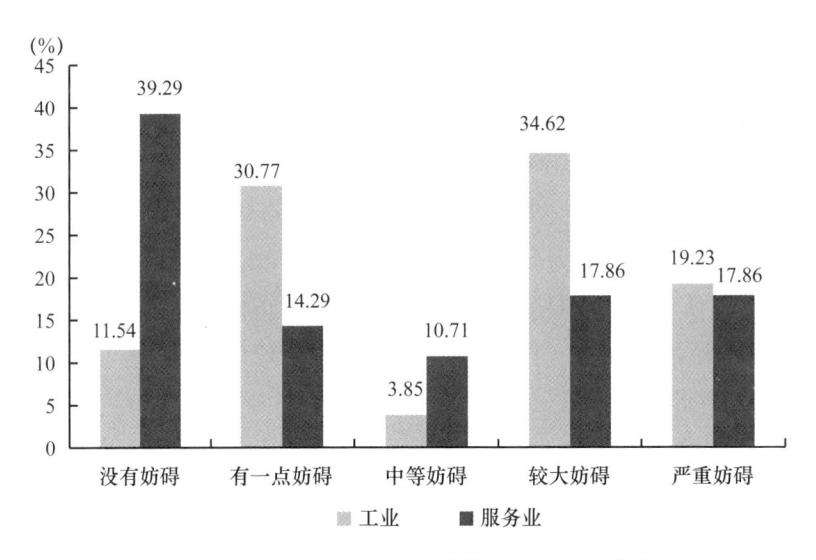

图 4-38　腐败妨碍在柬不同行业中资企业生产经营的程度

（五）服务业行业中资企业的生产经营易于受到当地土地许可的影响

图 4-39 给出了土地许可对不同行业中资企业生产经营的影响。土地许可对服务业行业中资企业生产经营的影响更大。有 26.92% 的工业企业认为土地许可对其生产经营有妨碍，39.29% 的服务业企业

认为土地许可对其生产经营有妨碍。在妨碍程度为较大妨碍和严重妨碍时，工业企业中有 7.69%，服务业企业中有 17.86%。由此可知，土地许可对服务业中资企业的生产经营妨碍程度更大。

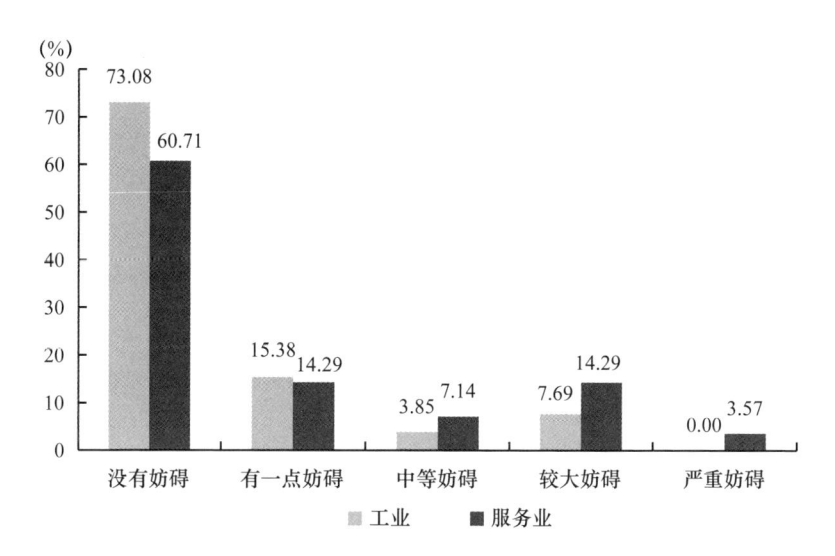

图 4-39　土地许可妨碍在柬不同行业中资企业生产经营的程度

（六）工业企业的生产经营易受到当地政府管制与审批的影响

图 4-40 给出了政府管制与审批对不同行业中资企业生产经营的影响。政府管制与审批对工业行业中资企业生产经营的影响更大。有 76.92% 的工业企业认为政府管制与审批对其生产经营有妨碍，67.86% 的服务业企业认为政府管制与审批对其生产经营有妨碍。在妨碍程度为较大妨碍和严重妨碍时，工业企业中有 26.92%，服务业企业中有 21.43%。由此可知，政府管制与审批对工业企业的生产经营妨碍程度更大。

综合起来有表 4-13，由表可知，税率、税收征收、工商许可、政治不稳定、腐败、土地许可、政府管制与审批这七项与营商环境相关的公共服务供给对企业生产经营都有一定的妨碍，工业行业中资企业的生产经营更易受柬埔寨营商环境影响。

图中数据（图4-40）：

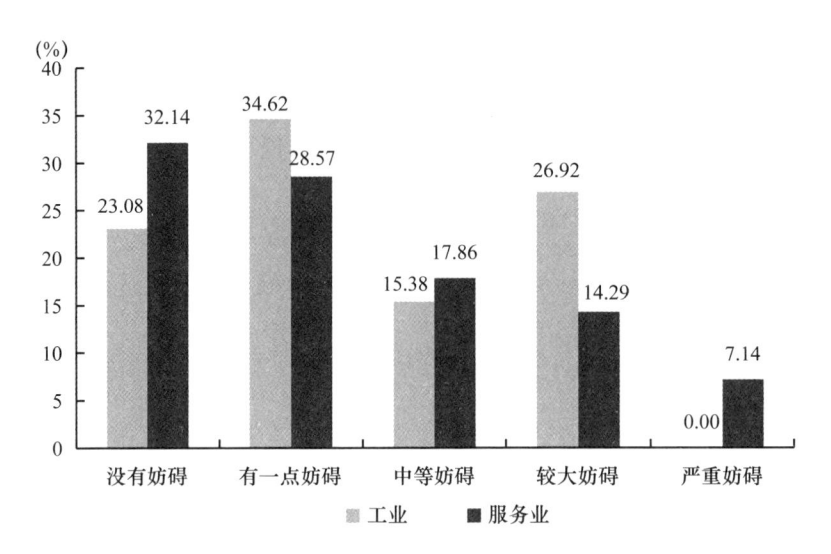

- 没有妨碍：工业 23.08，服务业 32.14
- 有一点妨碍：工业 34.62，服务业 28.57
- 中等妨碍：工业 15.38，服务业 17.86
- 较大妨碍：工业 26.92，服务业 14.29
- 严重妨碍：工业 0.00，服务业 7.14

图 4-40　政府管制与审批妨碍在柬不同行业中资企业生产经营的程度

表 4-13　营商环境类别对不同行业中资企业生产经营的影响

营商环境类别 \ 行业	工业	服务业
税率	影响较大	影响较小
税收征收	影响较大	影响较小
工商许可	影响较小	影响较大
政治不稳定	影响较大	影响较小
腐败	影响较大	影响较小
土地许可	影响较小	影响较大
政府管制与审批	影响较大	影响较小

第四节　投资风险评价分析

本节基于投资可行性考察、柬埔寨政治环境、中资企业经营风险等方面探讨在柬中资企业面临的投资风险现状，并在企业的区位选择、高管性别构成及行业分类等因素下,探讨不同类型企业投资风险高低的主要影响因素,从而对在柬中资企业投资风险现状进行分析并提出建议。

一 在柬中资企业投资前的可行性考察情况

(一) 在柬中资企业都较重视投资前的可行性考察

调查数据显示,受访企业中,有96.36%的中资企业在柬埔寨投资时进行了可行性考察,仅有3.64%的企业没有做可行性考察。进而考察不同分类条件下,中资企业在柬投资的可行性考察情况,表 [4-14] 显示,工业企业在柬投资前全部进行过投资可行性考察,92.86%的服务业企业进行过投资可行性考察;97.62%的不在经开区的企业进行过投资可行性考察,90.00%的中国境外经贸合作区的企业在柬投资前进行过投资可行性考察,位于柬埔寨经开区的全部中资企业都进行过投资可行性考察;有女性高管的中资企业和无女性高管的企业进行过投资可行性考察的比例分别为97.37%和94.12%。

表4-14　　企业是否进行过柬埔寨投资的可行性考察状况　　（单位：%）

	有可行性考察	无可行性考察
工业	100.00	0.00
服务业	92.86	7.14
不在经开区	97.62	2.38
中国境外经贸合作区	90.00	10.00
柬埔寨经开区	100.00	0.00
有女性高管	97.37	2.63
无女性高管	94.12	5.88
总体	96.36	3.64

由表4-14可知,中资企业在柬埔寨投资时都较为重视可行性考

察，尤其是工业企业和在柬埔寨经开区的企业。

（二）在柬中资企业在柬投资前都最重视市场竞争调查，且位于柬埔寨经开区的中资企业的考察最为全面

表4-15给出中资企业在柬投资前进行的投资可行性考察的类型，企业投资前的可行性考察类型有市场竞争调查、柬埔寨外国直接投资法律法规、柬埔寨宗教、文化和生活习惯、柬埔寨劳动力素质以及其他方面。总体来看，在柬中资企业都较为重视上述各方面投资可行性的考察。按不同分类来看，在柬工业和服务业中资企业最重视的考察内容都是市场竞争调查，其次是柬埔寨外国直接投资法律法规。但更多工业企业在市场竞争调查、柬埔寨外国直接投资法律法规、柬埔寨宗教、文化和生活习惯及柬埔寨劳动力素质的考察都比服务业企业重视。从企业区位选择来看，所有企业最重视的考察都是市场竞争方面，其次是柬埔寨外国直接投资法律法规。位于中国境外经贸合作区的企业都进行过市场竞争调查，约一半的企业进行过柬埔寨宗教、文化和生活习惯调查，所有位于柬埔寨经开区的企业都进行过上述各方面的调查，可见，投资于柬埔寨经开区的中资企业更为重视投资可行性调查。

上述分析表明，在柬中资企业都较为重视投资前的可行性考察，且考察类型较为全面。不同分类条件下中资企业可行性考察的内容最主要的是市场竞争调查，其次是柬埔寨外国直接投资法律法规。工业企业相对服务业企业更为重视投资可行性考察，在柬埔寨经开区投资相对于其他地区的企业更为重视投资可行性考察。

表4-15 中资企业在柬投资前的可行性考察类型 （单位：%）

	市场竞争调查		柬埔寨外国直接投资法律法规		柬埔寨宗教、文化和生活习惯		柬埔寨劳动力素质		其他方面考察	
	否	是	否	是	否	是	否	是	否	是
工业	7.41	92.59	14.81	85.19	37.04	62.96	29.63	70.37	100.00	0.00
服务业	11.54	88.46	38.46	61.54	53.85	46.15	34.62	65.38	84.62	15.38
不在经开区	12.20	87.80	26.83	73.17	48.78	51.22	34.15	65.85	90.24	9.76

续表

	市场竞争调查		柬埔寨外国直接投资法律法规		柬埔寨宗教、文化和生活习惯		柬埔寨劳动力素质		其他方面考察	
	否	是	否	是	否	是	否	是	否	是
中国境外经贸合作区	0.00	100.00	33.33	66.67	44.44	55.56	33.33	66.67	100.00	0.00
柬埔寨经开区	0.00	100.00	0.00	100.00	0.00	100.00	0.00	100.00	100.00	0.00

二 企业计划外安全生产费用支付风险和偷盗损失风险

（一）在柬中资企业和外资企业更易遭遇企业安全生产额外支付

在企业日常经营中，面临着不同类型的风险，安全风险是其中很重要的一项。图4-41显示，有74.55%的受访中资企业发生过安全生产额外支付，有45.27%的本土企业发生过安全生产额外支付，有90.32%的外资企业发生过安全生产额外支付。相对于本土企业而言，中资企业与外资企业发生安全生产额外支付的比例均较高，换言之，柬埔寨的营商环境中外国直接投资企业更容易面临安全生产的问题，并为此支付相当比例的安全成本。

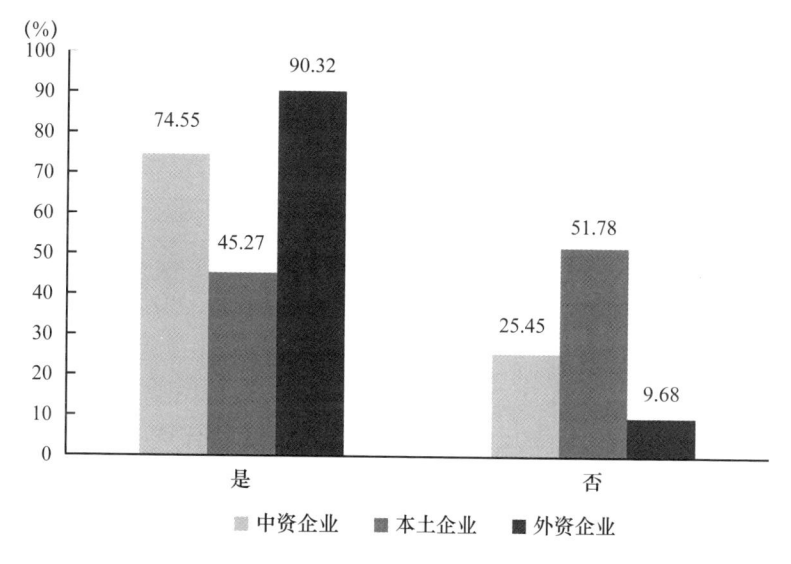

图4-41 柬埔寨企业的安全生产额外支付

(二)位于经济开发区(尤其是柬埔寨经开区)的中资企业不易遭遇安全生产额外支付

从表4-16中可以看出,总体来看,在柬中资企业的生产额外支付比例较高。具体地,工业企业安全生产的额外支付比例高于服务业企业,这一比例分别为77.78%和71.43%;从企业区位选择来看,不在经开区企业的安全生产额外支付比例高于在柬埔寨经开区与中国境外经贸合作区的企业,这一比例分别为78.57%、33.33%与70.00%。从企业是否有女性高管来看,有女性高管企业的安全生产的额外支付比例远高于无女性高管企业,这一比例分别为81.58%与58.82%,有女性高管的企业更易遭遇安全生产额外支付。

表4-16　　2018年在柬中资企业的安全生产额外支付　　(单位:%)

	安全生产有额外支付	安全生产无额外支付
工业	77.78	22.22
服务业	71.43	28.57
不在经开区	78.57	21.43
中国境外经贸合作区	70.00	30.00
柬埔寨经开区	33.33	66.67
有女性高管	81.58	18.42
无女性高管	58.82	41.18

(三)在柬中资企业较易发生偷盗损失,但位于中国境外经贸合作区的企业不易发生偷盗损失

表4-17是2018年中资企业发生的偷盗损失状况。相当比例受访中资企业在2018年发生过偷盗损失。分行业来看,工业企业发生过偷盗损失的比例高于服务业企业,占比分别为44.44%与39.29%。按企业区位选择来看,位于柬埔寨经开区的企业发生过偷盗损失的比例远高于位于中国境外经贸合作区及不在经开区的企业,占比分别为

66.67%、30.00%与42.86%。按企业是否有女性高管来看，无女性高管企业发生过偷盗损失的比例高于有女性高管企业，前者比例为47.06%，后者为39.47%。

表4-17　　　　　2018年在柬中资企业偷盗损失状况　　　（单位：%）

	发生过偷盗损失	未发生偷盗损失
工业	44.44	55.56
服务业	39.29	60.71
不在经开区	42.86	57.14
中国境外经贸合作区	30.00	70.00
柬埔寨经开区	66.67	33.33
有女性高管	39.47	60.53
无女性高管	47.06	52.94

总结以上两表可知，在柬中资企业的安全生产有额外支付较为普遍，发生偷盗比例也较高，柬埔寨的营商环境还比较差。值得注意的是，在柬中国境外经贸合作区为园区内中资企业提供了较为安全的环境，不易于发生偷盗；而位于柬埔寨经开区的中资企业应当重点防范偷盗损失风险。

三　在柬中资企业的政治动荡风险和企业经营风险

（一）柬埔寨的政治环境较为稳定，政治环境不是在柬中资企业面临的主要风险

从中兴、华为在美国的遭遇到美的收购库卡在欧洲引起的争议，中国企业"走出去"面临的海外政治环境发生着深刻变化。政治环境是企业海外生产经营面临的最宏观也是最重大的风险因素。图4-42是在柬中资企业管理层对2018年柬埔寨政治环境的评价，可以看出，有69.09%的中企管理层认为柬埔寨政治环境稳定、投资风险较小，21.82%的中企管理层认为柬埔寨政治环境"不好说，存在不稳定的风险"，3.64%的中企管理层认为柬埔寨政治环境"不稳定，有党派争斗，要比较小心"，有5.45%的中企管理层认为柬埔寨"党派争斗比较激烈，经常有冲突发生"。总体看来，柬埔寨政治环境比较稳定。

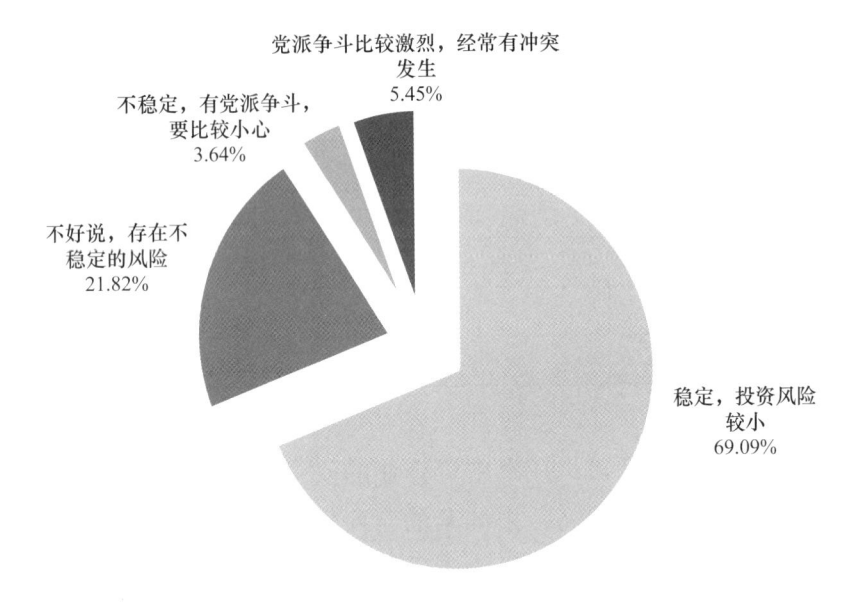

图4-42 中资企业管理层认为2018年柬埔寨政治环境情况

（二）激烈的市场竞争和员工工资增长是在柬中资企业面临的主要经营风险

表4-18给出了影响企业未来经营的主要风险评估。受访中资企业认为未来一年经营风险主要来自市场竞争激烈与员工工资增长两个方面。分行业来看，工业企业预期未来主要面临的经营风险是员工工资增长，其次是市场竞争激烈（44.44%）；服务业企业预期未来一年主要经营风险是市场竞争激烈，其次是中资企业增多。按企业区位选择来看，不在经开区的企业未来一年主要经营风险是市场竞争上升，其次是政策限制加强；位于中国境外经贸合作区的企业未来一年面临

的主要风险是员工工资增长，其次是资源获得性难度增加；位于柬埔寨经开区的企业预期未来一年面临的主要经营风险是市场竞争激烈，其次是员工工资增长。按企业是否有女性高管来看，有女性高管的企业和无女性高管的企业的主要经营风险皆是市场竞争激烈，其次是员工工资增长。值得注意的是，全部位于柬埔寨经开区的中资企业都认为市场竞争激烈是其未来一年的主要经营风险，可见，柬埔寨经开区的市场竞争最为激烈。

表 4-18　　企业未来一年经营风险主要方面及比重　　（单位：%）

	员工工资增长	市场竞争激烈	资源可得性难度增加	研发后劲不足	政策限制加强	优惠政策效用降低或到期	政治环境变化	中资企业增多	产品或服务无话语权	其他方面
总样本	52.73	60.00	27.27	12.73	38.18	9.09	18.18	36.36	7.27	38.18
工业	70.37	44.44	29.63	7.41	40.74	14.81	22.22	29.63	3.70	37.04
服务业	35.71	75.00	25.00	17.86	35.71	3.57	14.29	42.86	10.71	39.29
不在经开区	42.86	64.29	19.05	16.67	45.24	11.90	21.43	35.71	7.14	35.71
中国境外经贸合作区	90.00	30.00	60.00	0.00	10.00	0.00	10.00	40.00	0.00	60.00
柬埔寨经开区	66.67	100.00	33.33	0.00	33.33	0.00	0.00	33.33	33.33	0.00
有女性高管	52.63	55.26	23.68	15.79	42.11	13.16	15.79	36.84	7.89	36.84
无女性高管	52.94	70.59	35.29	5.88	29.41	0.00	23.53	35.29	5.88	41.18

小　结

本章从柬埔寨基础设施建设、公共服务供给、公共服务治理以及在柬中资企业投资风险状况四个方面对柬埔寨的营商环境进行分析。

第一，柬埔寨的基础设施供给方面，总体上供给不足，且服务效率较低、廉洁性较差。相对于本土企业和外资企业，中资企业对基础设施的需求更高但得到的供给效率却通常更低，尤其电力供应方面存在严重不足；相对于服务业，工业行业的中资企业更易面临基础设施供不应求，但分析发现经济开发区可以为中资企业对基础设施的高需求提供更充足的供给；另外中资企业接受到的基础设施供给服务廉洁性更差，表现为审批过程中非正规支付的现象更普遍。但相比之下，柬埔寨开发区为园区内企业提供的供给服务更为廉洁。工业行业在电和建筑类的供给廉洁性更高，而服务业在水和网的供给廉洁性更高。

第二，柬埔寨公共服务供给方面，总体上规范性较低、廉洁性较差。其中税务服务供给：相对于本土企业和外资企业，中资企业更易受到当地税务机构的检查、得到的税务服务的廉洁性也更差，尤其在工业行业表现较为突出；同时企业是否位于开发区得到的税务服务也有一定差异，不在经开区的中资企业易受到柬埔寨当地税务检查，位于柬埔寨经开区的中资企业受到的税务服务廉洁性则更高；海关服务供给：相对于本土企业和外资企业，在柬中资企业更易遭到海关的检查与批准，得到的海关服务的廉洁性也更差。且在工业行业以及位于中国境外经贸合作区和柬埔寨经开区的中资企业内表现尤为突出；劳动力市场因素对中资企业生产经营的影响方面：除了柬埔寨劳动力市场规制政策对企业生产经营的妨碍整体上比较小，员工素质、技能人员招聘难度、专业技术人员不足以及管理人员不足都对企业生产经营的妨碍较大。其中工业行业受劳动力市场规制政策、员工素质、技能人员招聘难度的妨碍相对更大，而服务业行业受专业技术人员和管理人员不足的妨碍较大。另外劳动力因素对企业的妨碍程度由于企业的不同位置和工会状态也存在一定差异，位于柬埔寨经开区的企业以及有自身工会的企业更易受到各项劳动力因素的影响。

第三，柬埔寨营商环境方面，中资企业生产经营受营商环境的影响较大。具体而言，柬埔寨本土企业的生产经营不易受营商环境的影响，外资企业更容易受政治不稳定和土地许可的影响，中资企业容易受税收征收和腐败的影响；其中相对于柬埔寨开发区的企业，位于中国境外经贸合作区的企业不易受各项公共服务治理因素的影响；工业企业易受税率、税收征收、政治不稳定、腐败、政府管制与审批的影响，服务业企业易受土地许可、工商许可的影响。

第四，柬埔寨中资企业投资风险方面，中资企业注重可行性考察且面临一定的投资风险。其中在柬中资企业投资前最重视对柬埔寨市场竞争、柬埔寨外国直接投资法律法规的考察。另外在柬中资企业一般有安全生产方面的额外支付以及偷盗损失，但位于中国境外经贸合作区的企业遭受这类状况的可能性相对较小。除此之外，在柬中资企业面对激烈的市场竞争和员工工资增长是企业的主要经营风险。

总体来说，在柬中资企业面临基础设施需求得不到满足、易受当地税收征收、工商许可等方面的限制以及营商环境廉洁度不高等难题。但中国境外经贸合作区或柬埔寨经开区可以在一定程度上减少企业遇到的类似困难，企业投资前的可行性考察也为企业提供了一定的保障。长期看来，若柬埔寨的基础设施供给得到更大范围的建设，基础设施供给服务、公共服务供给服务和公共服务治理的规范性和廉洁性进一步提高，相信中资企业在柬埔寨会发展得越来越好，而且会对柬埔寨的经济发展做出重大贡献。

第五章

柬埔寨中资企业雇用行为与劳动风险分析

国家间的政治、经济、文化等各方面存在差异,中资企业在柬经营过程中的雇佣行为和运行状况与中国国内大相径庭。无论是在当地员工的雇佣,还是在与当地企业的商业合作都可能因为对营商环境的不了解而出现问题,甚至可能遭遇员工罢工等严重影响生产经营的突发事件,导致企业在生产经营过程中遭受重大损失,有必要探讨在柬中资企业的雇佣行为和生产经营过程中的劳动风险情况。

本章内容主要从三个方面对在柬中资企业的雇佣行为和经营风险进行分析,首先从受访中资企业员工的国别构成、公司之间的人员流动情况等方面进行分析,研究受访中资企业员工构成、流动情况;其次,从企业高管派遣时长、高管对相关语言的掌握程度等方面了解中资企业的高层现状,除高层现状外,亦从企业招聘、员工培训等方面分析企业对员工综合素质的要求,以了解受访中资企业员工基本状况;最后,从受访中资企业在柬经营活动中遭遇的劳动争议着手,研究受访中资企业对劳动风险的防控情况。

第一节 员工构成分析

本节内容主要讨论并分析在柬中资企业员工的构成情况,从企业员工构成及员工流动两方面对受访中资企业员工构成进行研究。

一 柬埔寨中资企业员工构成情况

由表5-1可知，从员工性别构成来看，受访中资企业的员工中女性员工占比均值为28.85%，男性员工为71.15%，男性员工占比较高。从员工来源国别构成来看，柬籍员工占比均值为75.14%，中国籍员工占比均值为24.77%，其他国家员工占比均值为0.77%；从员工素质结构来看，初等教育程度的员工占比为43.62%，中等教育程度的员工占比33.48%，高等教育程度的员工占比22.89%。由此，在柬中资企业从业人员以男性员工、柬埔寨本地员工以及受过初等教育程度的员工为主。

表5-1　　　　　　　　　企业员工构成　　　　　　　（单位：%）

各类员工占比	均值	标准差	最大值	最小值
女性员工占比	28.85	26.95	89.86	0.00
柬埔寨员工占比	75.15	22.94	98.42	6.89
中国员工占比	24.77	23.02	93.10	1.40
其他国家员工占比	0.77	0.49	3.6	0.00
初等教育员工占比	43.62	35.64	1	0
中等教育员工占比	33.48	30.13	1	0
高等教育员工占比	22.89	32.90	1	0

注：初等教育程度包括小学或没有受过教育的员工，中等教育包括初中、高中、中专/技校/职业学校，高等教育程度包括大学本科及以上。

表5-2为一线员工或生产员工的构成情况。在柬中资企业雇佣结构中一线员工或生产员工平均占比为60.80%，当中柬籍员工平均占比为87.28%，中国员工平均占比为11.89%，其他国籍员工平均占比为0.81%。由此，在柬中资企业一线员工或生产员工为主要员工来源，其中柬籍员工构成了一线员工或生产员工的大部分，一线员工或生产员工中的中国员工也有一定比例。

表 5-2	企业一线工人或生产员工构成			（单位：%）
	均值	标准差	最大值	最小值
一线员工或生产员工占比	60.80	33.97	100.00	0.00
一线员工或生产员工中柬埔寨员工占比	87.28	20.29	100.00	20.00
一线员工或生产员工中中国员工占比	11.89	20.14	80.00	0.00
一线员工或生产员工中其他国家员工占比	0.81	5.08	33.33	0.00

表 5-3 为受访中资企业中高层员工构成情况。由表 5-3 可知，受访企业中高层管理人员占比平均在 9.95%，中高层管理人员中中国员工占比均值为 74.69%，柬埔寨籍员工占比均值为 18.68%，受访企业中高层管理人员整体上是以中国籍员工为主。

表 5-3	企业中高层管理员工构成			（单位：%）
	均值	标准差	最大值	最小值
中高层管理员工占比	9.95	9.70	36.66	0.60
中高层管理人员中柬埔寨员工占比	18.68	24.09	80.00	0.00
中高层管理人员中中国员工占比	74.69	30.66	100.00	0.00

技术人员在企业中从事专业技术工作，对企业的业务开展以及企业的发展中起着重要的作用，是企业发展的中坚力量。表 5-4 给出受访企业技术人员和设计人员的分布情况，表中数据显示受访中资企业技术人员和设计人员平均占比为 10.29%，其中中国籍员工平均占比为 63.03%，柬埔寨籍员工平均占比为 36.96%。

表 5-4	企业技术人员和设计人员构成			（单位：%）
	均值	标准差	最大值	最小值
技术人员和设计人员占比	10.29	14.80	77.77	0.00

续表

	均值	标准差	最大值	最小值
技术人员和设计人员中柬埔寨员工占比	36.96	37.62	100.00	0.00
技术人员和设计人员中中国员工占比	63.03	37.62	100.00	0.00

表5-5为受访中资企业非生产员工占比。受访中资企业中非生产员工平均占比为18.70%，非生产性员工中柬籍员工平均占比为62.42%，中国员工占比为37.57%。非生产性员工中柬籍员工占比较高。

表5-5　　　　　　　　　企业非生产员工构成　　　　　（单位：%）

	均值	标准差	最大值	最小值
非生产员工占比	18.70	24.34	100.00	0.00
非生产员工中柬埔寨员工占比	62.42	35.36	100.00	0.00
非生产员工中中国员工占比	37.57	35.36	100.00	0.00

进一步按企业规模考察中资企业各类人员分布情况，见表5-6。不同企业规模下中资企业女性员工的分布不同，其中小型企业女性员工平均占比为30.73%，中型企业女性员工平均占比为19.23%，大型企业女性员工平均占比为34.57%。由上述数据分布可见，小型企业和大型企业中女性员工占比较高；小型企业中高管理层员工平均占比为21.56%，中型企业平均占比为13.97%，大型企业平均占比为4.61%；技术人员和设计人员分布在不同规模的企业中分布表现为，小型企业平均占比为15.75%，中型企业平均占比为19.02%，大型企业平均占比为3.63%；考察非生产员工分布情况，小型企业的非生产员工平均占比为29.95%，中型企业为24.22%，大型企业为12.53%。总体而言，除女性员工在大型与小型企业中占比略高，随企业规模扩大在企业内占比逐渐减少，这与企业规模扩大，层级结构增加，内部结构合理化、内部分工细化有一定关系。

表 5-6　　　　　　　按企业规模划分的企业员工构成　　　　　（单位：%）

	企业规模类型	均值	标准差	最大值	最小值
女性员工占比	小型企业	30.73	24.68	71.42	0.00
	中型企业	19.23	19.61	74.64	0.00
	大型企业	34.57	30.41	89.86	0.00
中高管理层占比	小型企业	21.56	9.04	33.33	7.69
	中型企业	13.97	10.65	36.66	4.22
	大型企业	4.61	4.18	13.37	0.60
技术人员和设计人员占比	小型企业	15.75	27.95	77.77	0.00
	中型企业	19.02	14.40	48.27	0.00
	大型企业	3.63	3.95	13.72	0.00
非生产员工占比	小型企业	29.95	28.29	61.53	0.00
	中型企业	24.22	29.25	100.00	0.00
	大型企业	12.53	28.52	75.00	0.00

二　柬埔寨中资企业员工流动情况分析

员工流动管理是对人力资源注入、内部流动和流出进行计划、组织、协调和控制的过程，包括企业之间的流动和内部流动。本部分按照企业规模对受访中资企业员工在企业之间的流动进行分析，由表5-7可知，小型企业新增雇佣人员平均规模为2人，中型企业新增雇佣人员平均规模为8.61人，大型企业新增雇佣人员平均规模为166.16人，按企业规模由小至大来看，新增雇佣人员占全部人员比例分别为18.28%、17.21%与31.13%。

从企业辞职人员分析，小型企业平均辞职人员为1.57人，中型企业平均辞职人员6.77人，大型企业平均辞职人员在69.16人左右，按企业规模由小至大来看，平均辞职人员占比分别为14.53%、13.52%与14.41%。

从净流入人员来看，小型企业净流入人员数量规模0.42人，中型企业净流入人员数量规模1.83人，而大型企业净流入人员规模为94.37人，按企业规模由小至大来看，净流入人员平均占比分别是为

3.75%、3.68%与15.90%。

上述数据表明，随企业规模扩大企业从业人员流动更为频繁，但大型企业对市场从业人员的吸引力较强，流入人员比例随企业规模扩大而提高，流出比例与企业规模没有太大关联，净流入人员比例随企业规模扩大而提高，大型企业在劳动力市场更能吸引应聘者。

表5-7 柬埔寨中资企业员工流动情况

	企业规模类型	流动规模均值（人）	流动比例均值（%）
新增雇佣人员	小型企业	2	18.28
	中型企业	8.61	17.21
	大型企业	166.16	31.13
辞职人员	小型企业	1.57	14.53
	中型企业	6.77	13.52
	大型企业	69.16	14.41
净流入人员	小型企业	0.42	3.75
	中型企业	1.83	3.68
	大型企业	94.37	15.90

表5-8进一步分析受访中资企业在柬运营过程中柬籍员工的流动情况。

表5-8 柬埔寨中资企业柬籍员工流动情况

	企业规模类型	流动规模均值（人）	流动比例均值（%）
柬籍员工新增雇佣	小型企业	1.71	20.50
	中型企业	7.06	18.98
	大型企业	145	27.64
柬籍员工辞职	小型企业	1.28	15.83
	中型企业	5.94	15.18
	大型企业	66	14.74

续表

	企业规模类型	流动规模均值（人）	流动比例均值（%）
柬籍员工净流入	小型企业	0.43	4.67
	中型企业	1.11	3.80
	大型企业	75.70	11.29

由表 5-8 可知，新增柬籍员工方面，小型企业平均流入员工规模为 1.71 人，流入员工占柬籍员工比例为 20.50%；中型企业平均流入员工规模在 7.06 人，流入员工占柬籍员工比例为 18.98%；大型企业平均流入员工规模为 145 人，流入员工占柬籍员工比例为 27.64%。小型企业与大型企业的新增柬籍员工比例高于中型企业。

柬籍员工辞职方面，小型企业平均流出员工规模为 1.28 人，流出员工占柬籍员工比例为 15.83%；中型企业平均流出员工规模在 5.94 人，流出员工占柬籍员工比例为 15.18%；大型企业平均流出员工规模为 66 人，流出员工占柬籍员工比例为 14.74%。柬籍员工流出比例与企业规模无直接关系。

柬籍员工净流入方面，小型企业平均净流入员工规模为 0.43 人，净流入员工占柬籍员工比例为 4.67%；中型企业平均净流入员工规模为 1.11 人，净流入员工占柬籍员工比例为 3.80%；大型企业平均净流入员工规模为 75.7 人，净流入员工占柬籍员工比例为 11.29%。中小型企业柬籍员工净流入比例基本相同，大型企业净流入比例相对较高。

上述数据的分析发现，受访中资企业中柬籍员工无论在新增雇佣数量、辞职员工数量还是净流入员工数量均存在流动数量与企业规模呈正向变动的趋势，即企业规模越大，员工流动性越大，但总体而言，柬籍员工流入中资企业是主要趋势，中资企业对柬籍员工具有吸引力，对比表 5-7，柬籍员工流入中资企业的比例与总体员工的流入比例较为接近，柬籍员工的流动性代表了在柬中资企业的雇佣稳定性与流动性，比较两表数据，显然可以看到在柬中资企业在柬埔寨劳动力市场具有吸引力。

第二节 雇用行为分析

本节从受访中资企业高管派遣时长、高管对相关语言的掌握程度以及企业在员工招聘与培训三方面研究受访中资企业在柬经营过程中的雇佣行为。

一 柬埔寨中资企业高管派遣时间与语言掌握情况

图 5-1 给出受访企业中由中国母公司派遣到柬埔寨的高管平均派遣时间分布。由母公司派遣到柬埔寨的高管在柬工作未满一年占比为 11.54%,工作一年到三年的占比为 57.69%,工作四年到六年占比为 15.39%,工作六年以上占比为 15.38%。

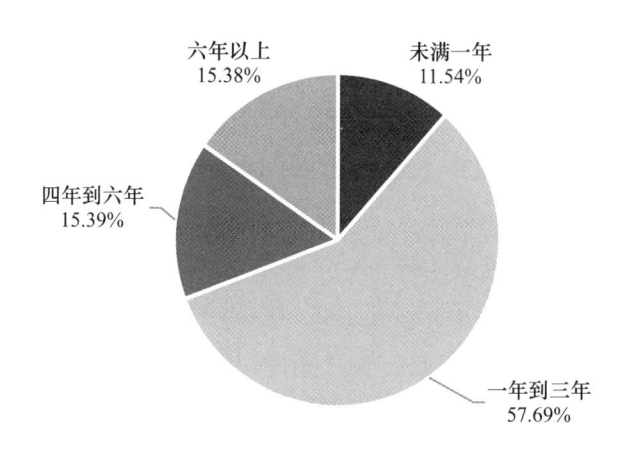

图 5-1 中国派到柬埔寨高管的平均派遣时间

表 5-9 给出按不同分类条件下中资企业高管对英语的掌握程度。首先,工业企业中 7.41% 的高管完全不会英语,33.33% 的高管会一点英语,40.74% 的高管能够使用英语去和其他人进行交流,11.11% 的高管能够流利地使用英语,7.41% 的高管日常中能够非常流利地使

用英语。服务业企业中完全不会英语的高管占比为14.29%，会一点英语的高管占比与工业企业相差不大，为35.71%，日常中可以使用英语进行交流的高管占比仅为工业企业的1/2，为21.43%，能够流利使用英语的高管占比为14.29%，非常流利地使用英语的高管占比为14.29%。受访工业企业高管能够日常使用英语进行交流的高管占比为59.26%，高于服务业企业的占比（50.01%）。

结合企业所在位置分析受访中资企业中高管对英语的掌握程度可以发现，在柬埔寨经济开发区的企业中33.33%的高管会一点英语，66.67%的高管能够在日常交流中使用英语。在中国境外经贸合作区内的企业中，50%的高管能够使用英语进行交流，占比低于柬埔寨经开区内的企业，但中国境外经贸合作区内企业高管中有20.00%能够流利（包含非常流利）地使用英语，远高于柬埔寨经开区内企业，此外中国境外经贸合作区内的企业中有20.00%的高管完全不会英语，高于柬埔寨经开区内企业。而不在经开区的企业中，9.52%的高管完全不会英语，35.71%的高管会一点英语，28.57%的高管可以使用英语交流，14.29%的高管能够流利地使用英语，11.90%的高管能够非常流利地使用英语。根据上述分析可以看出，位于柬埔寨经开区的中资企业的高管大部分会英语，虽然不能达到流利交流的程度，但100%的高管都会（包含会一点）英语。而不在经开区的企业则有9.52%的高管完全不会英语，且会一点英语和可以使用英语交流的高管占比小于在经开区的企业，但不在经开区的企业中14.29%的高管能够流利地使用英语，远远高于中国境外经贸合作区企业的10.00%。

表5-9　　　　　　　柬埔寨中资企业高管英语流利程度　　　　（单位：%）

	完全不会	会一点	可以交流	流利	非常流利
工业	7.41	33.33	40.74	11.11	7.41
服务业	14.29	35.71	21.43	14.29	14.29
不在经开区	9.52	35.71	28.57	14.29	11.90

续表

	完全不会	会一点	可以交流	流利	非常流利
中国境外经贸合作区	20.00	30.00	30.00	10.00	10.00
柬埔寨经开区	0.00	33.33	66.67	0.00	0.00

表5-10为不同分类条件下受访中资企业高管的柬埔寨语掌握程度。按行业分类，工业企业中29.63%的高管完全不会柬语，37.04%的高管会一点柬语，14.81%的高管可以使用柬语进行交流，14.81%的高管能够流利地使用柬语，3.70%的高管能够非常流利地使用柬语；服务业企业中35.71%的高管完全不会柬语，17.86%的高管会一点柬语，7.14%的高管可以使用柬语进行交流，3.57%的高管能够流利地使用柬语，35.71%的高管能够非常流利地使用柬语。工业企业高管对柬语的掌握程度相对低于服务业企业。

表5-10　　　　　　企业高管柬埔寨语语言流利程度　　　　　（单位：%）

	完全不会	会一点	可以交流	流利	非常流利
工业	29.63	37.04	14.81	14.81	3.70
服务业	35.71	17.86	7.14	3.57	35.71
不在经开区	33.33	28.57	7.14	9.52	21.43
中国境外经贸合作区	40.00	20.00	20.00	0.00	20.00
柬埔寨经开区	0.00	33.33	33.33	33.33	0.00

按受访企业是否选择进入经济开发区来考察中资企业高管的柬语掌握程度，可以发现，位于柬埔寨经济开发区的企业高管全部会柬语（包含会一点柬语），而其中有2/3的高管能够在日常工作中使用柬语进行交流；在中国境外经贸合作区内的企业中有60.00%的企业高管会柬埔寨语（包含会一点、流利和非常流利），40.00%的企业高管完全不会柬埔寨语；不在经济开发区的企业中有33.33%的高管完全不

会柬语,可以在日常生活中使用柬语进行交流的高管占比为38.09%。

基于上述分析,按照行业分类,服务业企业的高管对柬语的掌握程度更好,且有相当比例的高管能够非常流利地使用柬语,服务业企业高管完全不会柬语的比例高于工业企业。按企业是否位于经开区来看,位于柬埔寨经济开发区的企业高管普遍柬语掌握程度好,不在经开区的中资企业高管或完全不会或者较为流利,而在中国境外经贸合作区的中资企业高管柬语掌握能力要差一些。

二 柬埔寨中资企业员工培训情况分析

受访中资企业中有94.55%的企业对员工进行了培训。世界银行于2016年在柬埔寨调查的373家企业中有88家企业回答对企业员工进行了培训,占比23.59%,其中柬埔寨本土企业对企业员工进行培训的有78家,占柬埔寨本土企业的24.93%,外资企业对企业员工进行培训的有10家,占受访外资企业的33.33%,外资企业的培训比例较高。与本项目调查中资企业调查数据相比较,中资企业的培训比例更高。

表5-11为受访中资企业员工培训情况。受访中资企业在2018年培训柬埔寨员工平均人数为219.72人,占中资企业柬埔寨平均员工人数的67.47%。2018年受访中资企业培训的平均次数为49.03次,标准差为100.2次,虽然企业整体对员工培训较为频繁,但企业之间仍存在一定差距,其中培训最为频繁的企业在2018年进行过365次培训,近乎每天都有培训,而培训次数最少的企业仅为1次。

表5-11 柬埔寨中资企业培训人员规模与次数

	均值	标准差	最大值	最小值
2018年培训的柬埔寨员工人数	219.72	534.68	3000	1
2018年培训的次数	49.03	100.20	365	1
工业企业员工培训次数	56.44	103.04	365	1

续表

	均值	标准差	最大值	最小值
服务业企业员工培训次数	41.04	98.52	365	1
不在任何经济开发区的企业员工培训次数	43.53	94.95	365	1
柬埔寨经济开发区的企业员工培训次数	83.11	130.61	365	1
其他企业员工培训次数	8.50	4.94	12	5
有自身工会企业的企业员工培训次数	41.25	65.86	200	1
没有自身工会企业的企业员工培训次数	52.64	110.14	365	1

分行业对受访中资企业员工培训情况进行分析，发现工业企业对员工进行培训的次数均值为56.44次；服务业企业中，企业对员工培训次数均值为41.04次。服务业企业在员工培训次数上相对少于工业企业。

按照企业是否位于经济开发区的企业员工培训情况进行分析，不在经开区的企业对员工进行培训的次数均值为43.53次；在经开区的企业对员工的培训次数均值为83.11次。经开区内的企业对员工的培训较为频繁，但企业之间的培训次数分布较为分散，差异较大，不在经开区的企业对员工的培训均值仅为经开区内企业的一半，经开区内的企业更为注重对员工的培训。

按照企业是否有自身的工会分析企业员工的培训情况，可以发现有企业工会的企业对员工的平均培训次数为41.25次；没有企业工会的企业对员工的平均培训次数为52.64次。相比而言，有自身工会企业的中资企业对员工进行培训的次数略少于没有自身工会的企业。

表5-12为不同分类情况下企业员工培训类型，中资企业培训类别主要包括管理与领导能力、人际交往与沟通技能、写作能力、职业道德与责任心、计算机或一般IT使用技能、工作专用技能、英文读写、安全生产和其他能力九方面。在柬中资企业对员工培训的主要类别为工作专用技能（占比84.62%），安全生产（69.23%），人际交往与沟通技能（38.46%），职业道德与责任心（30.77%）、管

理与领导能力（26.92%）。较少企业会进行其他能力的培训，如写作能力、计算机或一般IT使用技能、英文读写等。对比世界银行2016年在柬埔寨的企业调查数据中关于培训类别的调查，有表5-13，可见柬埔寨本土企业与外资企业都更为关注管理与领导能力、工作专用技能的培训，而对其他技能的培训较少。

进一步的，根据表5-12，按行业分类来看，工业企业中培训最多的是安全生产和工作专用技能，分别为92.59%和85.19%，其次为职业道德与责任心、人际交往与沟通技能和管理与领导能力，占比分别为33.33%、29.63%和25.93%，培训相对较少的为英文读写、计算机或一般IT使用技能、其他能力和写作能力，占比分别为11.11%、7.41%、7.41%和0%。服务业企业培训类别中，工作专用技能占比最高，为84.00%，其次是人际交往与沟通技能、安全生产、其他能力、管理与领导能力和职业道德与责任心的培训，占比分别为48.00%、44.00%、32.00%、28.00%和28.00%，培训较少的类型为计算机或一般IT使用技能、写作能力和英文读写，占比分别为8.00%、4.00%和0%。对比两类行业的培训类别，可以发现，工业企业着重于安全生产和工作专用技能，而对于服务业企业，工作专用技能和人际交往与沟通技能则是其培训的重点类型，此外，服务业企业更加注重于管理等与人际交往有关的技能培训。

表5-12　　　　　　柬埔寨中资企业对员工培训的类型　　　　　　（单位：%）

	管理与领导能力	人际交往与沟通技能	写作能力	职业道德与责任心	计算机或一般IT使用技能	工作专用技能	英文读写	安全生产	其他能力
全部样本	26.92	38.46	1.92	30.77	7.69	84.62	5.77	69.23	19.23
工业	25.93	29.63	0.00	33.33	7.41	85.19	11.11	92.59	7.41
服务业	28.00	48.00	4.00	28.00	8.00	84.00	0.00	44.00	32.00
不在经开区	26.83	43.90	2.44	26.83	7.32	82.93	7.32	60.98	21.95

续表

	管理与领导能力	人际交往与沟通技能	写作能力	职业道德与责任心	计算机或一般IT使用技能	工作专用技能	英文读写	安全生产	其他能力
中国境外经贸合作区	22.22	22.22	0.00	33.33	11.11	88.89	0.00	100.00	11.11
柬埔寨经开区	50.00	0.00	0.00	100.00	0.00	100.00	0.00	100.00	0.00
有自身工会	50.00	33.33	8.33	33.33	8.33	83.33	0.00	83.33	16.67
无自身工会	20.51	41.03	0.00	30.77	7.69	84.62	7.69	64.10	20.51

按企业是否位于经济开发区来看，位于柬埔寨经济开发区的中资企业最为重视职业道德与责任心、工作专用技能和安全生产等方面的培训，其次则是管理与领导能力的培训，占比为50.00%，其他培训类型较为缺乏。在中国境外经贸合作区内的企业较为重视的培训类型同样为安全生产，这一比例为100.00%，其次是工作专用技能，培训占比为88.89%，除了安全生产和工作专用技能外，其他培训类型相对较少，其中职业道德与责任心培训占比为33.33%。而不在经济开发区的企业对员工的培训类别与位于经开区的企业具有较大差异，其中有82.93%的企业对员工开展工作专用技能培训，60.98%的企业进行过安全生产的培训，进行过人际交往与沟通技能培训的企业占比为43.90%，而其他培训项目占比较小，其中管理能力与领导能力占比为26.83%，职业道德与责任心占比为26.83%，其他能力占比21.95%，计算机或一般IT使用技能和英文读写占比均为7.32%，写作能力占比为2.44%。由此，未在经开区内的企业培训项目相对更为广泛，但所有中资企业培训仍以工作专用技能为主。

按企业是否有工会来看，在有自身工会的企业中，侧重于工作专用技能、安全生产和管理与领导能力的培训，占比分别为83.33%、83.33%和50.00%，而在没有自身工会的企业中，侧重于工作专用技能和安全生产的培训，占比分别为84.62%和64.10%。由此，工作专用技能和安全生产仍都是大部分企业培训的主要侧重点。

进一步比较柬埔寨中资企业、本土企业及外资企业的培训类别如表 5-13 所示。首先，三类企业都重视管理与领导能力的培训，中资企业与本土企业的重视程度相近，略低于外资企业；其次，中资企业与外资企业较为重视工作专用技能的培训，外资企业对工作专用技能的培训更为重视；再次，中资企业与本土企业也关注员工人际交往与沟通技能的培训；最后，中资企业也重视员工职业道德与责任心的培训，而本土企业更为重视员工写作能力、计算机或一般 IT 使用技能的培训。

表 5-13　　　　　柬埔寨企业对员工培训的类型　　　　　（单位：%）

培训类别	中资企业（2019 年）	本土企业（2016 年）	外资企业（2016 年）
管理与领导能力	28.41	28.21	30
人际交往与沟通技能	17.05	19.23	0
写作能力	1.14	19.23	10
职业道德与责任心	17.05	2.56	0
英语能力	2.27	2.56	0
计算机或一般 IT 使用技能	3.41	23.08	10
工作专用技能	26.14	5.13	50
其他	4.55	0	0

数据来源：中资企业数据来自本研究调查；本土企业与外资企业数据来自世界银行 2016 年于柬埔寨进行的 Doing business 调查。

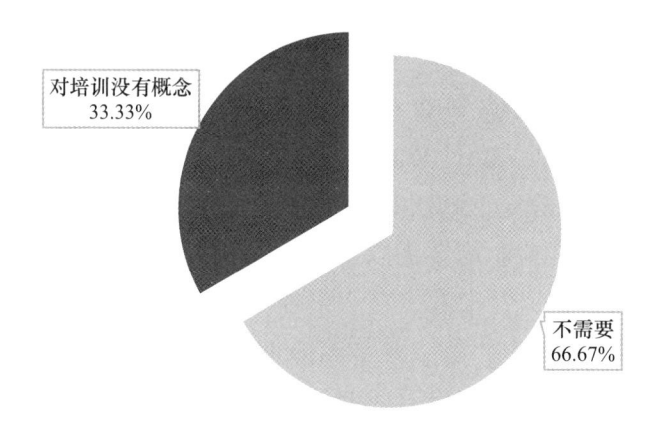

对培训没有概念 33.33%

不需要 66.67%

图 5-2　公司没有正规培训的原因

图 5-2 对没有进行正式培训的企业就未进行正式培训的原因进行了分析,可以发现这些没有进行正式培训的企业的原因大致归结为两类,一类是企业员工不需要进行培训,占比为 66.67%。另一类是企业雇主没有形成对员工进行培训的概念占比为 33.33%。

综上,相比柬埔寨其他企业,在柬中资企业更关注员工技能培训,但与柬埔寨其他企业相似的是,包括中资企业在内的全部企业均重视工作专用技能的培训,此外,中资企业还特别重视安全生产的培训。

三 柬埔寨中资企业招聘与对员工能力需求的基本分析

表 5-14 对 2018 年企业在招聘过程中遇到的各类问题进行了总结分析,主要涉及求职者过少、缺乏所需技能、期望薪酬过高、对工作条件不满、交流困难等五个问题。按照行业类别分析,工业企业在人员招聘时的问题主要集中在缺乏所需技能和求职者较少,两者占比分别为 70.37% 和 66.67%,有 46.15% 的企业在招聘中遭遇到与应聘者交流不畅的困难,此外期望薪酬过高和对工作条件不满的占比分别为 37.04% 和 38.46%。对于服务业企业而言,在招聘中遭遇的主要问题也是求职者缺乏所需技能和求职者过少,遭遇到这两个问题的企业分别占 89.29% 和 62.96%,其次有 48.15% 的企业遭遇过求职者期望薪酬过高的现象,有 42.86% 的企业遭遇过求职者对工作条件不满,39.29% 的企业遭遇过与求职者交流困难的现象。通过上述分析可以发现,无论是工业企业还是服务业企业,大部分企业均面临着求职者缺乏企业所需技能和求职者过少的问题。

表 5-14　　　　　2018 年企业招聘遇到的问题类型　　　　（单位:%）

	求职者过少	缺乏所需技能	期望薪酬过高	对工作条件不满	交流困难
全部样本	35.19	20.00	57.41	59.26	57.41
工业	66.67	70.37	37.04	38.46	46.15
服务业	62.96	89.29	48.15	42.86	39.29

续表

	求职者过少	缺乏所需技能	期望薪酬过高	对工作条件不满	交流困难
不在经开区	60.98	80.95	46.34	41.46	42.86
中国境外经贸合作区	80.00	70.00	30.00	30.00	33.33
柬埔寨经开区	66.67	100.00	33.33	66.67	66.67
有自身工会	54.55	66.67	41.67	50.00	27.27
无自身工会	66.67	83.33	41.46	39.02	45.24

按照企业是否位于经济开发区内分析企业遭遇的求职问题，可以发现位于柬埔寨经开区内的企业在招聘时遇到的问题集中在求职人员工作技能的缺乏，这一问题的占比为100%，求职人员过少、对工作条件不满和交流困难是次要的问题，三种问题的占比均为66.67%，对薪酬的不满的占比相对较小，占比为33.33%。在中国境外经贸合作区内的企业在招聘时遇到的最大问题是求职人员过少，该问题的占比为80.00%，比柬埔寨经开区内的企业高13.33个百分点，求职人员技能的缺乏则成为次要问题，但占比同样不可忽视，占比为70.00%，仅低于求职者过少10个百分点，其他三个问题的占比相对较小，但均超过30.00%。不在经开区内的企业面临的求职问题占比较大的是缺乏所需技能和求职者过少，分别占比为80.95%和60.98%，期望薪酬过高、交流困难和对工作条件不满分别占比为46.34%、42.86%和41.46%。从上述数据中可以发现，求职者缺乏技能和求职者过少是经开区内和经开区外企业共同面临的主要问题，而对于不同经开区内的企业，上述两个问题的占比则略有不同，其中求职者技能的缺乏在柬埔寨经开区内较为明显，而求职者过少则在中国境外经贸合作区内更为显著。此外未在经开区内的企业有超四成的中资企业面临着求职者期望薪酬过高、对工作条件不满和交流困难等问题。

按照企业自身有无工会将企业进行分类分析，求职者缺乏工作所需技能、求职者过少和对工作条件不满是有自身工会的企业所面临的三大问题，分别占比为 66.67%、54.55% 和 50.00%，求职者期望薪酬过高和交流困难占比虽不及上述三大问题，但仍存在较大占比，分别为 41.67% 和 27.27%。而对于无自身工会的企业，缺乏所需技能和求职者过少亦是其面临的重大问题，占比分别为 83.33% 和 66.67%，其次为交流困难、求职者期望薪酬过高和对工作条件不满，占比分别为 45.24%、41.46% 和 39.02%。上述数据反映了企业自身无论是否拥有工会，其在招聘中都面临着缺乏工作技能和求职者过少的问题，其中缺乏与工作岗位相匹配技能的问题最为严重。企业所面临的其他问题占比虽小于缺乏技能和缺乏求职者，但均在企业招聘中占有不容忽视的比重。

综上可以发现，受访中资企业多数存在共同的招聘问题，即求职者素质与岗位难以匹配和求职者过少的问题，另外企业在招聘中也会遭遇到其他招聘问题，但这些问题整体上占比相对较小，大部分占比低于 50.00%。

图 5-3 为中资企业对员工中英文等语言沟通能力重要性的分析，从图中可以看出，对于中文的听说能力的重要性需求来看，35.19% 中资企业认为这一能力最重要，11.11% 中资企业认为很重要，24.07% 中资企业认为重要，29.63% 中资企业认为不重要（包含不太重要和最不重要）。超过七成的中资企业认为员工的中文听说能力很重要，高出认为不重要 40.74 个百分点。

对于员工英文听说能力的重要性需求，40.74% 的中资企业认为员工英文听说能力重要，其中认为最重要的占比为 9.26%，认为很重要的占比为 9.26%，认为重要的占比 22.22%，而认为员工英文听说能力不重要的中资企业占比为 59.26%，其中认为英文听说能力不太重要的中资企业占比为 16.67%，认为最不重要的中资企业占比为 42.59%。即在受访中资企业中有近六成的中资企业认为员工的英文听说能力不重要，高出认为重要的 18.52 个百分点。

而在员工沟通能力重要性的需求方面，85.18% 的中资企业认为员工沟通能力重要，认为沟通能力不重要的中资企业仅占 14.82%。

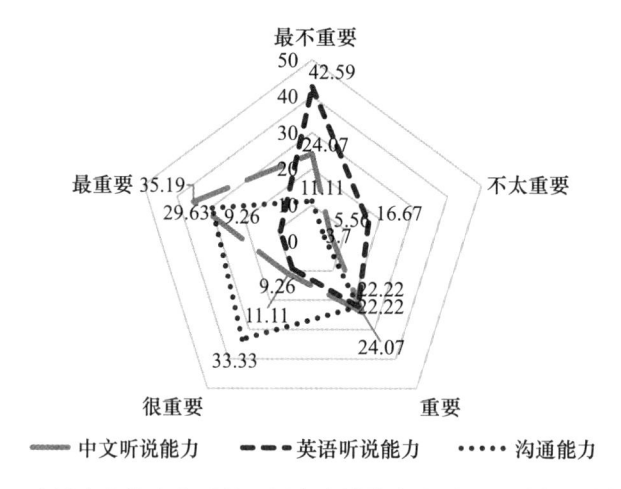

图 5-3　柬埔寨中资企业对员工语言沟通能力重要性的要求（单位：%）

其中认为沟通能力最重要的中资企业占比为 29.63%，认为很重要的中资企业占比为 33.33%，认为重要的中资企业占比为 22.22%。由上述分析能够发现，沟通能力是大部分中资企业所重视的能力，占比超八成。

根据上述分析可以发现，超八成中资企业对员工的沟通能力非常重视，而在沟通所使用的语言方面，中资企业更多地认为中文的听说相比较于英文会更加重要，超七成的中资企业认为员工中文听说能力重要，而认为员工英文听说能力重要的中资企业仅占四成。

图 5-4 针对中资企业对员工相关能力重要性看法进行了分析，主要涉及员工的团队合作能力、独立工作能力、时间管理能力、问题解决能力和专业技能五个方面。在团队合作方面，5.56% 的中资企业认为员工的团队合作能力最不重要，7.41% 的中资企业认为团队合作能力重要，37.04% 的中资企业认为团队合作能力很重要，50.00% 的中资企业认为团队合作能力最重要。从上述数据分布可以发现，94.45% 的中资企业认为员工的团队合作能力重要，高出认为不重要的中资企业 88.89 个百分点。

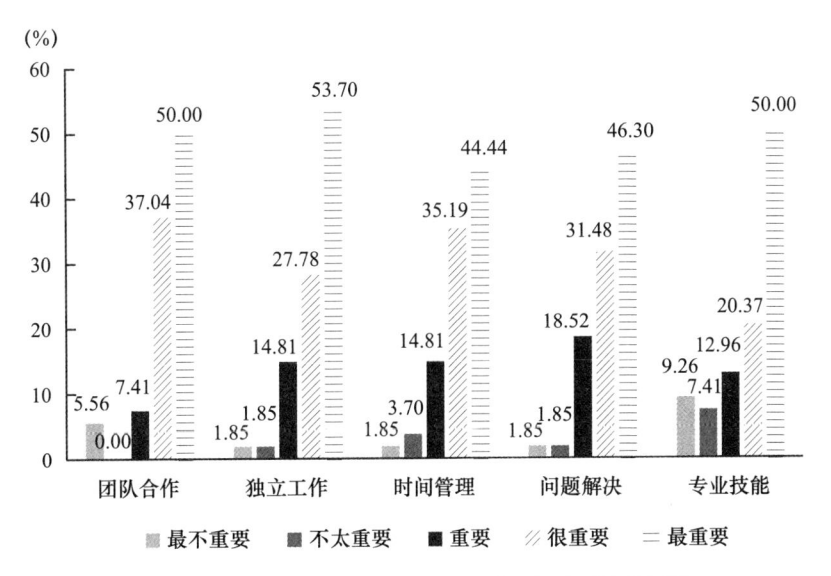

```
(%)
60
                                          53.70
50    50.00                                              50.00
                                    44.44        46.30
40        37.04              35.19
                                       31.48
30                  27.78
                                                      20.37
20               14.81     14.81            18.52
                                                 12.96
10  5.56  7.41                         9.26  7.41
       0.00 1.85 1.85    1.85 3.70   1.85
 0
   团队合作    独立工作    时间管理   问题解决    专业技能
   ■最不重要  ■不太重要  ■重要  ╱很重要  ═最重要
```

图 5-4　柬埔寨中资企业对员工相关能力重要性的评价

对于员工独立工作能力重要性的看法中，1.85%的中资企业认为员工独立工作能力最不重要，1.85%的中资企业认为员工独立工作能力不太重要，14.81%的中资企业认为独立工作能力重要，27.78%的中资企业认为独立工作能力很重要，53.70%的中资企业认为独立工作能力最重要。96.29%的中资企业认为员工需要具有独立工作的能力，其中81.48%的中资企业认为员工独立工作能力很重要（包含最重要），而认为独立工作能力不重要的中资企业仅占3.70%。

对于员工时间管理能力重要性的评价中，1.85%的中资企业认为员工时间管理能力最不重要，3.70%的中资企业认为时间管理能力不太重要，14.81%的中资企业认为时间管理能力重要，35.19%的中资企业认为时间管理能力很重要，44.44%的中资企业认为时间管理能力最重要。从上述数据可以看出，员工时间管理能力对于94.45%的中资企业而言，具有重要（包含很重要和最重要）的评价地位，仅有5.55%的中资企业认为员工在工作中的时间管理能力不太重要（包含最不重要）。

在员工问题解决能力方面，1.85%的中资企业认为员工问题解决能力最不重要，1.85%的中资企业认为问题解决能力不太重要，18.52%的中资企业认为问题解决能力重要，31.48%的中资企业认为问题解决能力很重要，46.30%的中资企业认为问题解决能力最重要。96.30%的中资企业认为员工在工作中的问题解决能力是重要的（包含很重要和最重要），占据逾九成的比例，相反认为员工问题解决能力不重要的中资企业仅占3.70%。

在员工专业技能方面，9.26%的中资企业认为员工专业技能最不重要，7.41%的中资企业认为专业技能不太重要，12.96%的中资企业认为专业技能重要，20.37%的中资企业认为专业技能很重要，50.00%的中资企业认为专业技能最重要。不同于其他几项能力的分布，专业技能在最不重要和不太重要的占比上有所上升，分别达9.26%和7.41%，且中资企业认为专业技能不重要（包含不太重要和最不重要）占比为16.67%。

综上，柬埔寨中资企业对员工的团队合作能力、独立工作、时间管理、问题解决和专业技能等技能方面都具有较高的要求，其中50.00%的中资企业认为员工团队合作能力最重要，53.70%的中资企业认为员工独立工作能力最重要，44.44%的中资企业认为员工的时间管理能力最重要，46.30%的中资企业认为员工的问题解决能力最重要，50.00%的中资企业认为员工专业技能最重要，均占有较大的比例。相比于其他几项技能，虽然大部分中资企业对专业技能具有一定的要求，但专业技能是五项技能中中资企业认为不重要（包含不太重要和最不重要）占比最高的，占比达16.67%。

第三节　劳资纠纷及处理效果分析

本节主要探讨受访中资企业在柬经营过程中发生的劳动争议问题，调查中设计了劳动争议发生的时长、涉及员工数量、原因及解决途径等四方面的内容。

图 5-5 对受访中资企业发生劳动争议持续时间进行了分析，如图，83.63%的企业未发生过劳动争议，14.55%的企业发生劳动争议持续时间在 1—7 天，1.82%的企业发生劳动争议持续时间在 7 天以上。大部分中资企业在柬运营良好，运营过程中未发生劳动争议。在发生劳动争议的企业中，98.18%的企业能够在一周之内解决劳动争议问题。

在发生劳动争议的涉及人数中（见图 5-6），81.80%的企业未发生过劳动争议，14.56%的企业发生劳动争议涉及人数在 0—50 人，1.82%的企业发生劳动争议涉及人数在 50—200 人，1.82%的企业发生劳动争议涉及人数在 200 人以上。上述数据表明，大部分企业在柬运营过程中能很好地处理雇主与雇员之间的关系，仅 16.38%的企业在经营过程中发生过劳动争议。有 1.82%发生过超 200 人的大规模劳动争议。

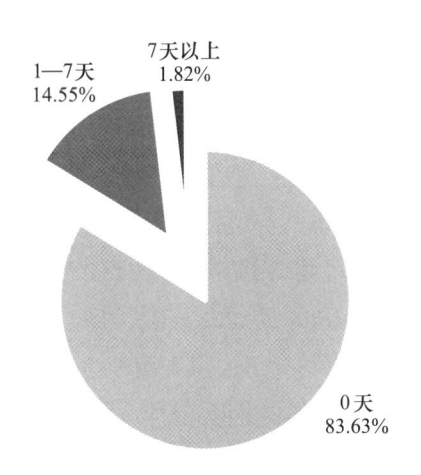

图 5-5　最长劳动争议的持续时间 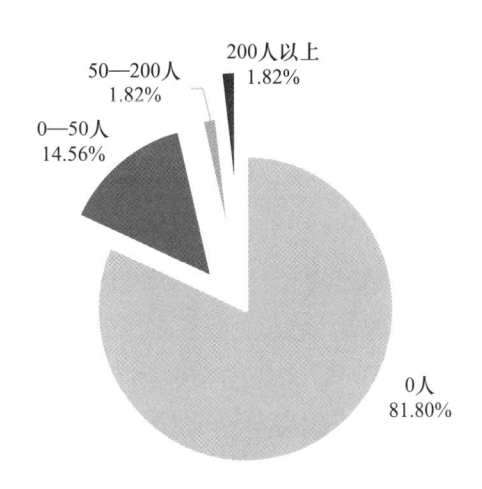　　图 5-6　影响最大的劳动争议涉及人数

由表 5-15 可知，遭遇过劳动争议的中资企业主要是因为工资与社会保障问题。进而，按照不同分类标准分析遭遇劳动纠纷的原因，首先按行业分类来看，对于工业企业而言，工资纠纷是最主要的劳动争议原因，占比为 60.00%，其次是其他原因产生的劳动争议，占比

也为60.00%。服务业企业遭遇劳动争议的主要原因同样是工资纠纷，占比为40.00%，其次为社会保障纠纷和其他原因，占比均为20.00%。

表5-15　　　　　柬埔寨中资企业遭遇劳动争议的原因　　　　（单位：%）

	工资纠纷	社会保障纠纷	劳动合同纠纷	雇佣外籍员工引发冲突	不满现有的安全生产条件	环境和资源保护力度不足	其他原因
遭遇劳动争议企业	50.00	10.00	0.00	0.00	0.00	0.00	40.00
工业	60.00	0.00	0.00	0.00	0.00	0.00	60.00
服务业	40.00	20.00	0.00	0.00	0.00	0.00	20.00
不在经开区	50.00	12.50	0.00	0.00	0.00	0.00	37.50
中国境外经贸合作区	50.00	0.00	0.00	0.00	0.00	0.00	50.00
有女性高管	42.86	14.29	0.00	0.00	0.00	0.00	42.86
无女性高管	66.67	0.00	0.00	0.00	0.00	0.00	33.33
有自身工会	33.33	0.00	0.00	0.00	0.00	0.00	66.67
无自身工会	57.14	14.29	0.00	0.00	0.00	0.00	28.57

按照是否位于经济开发区进行分析，位于柬埔寨开发区内的企业未发生劳动争议。而不在经开区内的企业发生劳动争议的原因较为复杂，其中50.00%的企业因为工资纠纷发生劳动争议，37.50%的企业因为其他原因发生劳动争议，还有12.50%的企业因为社会保障问题发生劳动争议。总的来看，不在经济开发区内的企业发生劳动争议是以工资问题为主。

以企业内是否有女性高管为标准将企业分类分析，在有女性高管的企业中，42.86%的企业发生劳动争议是由于工资问题造成的，42.86%是由其他原因造成的，14.29%与社会保障有关。而在没有女性高管的企业中，66.67%的企业发生劳动争议与工资有关，33.33%与其他原因有关。综上可以发现，无论企业内是否有女性高管，工资问题依然是企业内发生劳动争议的主要原因，其他原因也是发生劳动争议的另一因素。

按照公司有无自身工会进行分类分析，可以发现在有自身工会的企业中，66.67%的企业发生劳动争议是由其他原因造成的，33.33%的企业发生劳动争议是由工资引起的。而在没有自身工会的企业中，57.14%的企业发生劳动争议与工资有关，28.57%与其他原因有关，14.29%与社会保障有关。综上可以发现，在有自身工会的企业中，工资得到了一定的保障，劳动纠纷的原因主要以其他原因为主，但也存在一定比例的劳动争议因工资而起。而在无自身工会的企业中，工资则是劳动争议发生的最大因素。

综上分析，按照不同原因就遭遇过劳动争议的企业进行分析，尽管不同分类条件下劳动争议的发生原因有所不同，但工资是大部分企业发生劳动争议的主要原因，其中工业企业中占比60.00%，服务业企业中占40.00%，不在经开区企业占比50.00%，有女性高管的企业占比42.86%，无女性高管的企业占比66.67%，有自身工会的企业占比33.33%，无自身工会的企业占比57.14%，其次是其他原因引起的劳动纠纷。分行业来看，社会保障是工业企业和服务业企业发生劳动争议的首要原因，工资纠纷为次要原因。

表5-16给出柬埔寨中资企业遭遇劳动争议时采用的解决方式。大部分企业采用与行业工会谈判解决遭遇的劳动争议。进而按不同分类标准考察中资企业在发生劳动争议时的解决途径选择。

表5-16　　柬埔寨中资企业近三年劳动争议解决途径　　（单位：%）

	与行业工会谈判解决		当地警察协助解决		中国商会居中调停		法律途径		其他途径	
	是	否	是	否	是	否	是	否	是	否
遭遇劳动争议的企业	77.78	22.22	0.00	100.00	0.00	100.00	0.00	100.00	77.78	22.22
工业	40.00	60.00	0.00	100.00	0.00	100.00	0.00	100.00	60.00	40.00

续表

	与行业工会谈判解决		当地警察协助解决		中国商会居中调停		法律途径		其他途径	
	是	否	是	否	是	否	是	否	是	否
服务业	0.00	100.00	0.00	100.00	0.00	100.00	0.00	100.00	100.00	0.00
不在经开区	28.57	71.43	0.00	100.00	0.00	100.00	0.00	100.00	71.43	28.57
中国境外经贸合作区	0.00	100.00	0.00	100.00	0.00	100.00	0.00	100.00	100.00	0.00
有女性高管	16.67	83.33	0.00	100.00	0.00	100.00	0.00	100.00	83.33	16.67
无女性高管	33.33	66.67	0.00	100.00	0.00	100.00	0.00	100.00	66.67	33.33
有自身工会	66.67	33.33	0.00	100.00	0.00	100.00	0.00	100.00	33.33	66.67
无自身工会	0.00	100.00	0.00	100.00	0.00	100.00	0.00	100.00	100.00	0.00

首先，按行业分类来看，工业企业在发生劳动争议时，更多的是通过其他途径或者与行业工会谈判解决，其中有60.00%的企业在发生劳动争议时会选择其他途径解决，有40.00%的企业在发生劳动争议时会选择与行业工会谈判以解决问题。在服务业企业中，所有企业在发生劳动争议时会选择通过其他途径进行解决。总的而言，不论在工业还是服务业，当企业发生劳动争议时，其他途径是主要的问题解决方式。

按照是否位于经济开发区来看，不在经济开发区内的企业在发生劳动争议时，71.43%的企业选择通过其他途径进行解决，28.57%的企业则通过行业工会谈判解决。在中国境外经贸合作区内的企业在发生劳动争议时，所有企业都会通过私下协商等其他方式解决争议。从上述分析可以发现，不在经开区内的企业解决劳动争议的主要途径还是以其他途径为主，其次是通过与行业工会谈判解决。而在中国境外经贸合作区内的企业则更多地选择其他途径解决，这与工会在中国的地位有很大的关系。

以企业内是否有女性高管为依据将企业进行分类分析，可以发现在有女性高管的企业内83.33%的企业通过其他途径解决劳动争议，16.67%的企业通过与行业工会进行谈判解决劳动争议。在无女性高管的企业内，66.67%的企业会选择通过其他途径以解决劳动争议，33.33%的企业则会选择通过与行业工会进行谈判解决。综上可以发现，无论企业内是否有女性高管，像私下协商等其他途径是大部分企业解决劳动争议的主要途径，有女性高管的企业占比高于无女性高管的企业16.66个百分点。

最后以企业内是否有自身工会为分类标准对企业进行分类分析，在有自身工会的企业中，66.67%的企业会选择与行业工会进行谈判以解决劳动争议，33.33%的企业会选择通过其他途径解决争议。在无自身工会的企业中，所有企业选择通过其他途径解决劳动争议。总的来说，有工会的企业由于有工会的监督，往往会通过相对透明的途径解决劳动争议，而无工会的企业则更加倾向于其他途径。

综上分析可以发现，无论分类标准如何变化，受访中资企业在发生劳动争议时往往会首选与行业工会谈判或者其他途径解决争议，不会有企业求助于警察、中国商会或者通过法律途径解决争议。在受访中资企业中，除自身有工会存在的企业外，其他企业在发生劳动争议时往往会选择通过私下协商等其他途径进行解决。

小 结

本章分析在柬中资企业雇佣行为与劳动风险分析，主要内容有：第一部分是员工构成情况的研究，第二部分是对企业雇佣行为的研究，第三部分是对劳资纠纷发生及处理情况的研究。基本分析有以下结论。

第一，受访在柬中资企业员工构成中男性员工、柬籍员工、初等教育程度员工、一线员工或生产性员工成为企业雇佣结构的主要构成，这意味着在柬中资企业尽可能实现在投资东道国雇佣本地化，企业行业特点决定了企业员工构成中一线员工或生产性员工成为企业的主要员工来源；受访在柬中资企业本地化雇佣实践中，柬籍员工主要分布于一线生产与非生产性岗位，在柬中资企业根据管理需要尽可能吸纳柬籍员工进入专业技术岗位与中高层管理岗位。在柬中资企业劳动力流动比率较为稳定，在柬中资企业对当地劳动力具有吸引力，净增雇佣规模是在柬中资企业劳动力流动的主要趋势，流出员工与企业规模关联不大。

第二，在柬中资企业高管派遣时间主要集中在 1—3 年，且中资企业高管对语言的掌握程度因企业所属行业以及企业区位选择而存在差异，工业企业高管英语流利程度更高一些，但服务业企业高管柬语流利程度更高；区位选择上，位于中国境外经贸合作区的中资企业高管语言能力（包括英语与柬埔寨语）要弱于不在任何经开区及柬埔寨经济开发区的高管。

第三，在柬中资企业重视员工的培训，受访中资企业 90.00% 以上的企业会对员工进行培训，工业行业、位于开发区以及没有自身工会的企业培训更为频繁；工业企业主要着重于安全生产和工作专用技能，而对于服务业企业，工作专用技能和人际交往与沟通技能则是其培训的重点类型，此外，服务业企业更加注重管理等与人际交往有关的技能培训。多数中资企业更为重视员工工作专用技能和安全生产的培训；对比世界银行调查数据的柬埔寨本土企业与外资企业的培训类型，中资企业与外资企业都重视工作专业技能的培训，但外资企业最为重视，三类企业都较为重视员工领导与管理能力的培训，本土企业较为重视计算机或一般 IT 使用技能的培训。没有进行培训的企业多数是由于"不需要培训"。

第四，多数企业在招聘时存在应聘者技能水平与岗位要求不匹配、求职者较少等难题，而且企业对员工各方面能力有不同程度的要求，其中认为"独立工作能力最重要"的企业占比最高，接下来依次为专业技能、团队合作能力以及时间管理能力。

第五，受访中资企业有少数企业在经营过程中经历过劳动争议，且 90.00% 以上的企业能在一周之内解决劳动争议问题；大部分劳动争议是由于工资纠纷引起的，有少数企业经历的劳动争议是由社会保障纠纷或其他原因引起的。

第 六 章

柬埔寨中资企业本地化经营与企业国际形象分析

企业在市场中面对投资者、消费者、员工及竞争者之外，还要面对政府和社会。企业的行为不仅仅存在于一个清晰的市场边界之内，还需要或主动或被迫地介入到市场与国家及市场与公民社会这样两个交叉地带（罗布·范图尔德，2010）。企业声誉是企业最重要的无形资产。在日益激烈的全球竞争中，声誉良好的企业更容易获得银行贷款、吸引优秀人才、赢得合作伙伴、开辟新的市场、受到社区欢迎，从而使企业能够持续发展、获取可观的经济回报。明智的跨国企业高层管理者十分重视企业声誉，通过设立专业部门，积极履行企业社会责任，强化企业声誉管理。

第一节 本地化经营程度

本地化经营是跨国公司适应东道国经济、文化、政治环境融入当地社会的重要国际化战略。它要求企业将自身作为目标市场中固有的一员融入当地文化，强调企业以适应环境来获得更大的发展空间。本地化不仅使外来跨国公司生产出来的产品能更好地满足本土消费者的需要，同时也有益于解决跨国企业海外派遣人员、跨国经营的高昂费用、与当地社会文化融合、减少当地社会对外来资本的危机情绪等诸多问题，有利于东道国的经济安全、增加就业机会、管理变革、加速与国际接轨。本地化程度的提升是跨国公司海外投资外部合法性的重要构成。本章内容侧重从柬埔寨中资企业价值链本地化程度、生产本地化程度和雇佣本地化程度三个方面来分析讨论这一问题。

一 柬埔寨中资企业价值链本地化分析

（一）柬埔寨中资企业供应链主要来自中国或其他国家，但中资企业加强其供应链的本地化

柬埔寨中资企业价值链或产业链上下游企业有来自中国、柬埔寨以及其他国家的供应商与销售商。具体而言，受访中资企业的柬埔寨供应商数量平均超过 8 家，柬埔寨销售商数量平均超过 9 家。表 6-1 显示了受访中资企业进入柬埔寨投资以来，柬埔寨供应商、销售商更换数量。有 14 家受访企业更换过供应商，平均而言更换供应商 71 家，更换销售商数量均值为 46 家。涉及生产所需的原材料、中间品的供应商更换频率偏高，最终产品的销售渠道相对稳定。

表 6-1　　　　柬埔寨供应商、销售商及其更换数量　　　（单位：个）

	更换过的企业	更换数量	平均值
供应商	14	71	8.78
销售商	5	46	9.20

受访中资企业的价值链构成中除采用东道国的供应商和销售商之外，其他国家的供应商、销售商也是中资企业价值链中的构成部分，如表 6-2 所示，受访中资企业来自其他国家的供应商的来源国数量达 58 个，销售商的来源国数量达 31 个。

表6-2　　　　　　　非柬埔寨供应商、销售商来源国　　　　　（单位：个）

	来源国的国别数量	均值	标准差	最大值	最小值
供应商	58	3.21	6.22	30	1
销售商	31	3.07	4.11	16	1

母国的供应商与销售商是在柬中资企业价值链的重要组成。表6-3显示了在柬中资企业的中国供应商、销售商数量。中国的供应商数量达311个，销售商数量为85个。

表6-3　　　　　　　中国的供应商、销售商数量　　　　　（单位：个）

	数量	均值	标准差	最大值	最小值
供应商	311	13.47	22.49	99	1
销售商	85	7.38	7.34	24	1

对比受访在柬中资企业价值链在上游产业链与下游产业链的基本分布可知，在柬中资企业原材料或中间品供应主要来自中国国内供应链，亚洲开发银行数据显示，柬埔寨经济增长的产业构成中农业的占比达23.5%，工业的占比为34.4%，服务业占比为42.1%，这意味着工业与服务业生产所需的原材料或中间品在柬埔寨供应不足或难以找到相应的供应来源，2018年柬埔寨外国直接投资占GDP的比重达13.07%，而柬埔寨外国直接投资企业中制造业的原料与中间品供应难以在柬埔寨国内找到。

（二）柬埔寨中资企业供应链本地化程度增长较快

图6-1为供应商数量分布。本次调研的在柬中资企业在供应商方面，有41.82%的企业没有柬埔寨供应商，有23.64%的企业没有非柬埔寨供应商；柬埔寨供应商数量在1—10个的企业占34.56%，比非柬埔寨供应商数量在1—10个的企业占比少12.70个百分点；柬埔寨供应商数量在10个以上的企业占23.64%，比非柬埔寨供应商占比在

10 个以上的企业少 5.47 个百分点。

由以上分析可知,在有柬埔寨供应商方面,随着个数的增长,有柬埔寨供应商的企业所占比例逐步递减;在有非柬埔寨供应商方面,有 1—10 个非柬埔寨供应商的企业占 47.26%,所占比例最大。总体来说,中资企业的非柬埔寨供应商所占比例较大。

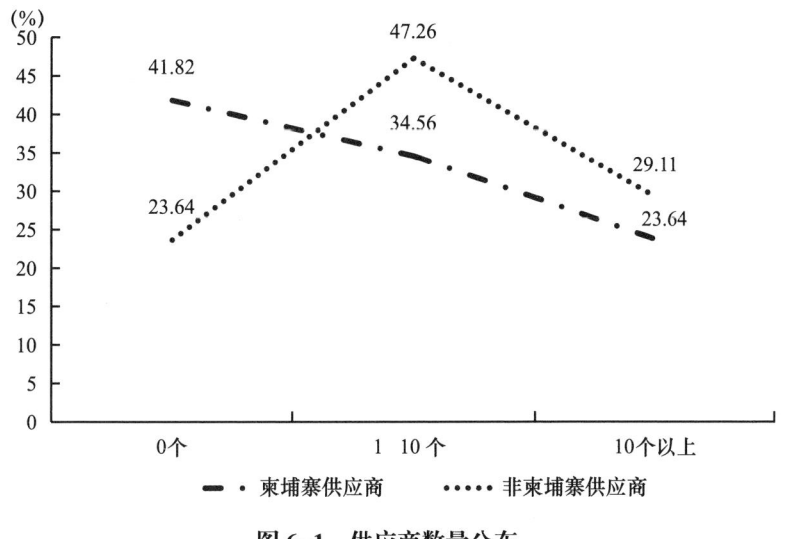

图 6-1　供应商数量分布

图 6-2 为柬埔寨及非柬埔寨销售商数量分布。没有柬埔寨销售商的中资企业占 62.96%,比非柬埔寨销售商多 14.96 个百分点;数量在 1—10 个的柬埔寨销售商所占比例为 14.80%,大概是非柬埔寨销售商的一半;数量在 10 个以上的柬埔寨销售商占 22.21%,比非柬埔寨销售商占比多 2.21 个百分点。

图 6-3 给出中资企业与柬埔寨供销商合作开始时间。在 2000—2005 年,没有中资企业与柬埔寨供应商开始合作,与柬埔寨销售商开始合作的企业占 12.50%;在 2006—2010 年,与柬埔寨供应商开始合作的企业占 6.46%,没有中资企业与柬埔寨销售商开始合作;在 2011—2015 年,与柬埔寨供应商开始合作的企业增长到 35.49%,与

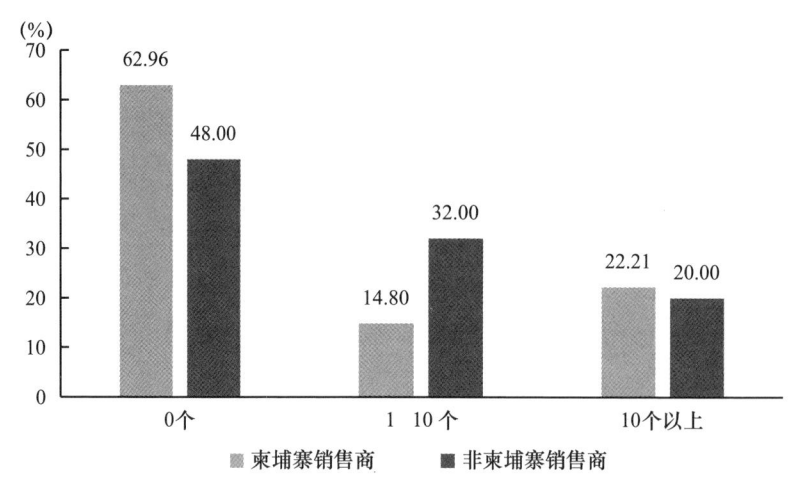

图 6-2　柬埔寨及非柬埔寨销售商数量分布

柬埔寨销售商开始合作的企业为 25.00%；2016 年以来，与柬埔寨供应商开始合作的企业占到 58.06%，与柬埔寨销售商开始合作的企业占到 62.50%。

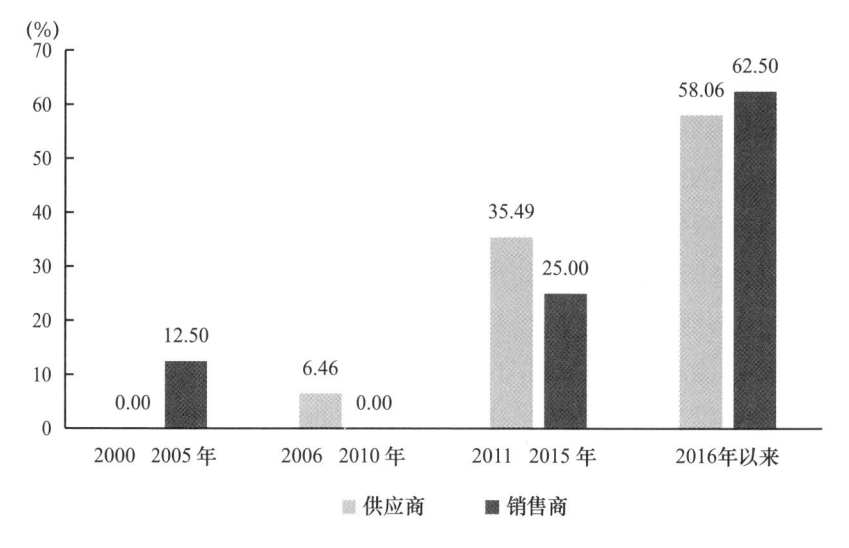

图 6-3　中资企业与柬埔寨供销商合作开始时间

由以上分析可知，自 2000 年以来，中资企业与柬埔寨供应商开始合作的企业一直呈快速上升状态，对于与柬埔寨供应商和销售商开始合作来说，尤其是 2016 年以来，与柬埔寨销售商和供应商开始合作的企业所占比例有较为明显的上升。

二　在柬中资企业雇佣本地化状况分析

表 6-4 显示中资企业在不同分类下柬埔寨员工占总体的比例。通过分别计算柬埔寨员工占全部员工比例、不同职业类别的柬埔寨员工在全部员工中的比例、不同受教育程度的柬埔寨员工在全部员工中的比例来分析在柬中资企业的雇佣本地化程度。柬埔寨员工在中资企业全部员工中的平均占比达 75.14%。从职业类别来看，柬籍中高层管理人员在中资企业全部中高层管理人员中占比为 2.55%，柬籍技术或设计人员在全部技术或设计人员中占比为 4.93%，非生产性员工占比 13.23%，生产性员工占比为 53.46%。从受教育程度来看，初等教育及以下的柬籍员工占比为 32.80%，中等教育员工占比为 16.07%，大学本科及以上教育程度的柬籍员工占比为 8.10%。

表 6-4　　　　　不同分类下的柬埔寨员工分布情况　　　　（单位：%）

类别		均值	最大值	最小值
	柬籍员工占比	75.14	98.42	6.89
职业分类	中高层管理柬籍员工占比	2.55	16.66	0.00
	技术和设计柬籍员工占比	4.93	77.77	0.00
	非生产性柬籍员工占比	13.23	81.69	0.00
	生产性柬籍员工占比	53.46	97.80	0.00
受教育程度	初等教育及以下柬籍员工占比	32.80	92.00	0.00
	中等教育柬籍员工占比	16.07	86.67	0.00
	大学本科及以上柬籍员工占比	8.10	83.33	0.00

由以上分析可知，在柬中资企业雇佣本地化程度较高，中资企业柬籍员工在各类岗位上的分布与通常企业管理中员工的岗位

分布是一致的，生产性员工是中资企业柬籍员工主要构成来源，从受教育程度来看，初等教育及以下员工是柬籍员工的主要来源。雇佣本地化是企业本地化的一个重要层面，它直接影响国际公司及其产品在目标市场的发展前景，中资企业应更加重视雇佣本地化水平的提高。

第二节　社会责任履行程度

中国企业在国外开展各项业务的同时，更应展现大国企业风范，积极履行企业社会责任。不论是联合国"全球契约"计划，欧盟委员会《关于推动欧洲企业社会责任框架》绿皮书，中国社会科学院、国务院国资委《中央企业海外社会责任蓝皮书》，还是《财富》和《福布斯》在企业排名评比时均把"社会责任"标准做为重要的指标。企业履行社会责任不仅有利于树立企业形象、增强竞争力，还可以维护企业长远利益、推动可持续发展。中国企业"走出去"，既要给当地带来经济效益，也要带来社会效益，树立中国企业负责任的良好形象。

在此次调查中，我们从企业的社会援助类型及状况、企业内化部门及规章制度的设立、员工福利及认知情况、海外宣传及各国履行效果对比等方面来分析在柬中资企业社会责任履行程度。

一　在柬中资企业社会责任履行情况分析

受访中资企业履行过企业社会责任的比例为83.64%。具体的社会责任履行情况如图6-4所示，图中给出在柬中资企业各项社会责任履行程度的分布情况，实物形式的公益援助、教育援助和直接捐钱这三种是中资企业在柬埔寨履行企业社会责任的主要形式，实物形式的公益援助方式占比为54.35%，教育援助占比为52.17%，直接捐钱占比为47.83%；此外，文体交流活动和社会服务设施社会责任履行占比分别为26.09%与21.74%；而在培训项目、卫生援助、修建寺院和基础设施援助较少，所占比例多在13.00%左右；水利设施、文化体育设施方面援助最少，所占比例均低于10.00%。

中资企业在履行社会责任时，更为偏向实物捐助和教育援助，在我们的问卷中，这两项的具体内容分别为"以实物形式进行公益慈善捐赠（对贫困儿童等、患病者的捐款，此项也包括对外地的公益慈善捐赠）"与"教育援助（包括兴建学校、修复学校、提供落实学校设备、提供奖助学金等与教育相关的援助行为）"，这两类企业社会责任具有即时性、无追溯性特点，社会责任履行后期效果难以评估，不易产生持续性影响。

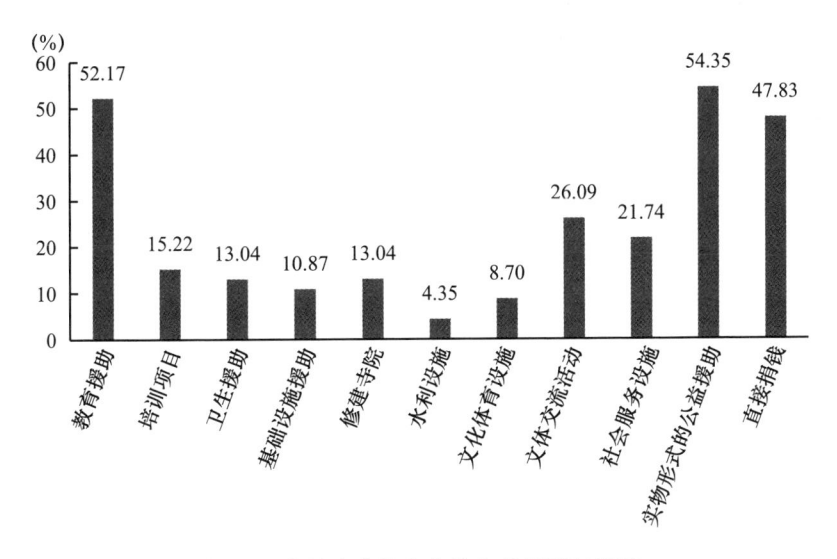

图6-4 柬埔寨中资企业社会责任履行情况

进一步的考察在柬中资企业将企业社会责任履行纳入企业管理过程的程度，可反映对企业社会责任的重视程度。图6-5给出在柬中资企业履行企业社会责任时设立的相关规章措施，有27.27%的企业设立了企业社会责任办公室，有16.36%的企业建立了企业社会责任规章制度，有34.55%的企业在公司年度计划中制订公益投入计划。

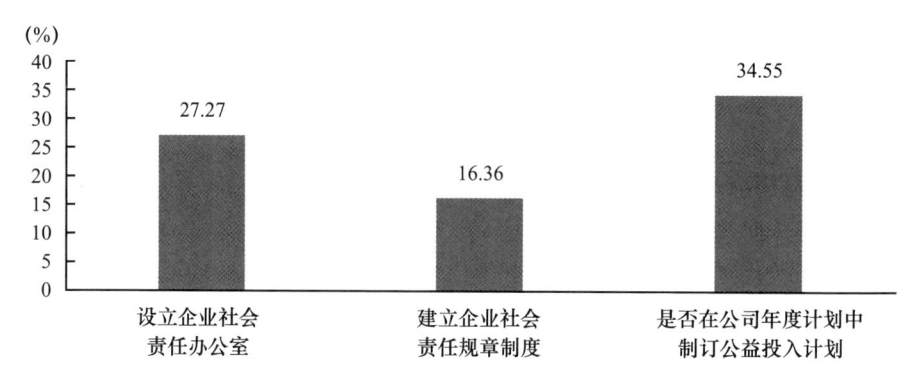

```
(%)
40
35                                                    34.55
30    27.27
25
20              16.36
15
10
 5
 0
   设立企业社会    建立企业社会    是否在公司年度计划中
   责任办公室     责任规章制度     制订公益投入计划
```

图 6-5　柬埔寨中资企业社会责任履行

按不同情况来考察在柬中资企业社会责任的履行程度见表 6-5。

首先是设置专门社会责任办公室或相应主管方面，没有参与国际标准化制定的中资企业有 36.00% 的设立了社会责任办公室或相应主管，工业企业有 37.04% 的设立了社会责任办公室或相应主管，这一比例是服务业企业的二倍多；此外从企业所在区位来看，不在经济开发区的企业有 26.19% 设立了社会责任办公室或相应主管，在中国境外经贸合作开发区的企业有 40.00% 设立了社会责任办公室或相应主管，而在柬埔寨经济开发区的受访企业，没有设立社会责任办公室或相应主管。有自身工会的中资企业有 16.67% 设立了社会责任办公室或相应主管，比无自身工会的企业少 11.9 个百分点。

表 6-5　企业社会责任履行程度　（单位：%）

类别	设置专门社会责任办公室或相应主管		建立了社会责任、企业公益行为准则的规章制度		是否在公司年度计划中制订年度公益计划		2016—2018 年企业社会责任支出变化		
	是	否	是	否	是	否	减少	不变	增加
参与国际标准化制定	0.00	100.00	0.00	100.00	0.00	100.00	—	—	—
没有国际标准化制定	36.00	64.00	16.00	84.00	36.00	64.00	0.00	44.44	55.56

续表

类别	设置专门社会责任办公室或相应主管		建立了社会责任、企业公益行为准则的规章制度		是否在公司年度计划中制订年度公益计划		2016—2018年企业社会责任支出变化		
	是	否	是	否	是	否	减少	不变	增加
工业	37.04	62.96	18.52	81.48	33.33	66.67	0.00	44.44	55.56
服务业	17.86	82.14	14.29	85.71	35.71	64.29	10.00	40.00	50.00
不在经开区	26.19	73.81	14.29	85.71	40.48	59.52	5.88	41.18	52.94
中国境外经贸合作区	40.00	60.00	30.00	70.00	10.00	90.00	0.00	0.00	100.00
柬埔寨经开区	0.00	100.00	0.00	100.00	33.33	66.67	0.00	100.00	0.00
有自身工会	16.67	83.33	8.33	91.67	41.67	58.33	0.00	40.00	60.00
无自身工会	28.57	71.43	19.05	80.95	30.95	69.05	7.69	38.46	53.85

其次是在建立社会责任、企业公益行为准则的规章制度方面，没有参与国际标准化制定的中资企业仅有16.00%建立了社会责任相关的规章制度，工业企业仅有18.52%建立了社会责任相关的规章制度，服务业企业的这一比例为14.29%；此外从企业所在区位来看，不在经济开发区的企业有14.29%建立了社会责任相关的规章制度，在中国境外经贸合作开发区的企业有30.00%建立了社会责任相关的规章制度，而在柬埔寨经济开发区的受访企业，没有建立社会责任相关的规章制度。有自身工会的中资企业有8.33%建立了社会责任相关的规章制度，无自身工会的中资企业有19.05%建立了社会责任相关的规章制度。

再次是在公司年度计划中制订年度公益支出计划方面，没有参与国际标准化制定的中资企业仅有36.00%将社会责任支出纳入企业年度计划，工业企业仅有33.33%将社会责任支出纳入企业年度计划，服务业企业的这一比例为35.71%；此外从企业所在区位来看，不在经济开发区的企业有40.48%将社会责任支出纳入企业年度计划，在中国境外经贸合作开发区的企业有 10.00% 将社会责任支出纳入企业年度计划，而在柬埔寨经济开发区的受访企业，有 33.33% 中资企业将社会责任支出纳入企业年度计划。有自身工会企业的中资企业有 41.67% 将社会责任支出纳入企业年度计划，无自身工会企业的中资企业有 30.95% 将社会责任支出纳入企业年度计划。

最后是在社会责任支出变化方面，总体而言不同分类条件有超过 40.00% 中资企业的社会责任支出在 2016—2018 年间保持不变，而超过 50.00% 的企业在这三年间社会责任支出有所增加。

基于上述分析，不论被访企业是否在经济开发区，从事工业或服务业，是否参与国际标准化制定，或者是否有自身工会，70.00% 左右的企业没有设置专门社会责任办公室或相应主管，85.00% 左右的企业没有建立社会责任、公益行为准则的规章制度，60.00% 左右的企业没有在公司年度计划中制订年度的公益计划。总体来说，从事工业的、不在经济开发区的和无自身工会的企业在设置专门办公室或主管、建立相关规章制度方面偏多。40.00% 左右的企业在 2016—2018 年企业社会责任支出没有变化，55.00% 左右的企业有所增加。因此可知，很多在柬中资企业在建立社会责任管理体系上尚未健全，履行社会责任程度还不够，应加强社会责任相关部门和制度的建立。

二 在柬中资企业内部社会责任履行情况分析

企业社会责任表现的一个重要方面就是企业内部的社会责任主动承担与履行，企业不仅仅是将员工作为生产要素的构成，更为重要的是将员工作为重要的资产，实现员工工资以外的需求。此次调查，收集了反映企业与员工共同活动（如员工食堂、员工住宿、设立文体活动设施及聚餐）的基本情况。

首先考察企业的员工食堂或午餐安排，由表 6-6 可见，在经济开发区的企业 66.67% 有员工食堂或午餐安排以外，其他类型的企业 85.00% 左右都有员工食堂或午餐安排；再次分析企业关于员工宿舍的提供方面，工业企业有 77.78% 提供员工宿舍，比服务业企业少

15.08个百分点，不在经济开发区的企业90.48%提供员工宿舍，经济开发区的企业只有1/3提供员工宿舍，不论是否有自身工会，都有85.00%左右的企业提供员工宿舍；其次分析是否有员工文体活动中心，不论是从事工业还是服务业，四成左右企业有员工文体活动中心，在经济开发区的企业有66.67%有员工文体活动中心，比不在经济开发区的企业多了33.34个百分点，有自身工会的企业50.00%有员工文体活动中心，比无自身工会的企业多11.90个百分点。

表6-6　　　　　在柬中资企业内部社会责任履行情况　　　　（单位：%）

	是否有员工食堂或午餐安排		是否提供员工宿舍		是否有员工文体活动中心	
	是	否	是	否	是	否
工业	85.19	14.81	77.78	22.22	40.74	59.26
服务业	85.71	14.29	92.86	7.14	39.29	60.71
不在经开区	88.10	11.90	90.48	9.52	33.33	66.67
在经济开发区	66.67	33.33	33.33	66.67	66.67	33.33
有自身工会	83.33	16.67	83.33	16.67	50.00	50.00
无自身工会	85.71	14.29	85.71	14.29	38.10	61.90

表6-7为企业与柬埔寨员工聚餐情况。受访企业中87.27%的中资企业会与东道国员工聚餐。按不同分类来看，所有分类条件下均有85.00%左右的企业会与柬埔寨员工聚餐，其中所有经济开发区的企业都与柬埔寨员工聚过餐。服务业企业比工业企业、无自身工会比有自身工会的企业聚餐比例稍多一些。

通过以上分析可知，柬埔寨员工的企业福利待遇在吃住方面比文体活动中心方面要好，但总体来说各方面都有待加强。大部分企业都有与柬籍员工的聚餐活动，可以提高团队意识，增强同事之间的感情。

表 6-7　　　　　　　　企业与柬埔寨员工聚餐情况比较　　　　　　（单位：%）

	与柬埔寨员工聚餐	未与柬埔寨员工聚餐
工业	85.19	14.81
服务业	89.29	10.71
不在经开区	95.24	4.76
经济开发区	100.00	0.00
其他	0.00	0.00
有自身工会	83.33	16.67
无自身工会	88.10	11.90

三　在柬中资企业履行企业社会责任海外宣传与自我评价

1. 在柬中资企业社会责任海外宣传

表 6-8 是不同类型企业社会责任海外宣传情况比较。如表所示，首先从是否参与国际标准化制定方面分析，参与国际标准化制定的企业都对企业社会责任进行过海外宣传，没有参与国际标准化制定的企业有 40.00% 对企业社会责任进行过海外宣传。其次从行业方面分析，工业行业有 44.44% 的企业对社会责任进行过海外宣传，比服务业行业少 1.99 个百分点。然后从是否在经济开发区方面分析，中国经济开发区的企业有 40.00% 进行过社会责任海外宣传，柬埔寨经济开发区的企业未对社会责任进行过海外宣传，不在经济开发区的企业有 50.00% 进行过社会责任海外宣传。最后从是否有自身工会方面分析，有自身工会的企业有 58.33% 对社会责任进行过海外宣传，无自身工会的企业有 42.86% 对企业社会责任进行过海外宣传。

表 6-8　　　　　　　不同类型企业社会责任海外宣传情况比较　　　　　（单位：%）

	有海外宣传	没有海外宣传
参与国际标准化制定	100.00	0.00
没有国际标准化制定	40.00	60.00

续表

	有海外宣传	没有海外宣传
工业	44.44	55.56
服务业	46.43	53.57
不在经开区	50.00	50.00
中国境外经贸合作区	40.00	60.00
柬埔寨经开区	0.00	100.00
有自身工会	58.33	41.67
无自身工会	42.86	57.14

由以上分析可知，不论是工业企业还是服务业企业，有无自身工会企业，"有海外宣传"和"没有海外宣传"比例大约各占一半，其中"没有海外宣传"偏多。总体来说，在柬中资企业对社会责任海外宣传力度不够，仍需进一步加强对企业社会责任的海外宣传。

2. 在柬中资企业管理者对中国在柬社会责任履行效果评价倾向乐观

图6-6是中资企业管理者对各个国家社会责任履行效果的主观评价。通过对八个国家平均分的比较，分数由高到低依次分析来看，中资企业管理者认为中国、日本和法国在柬埔寨的社会责任履行所得分数均超过5.5分，其中中国社会责任履行得分达到7.29分。美国、德国、英国所得分数次之，分数在5分左右，社会责任履行效果中等。印度和俄罗斯所得分数较低，分数在3.5分左右，其中印度得分为3.2分。

根据以上分析，中资企业管理者认为中国在柬埔寨履行社会责任的效果最好，得到很多本地人的认可，日本在柬埔寨履行社会责任的效果较好，欧美国家在柬埔寨的社会责任履行效果普遍为中等级别。

开展国际化经营的中资企业应该如何履行社会责任成为中资企业国际化经营的一大重点。联合国契约指出，企业社会责任正成为企业在社会领域是否实现国际化的全新衡量标准之一。履行社会责任成为中国企业国际化的战略关键。中国企业"走出去"，既要给当地带来经济效益，也要带来社会效益，"一带一路"倡议的推进对"走出

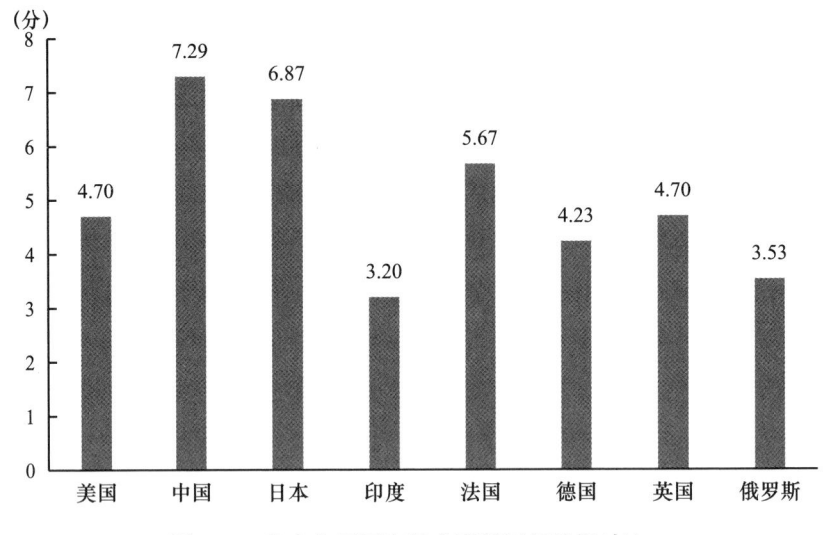

图 6-6　各个主要国家社会责任履行效果对比

美国 4.70、中国 7.29、日本 6.87、印度 3.20、法国 5.67、德国 4.23、英国 4.70、俄罗斯 3.53（单位：分）

去"中资企业履行企业社会责任、开展海外传播提出了更高要求。中资企业应积极响应号召，顺应时代发展潮流，以绿色、开放、共享的理念积极履行社会责任，保护环境、创造就业、支持当地教育交通等民生事业，不断助力当地经济社会发展，改善当地老百姓的生活水平，这样中国企业不仅可以获得当地认同、降低投资风险，而且也有利于在国际社会中树立负责的企业形象，提升国际影响力和竞争力。

第三节　形象传播及东道国认可度评价

在"一带一路"倡议的大力推动下，中资企业"走出去"在沿线国家投资的比例迅速上升，企业形象的树立和宣传对该企业在当地的后期发展来说至关重要，同时，海外中资企业的企业形象本身就是中国国家形象在外的代言人之一。本节我们着重从中资企业在柬埔寨进行企业形象宣传的手段和途径以及公众认可度来分析中资企业在柬埔寨的企业形象的宣传程度及柬方对中资企业的认可程度。

一 在柬中资企业主要采用柬埔寨华人媒体与新媒体进行企业形象宣传

企业形象的树立与企业自身的宣传经营手段息息相关,首先分析中资企业在柬埔寨的宣传手段(主要从媒体使用类别来看)。如图 6-7 所示,条形统计图很明显地体现了在柬的中资企业使用各类媒体的分布情况:使用比例最高的是柬埔寨华人媒体,占比为 40.00%,也就是说,使用华人媒体的中资企业接近一半;紧接着就是柬埔寨新媒体(微信),占比为 34.55%;再次就是柬埔寨新媒体(推特或脸书),占比为 32.73%。可见,在柬中资企业大多采用柬埔寨本地媒体、新媒体和在柬华人媒体,此外,柬埔寨本地媒体占比为 25.45%,当然,也会有一些企业出于各方面的原因没有使用媒体进行宣传,不过这部分所占比例较小,占比为 23.64%。总的来说,大部分中资企业会使用媒体手段进行企业宣传,且柬埔寨新媒体或柬埔寨华人媒体使用频率较高。

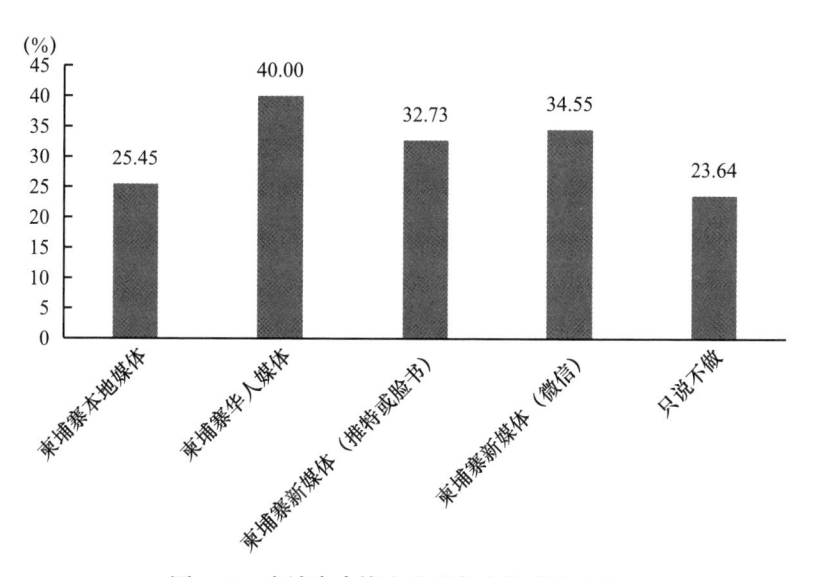

图 6-7 柬埔寨中资企业形象宣传手段对比

随着互联网技术的普及运用，各个企业都会使用公共账号进行商业运营和企业宣传，促进企业更宽更广范围的推广，提升企业形象。图6-8为在柬中资企业使用社交媒体公众账号数量的分布情况：其中使用1—6个社交媒体公共账号的中资企业占比为49.09%，占比将近一半；与此同时，数量为0的占比同为49.09%，也将近一半；剩下1.82%的中资企业使用社交媒体公共账号的数量为6个以上。

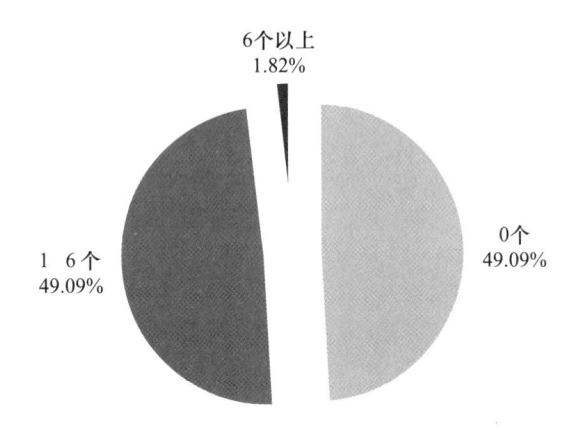

图6-8 柬埔寨中资企业社交媒体公众账号数量比较

虽然图6-7显示有76.36%的在柬中资企业使用媒体进行企业宣传，但是由图6-8我们又可以知晓在这76.36%的在柬中资企业中并不是所有的企业都使用社交媒体公共账号进行企业形象宣传和生产经营。未使用社交媒体公共账号进行企业形象宣传和生产经营的企业占比几乎是在柬中资企业的一半。

二 中资企业管理者普遍认为中国产品在柬埔寨的认可度较高

与企业形象相关联的是在柬中资企业在柬埔寨的认可度，如果中资企业在柬埔寨树立了较好的企业形象，那么企业所取得的认可度也相应地提高。此次调查中，分别从企业管理者视角与柬埔寨员工视角调查了中资企业在当地的认可度,受访者针对中资企业产品在柬埔寨的认可度按最不认可为 1 分、最认可为 10 分进行评分。

首先,从企业管理者视角来看,受访企业管理者认为中资产业产品在柬埔寨的认可度平均得分为 7.33 分。按不同分类结果比较如表6-9 所示:第一,从企业注册时间来看,注册超过五年的公司受访管理者认为中资企业产品在柬认可度平均得分为 7.16 分;而注册低于五年的公司平均得分为 7.48 分。注册时长对中资企业产品在柬认可度没有明显差别。第二,按是否参与国际标准化制定来看中资企业在柬的认可程度,参与国际标准化制定的企业认可度平均得分为 8 分,而未参与国际标准化制定的中资企业在柬的认可度平均得分为 7.13 分,相对而言,参与国际标准化制定的中资企业其产品在柬的认可程度更高。第三,从行业类型来看中资企业在柬的认可程度,工业企业在柬的认可度平均得分为 6.92 分,服务业中资企业在柬的认可程度平均得分为 7.71 分。工业中资企业在柬埔寨获得的认可度低于服务业企业。第四,按企业是否在经济开发区来进行分析,不在经济开发区的企业的产品在柬埔寨认可度平均得分为 7.70 分;在中国境外经贸合作区的中资企业其产品在柬埔寨平均得分为 6.22 分,在柬埔寨经开区的中资企业其产品在柬埔寨平均得分为 5.66 分。可以看出相对于在经济开发区的企业,不在经济开发区的企业所获得的认可度较高,位于柬埔寨经开区的企业其产品在柬埔寨认可度低于中国境外经贸合作区的企业。第五,从企业自身有无工会的情况来看,有自身工会的企业其产品在柬埔寨的认可度平均得分为 7.08 分,无自身工会的企业在柬埔寨的认可度平均得分为 7.35 分。从这组数据来看是否有企业自身的工会虽然会对中资企业产品在当地的认可程度产生影响,但影响不大。

表 6-9　　　　　　　　中资企业产品在柬埔寨的认可度对比

	均值	最大值	最小值
注册超过五年	7.16	10	1

续表

	均值	最大值	最小值
注册低于五年	7.48	10	1
参与国际标准化制定	8.00	8	8
没有国际标准化制定	7.13	10	1
工业	6.92	10	1
服务业	7.71	10	1
不在经开区	7.70	10	1
中国境外经贸合作区	6.22	9	1
柬埔寨经开区	5.66	9	3
有自身工会	7.08	10	1
无自身工会	7.35	10	1

三 中资企业管理者对大国在柬国家形象的国别评价比较中更为肯定中国、日本、法国与英国

全面了解中资企业在柬埔寨投资的认可情况，需要在国家之间进行横向比较，表6-10给出中资企业管理者对美、中、日、印、法、德、英等在柬埔寨的国家形象。

表6-10显示，中资企业管理者认为美国在柬国家形象平均得分为4.25分（满分为10分），中国平均得分为7.05分，日本平均得分6.65分，印度平均得分3.63分，法国平均得分为6.59分，德国平均得分为4.77分，英国平均得分为4.88分。综合表6-10中资企业管理者视角下各国在柬埔寨国家形象得分由高到低的排名依次是：中国、日本、法国、英国、德国、美国、印度。

表6-10　　　　　　　　国家形象打分对比

	均值	标准差	最大值	最小值
美国	4.25	2.19	9	1

续表

	均值	标准差	最大值	最小值
中国	7.05	1.87	10	2
日本	6.65	2.06	10	1
印度	3.63	1.67	7	1
法国	6.59	1.58	10	2
德国	4.77	1.97	8	1
英国	4.88	1.87	8	1

此外，图6-9给出当地居民对于中国企业在柬埔寨投资的态度表现：有63.63%的受访者（企业高管）表示他们在柬埔寨当地投资建厂当地的居民是持欢迎态度的，有21.82%的受访者表示他们在柬埔寨当地投资建厂当地的居民是持比较欢迎的态度，剩下14.55%的受访者表示他们在柬埔寨当地投资建厂当地的居民是持无所谓的态度。

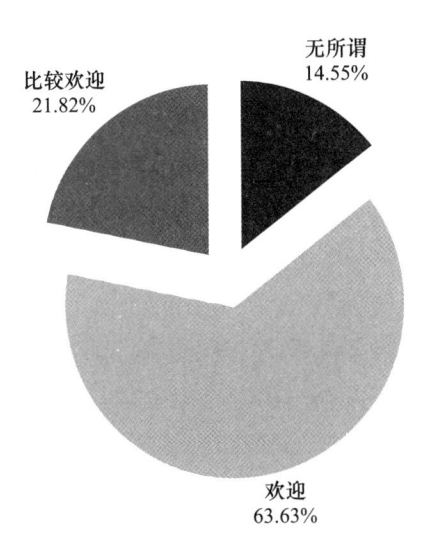

图6-9 当地居民对于中国企业在柬埔寨投资的态度

第四节 公共外交分析

公共外交是指一国政府通过文化交流、信息项目等形式，了解、获悉情况和影响国外公众，以提高本国国家形象和国际影响力，进而增进本国国家利益的外交方式。在传统的认识中，公共外交被简单地等同为宣传和政策的创可贴，集中化的大众传媒是主要手段。非政府组织及其网络的兴起标志着"新公共外交"的崛起。新公共外交强调双向对话，将公众视为价值的共同创造者与信息的共同传递者，是"巧实力"武库中的重要工具。本节我们主要讨论的是在柬中资企业的公共外交。"公共外交"运用于企业时，其实与国家间的公共外交目的相似：都是通过各种交流形式来增进相互间的了解，增强自身的影响力，进而获得企业自身的利益。

首先，从企业与东道国企业及相关管理部门的往来情况来看，中资企业与东道国同类企业管理者、柬埔寨当地部门管理者均有往来，与东道国同类企业管理者往来程度最高，其次是所在地行政官员、行业管理部门管理者以及当地行政或管理部门的行政官员。总体上，中资企业与东道国行政管理者、当地政府官员保持着有往来但不频繁的公共交往（见图6-10）。

其次，从企业类型及企业是否位于经济开发区来分类分析企业的公共外交情况来看中资企业在柬公共交往情况。

由表6-11，按行业分类来看，工业企业有14.81%与柬埔寨同类企业的高层管理者没有往来，22.22%的有较少往来，40.74%的有往来，22.22%的往来频繁；服务业企业有10.71%与柬埔寨同类企业的高层管理者没有往来，14.29%的有较少往来，42.86%的有往来，32.14%与同类企业的高层管理者往来频繁。相比于中资工业企业，中资服务业企业与同类企业的高层管理者往来更为频繁。

按中资企业是否位于经济开发区来看，不在经济开发区的企业与

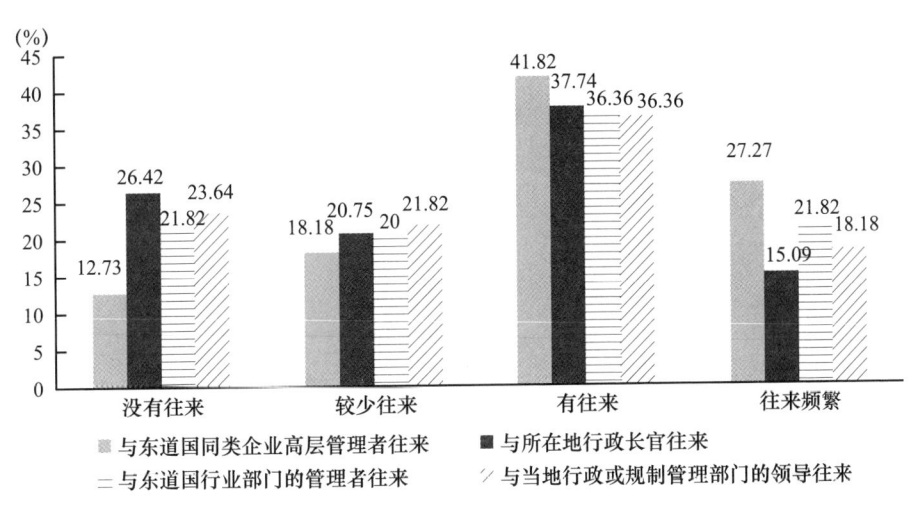

第六章 柬埔寨中资企业本地化经营与企业国际形象分析 / 177

图 6-10 柬埔寨中资企业与东道国企业、管理部门的社会交往情况

	没有往来	较少往来	有往来	往来频繁
与东道国同类企业高层管理者往来	12.73	18.18	41.82	27.27
与所在地行政长官往来	26.42	20.75	37.74	15.09
与东道国行业部门的管理者往来	21.82	20	36.36	21.82
与当地行政或规制管理部门的领导往来	23.64	21.82	36.36	18.18

同类柬埔寨企业的高层管理者有往来的占比为42.86%,往来频繁的占比为30.95%;位于中国境外经贸区的中资企业与柬埔寨同类企业的高层管理者有往来或往来频繁的占比与往来较少或没有往来各占一半;位于柬埔寨经济开发区的中资企业与柬埔寨同类企业的高层管理者有往来的占比为66.67%。

表 6-11　　　企业与柬埔寨同类企业的高层管理者的往来情况　　（单位:%）

	没有往来	较少往来	有往来	往来频繁
工业	14.81	22.22	40.74	22.22
服务业	10.71	14.29	42.86	32.14
不在经开区	7.14	19.05	42.86	30.95
中国境外经贸合作区	30.00	20.00	30.00	20.00
柬埔寨经开区	33.33	0.00	66.67	0.00

表6-12为中资企业与所在地的行政长官往来情况。从行业分类

来看，服务业和工业企业与所在地行政长官的往来均主要分布于有往来，从企业是否位于经济开发区来看，其往来程度也大多聚集于"有往来"阶段，但位于柬埔寨经开区的企业聚集在此阶段的占比最高，达到了66.67%，往来程度相比于不位于经开区的和位于中国境外经贸合作区的较为频繁。且往来程度清晰，33.33%与当地行政长官没有往来。

表6-12　　　　　　　　企业与所在地的行政往来情况　　　　　　（单位：%）

	没有往来	较少往来	有往来	往来频繁
工业	26.92	23.08	38.46	11.54
服务业	25.93	18.52	37.04	18.52
不在经开区	26.83	21.95	34.15	17.07
中国境外经贸合作区	22.22	22.22	44.44	11.11
柬埔寨经开区	33.33	0.00	66.67	0.00

表6-13为中资企业与柬埔寨行业部门的政府领导往来情况，表中数据显示有25.93%的中资工业企业与柬埔寨行业部门的政府领导没有来往，25.93%的有较少往来，37.04%的有往来，11.11%的往来频繁；服务业有17.86%的中资企业与柬埔寨行业部门的政府领导没有往来，14.29%的有较少往来，35.71%的有往来，32.14%的往来频繁。中资企业与柬埔寨行业部门的政府领导往来存在明显的行业差别，工业企业较服务业企业与柬埔寨行业部门领导往来频率要低。不在经济开发区的企业与柬埔寨行业部门的政府领导没有往来的占19.05%，有较少往来的占19.05%，有往来的占35.71%，往来频繁的占26.19%；位于中国境外经贸合作的中资企业与柬埔寨行业部门的政府领导没有往来的占比30.00%，有较少往来的占比30.00%，有往来的占比30.00%，往来频繁的占比10.00%；位于柬埔寨经济开发区的中资企业与柬埔寨行业部门的政府领导没有往来的占比33.33%，

有往来的占比66.67%。

表6-13　企业与柬埔寨行业部门的政府领导的往来情况　（单位：%）

	没有往来	较少往来	有往来	往来频繁
工业	25.93	25.93	37.04	11.11
服务业	17.86	14.29	35.71	32.14
不在经开区	19.05	19.05	35.71	26.19
中国境外经贸合作区	30.00	30.00	30.00	10.00
柬埔寨经开区	33.33	0.00	66.67	0.00

表6-14为柬埔寨中资企业与当地规制或行政管理部门主要领导的往来情况，表中数据显示工业企业有25.93%与当地规制或行政管理部门的主要领导有来往，18.52%有较少往来，44.44%有往来，11.11%往来频繁；服务业企业有21.43%与当地规制或行政管理部门的主要领导没有往来，25.00%有较少往来，28.57%有往来，25.00%往来频繁。中资企业与当地规制或行政管理部门主要领导往来情况存在行业差异，与服务业企业相比较，工业企业与当地规制或行政管理部门主要领导有往来的比例更高。而按企业是否位于经开区来看，依然是位于柬埔寨经开区的企业与当地规制或行政管理部门主要领导往来占比要高。

表6-14　企业与当地规制或行政管理部门主要领导的往来情况　（单位：%）

	没有往来	较少往来	有往来	往来频繁
工业	25.93	18.52	44.44	11.11
服务业	21.43	25.00	28.57	25.00
不在经开区	26.19	19.05	33.33	21.43
中国境外经贸合作区	10.00	40.00	40.00	10.00
柬埔寨经开区	33.33	0.00	66.67	0.00

企业在当地的公共外交情况与当地的政治大环境密切相关，当地政治环境的变化对企业的发展经营和对外往来都会产生很深的影响，图 6-11 是企业管理层对柬埔寨政治环境的评价情况，其中有 69.09% 的企业管理层认为柬埔寨的政治环境情况 "稳定，投资风险较小"，有 21.82% 的认为柬埔寨的政治环境情况 "不好说，存在不稳定的风险"，有 5.45% 的企业管理层认为柬埔寨的政治环境情况 "党派争斗比较激烈，经常有冲突发生"，3.64% 的企业管理层认为柬埔寨的政治环境情况 "不稳定，有党派争斗，要比较小心"。

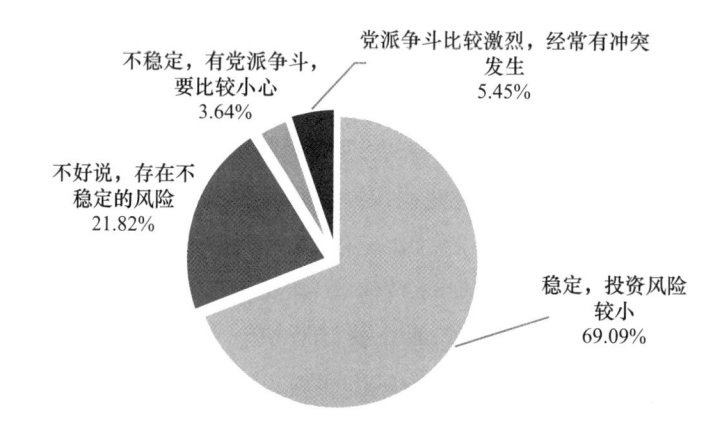

图 6-11　企业管理层认为柬埔寨政治环境情况

综合图 6-11 的数据，大部分企业管理层还是认为柬埔寨的政治环境情况是比较稳定、投资风险比较小，当然任何一个国家都不可能一直稳定，没有任何风吹草动和政治纠纷，柬埔寨也不例外，所以企业在柬埔寨经营的过程中既要有一定的信心，放开手去干，也要保持警惕，防范不确定风险，尽量做到未雨绸缪。

小　结

跨国公司在东道国从事生产和经营活动过程中，本地化经营是迅速适应东道国的经济、文化、政治环境，融入当地社会的必然选择。本章从供销本地化程度、生产本地化程度和雇佣本地化程度三个方面来分析在柬中资企业的本地化经营程度。本地化经营不仅满足了东道国消费者的需要，同时也解决了跨国经营的高昂成本、当地社会对外来资本的排斥情绪等诸多问题，既有利于促进东道国就业与推动东道国经济快速健康发展，也有利于跨国企业海外可持续发展。根据调查数据分析，有以下主要发现。

第一，本地化是跨国企业适应东道国的必需选择，数据分析显示中资企业在柬埔寨价值链构成中，供应链主要来自中国或其他国家，但中资企业在柬埔寨供应链本地化程度增长较快；中资企业在柬雇佣本地化程度较高，柬籍员工在中资企业内部岗位的分布与一般意义上企业员工的岗位分布是一致的，生产性员工及受教育程度低的员工是柬籍员工的主要构成。

第二，社会责任履行方面，企业视角方面：在柬中资企业大部分都在东道国履行过企业社会责任，企业外部的社会责任履行方面，中资企业倾向于实物捐助和教育援助等即时性、无追溯性的社会责任履行，履行过程中较少比例的中资企业建立社会责任履行的规制性制度安排，在柬中资企业在建立社会责任管理体系上尚未健全；企业内部社会责任履行方面，由于中资企业生产经营开工率较为充足，中资企业的加班情况较为明显，在与员工福利相关的其他社会责任履行方面，多数中资企业履行程度较高。员工视角方面：大多数员工对中资企业社会责任的认知程度较低，柬籍员工认为中资企业在本地开展的企业社会责任主要是教育援助、卫生援助、以钱或实物捐赠，而柬籍员工最为期望中资企业履行的企业社会责任主要是实物捐赠、现金捐赠和卫生援助。这一定程度上也反映了中资企业履行社会责任的类型是符合东道国居民需求的。

第三，在柬中资企业对企业社会责任履行的宣传方面，大部分中资企业缺乏对企业社会责任的海外宣传；在柬中资企业管理者认为中资企业在柬埔寨社会责任的履行效果最好，得到很多当地人的认可，此外，中资企业管理者认为日本企业的社会责任履行效果较好。

第四，中资企业在柬埔寨使用多种媒体方式推介企业，一半的受访中资企业没有新媒体公共账号，也有相当部分企业保持传统的只做不宣传方式。对比中资企业的企业形象，企业管理者视角上，中资企业产品在柬埔寨认可度较高，国家形象认知上，企业管理者认为国家形象排名由高到低依次为中国、日本、法国、英国、德国、美国、印度；柬埔寨员工视角上，超过一半的受访柬籍员工对中资企业的投资持欢迎的态度。

第五，在柬中资企业对柬埔寨政治环境看法比较正面，在柬中资企业与东道国的公共交往中保持积极的态度，与东道国同类企业、相关行政部门的管理者保持着适当的社会交往，不在任何经开区、位于柬埔寨经开区的中资企业与东道国的企业管理者、行政部门管理者的交往程度高于位于中国境外经贸合作区的中资企业。这一定程度上可以说明，中国境外经贸合作区的中资企业在合作区建设中与东道国行政管理部门的沟通完善了各类公共服务的供给，减少了区内企业在这方面的努力与交往需求；位于柬埔寨经济开发区的中资企业面临着语言沟通与东道国公共服务供给不完备及信息不对称的问题，区内中资企业对这方面的交往需求必然较高，同时开发区也提供了更多可以与当地行政管理者接触往来的平台与机会；不在任何经济开发区的中资企业生产经营管理过程中需要与东道国同类企业、东道国行政管理者打交道，因此，有交往但不频繁的公共交往必然会高于位于中国境外经贸合作区的中资企业。

第七章

柬埔寨中资企业员工的职业发展与工作条件

本章基于"海外中资企业营商环境调研"柬埔寨部分的数据,对在柬埔寨的中资企业的柬埔寨籍员工的基本情况、职业发展及工作现状进行分析。本章所描述的内容包括在柬中资企业柬籍员工的基本情况、职业经历与工作环境、工作时间与职业培训、工会组织与社会保障、收支平衡、工作态度、家庭地位自评和耐用消费品拥有率等几个方面。

第一节 职业经历和工作环境状况

职业经历作为衡量员工能力的重要变量,包含员工在当前企业工作的时长与员工获得当前工作的主要途径。同时,本节所考虑的工作环境主要指员工家人在本企业的数量及日常工作中使用电脑的情况。本次调查中受访员工样本符合"2019年1月1日前就进入企业工作"条件。

1. 亲戚朋友是柬籍员工进入中资企业工作的职业获得途径,柬籍员工流动性较高

本次调研询问了受访者获得当前工作的途径,由表7-1可见,通过亲戚朋友的介绍来到当前企业工作的员工占比62.66%;其次是自

已直接来企业应聘的，占比 20.10%；其余选项占比较少，通过学校就业中心获得当前工作的占比最少，仅为 1.99%。在柬中资企业中的当地员工获得中资企业的工作岗位大多是通过亲戚朋友的介绍而获得的，并且只有极少数是通过学校的就业中心来到中资企业参加工作的。

表 7-1　　员工获得现工作的主要途径　　（单位：个、%）

获得此工作主要途径	频数	百分比
在职业介绍机构登记求职	29	3.60
参加招聘会	21	2.61
通过学校就业中心	16	1.99
看到招聘广告	34	4.22
通过亲戚朋友	505	62.66
直接来企业应聘	162	20.10
雇主直接联系	21	2.61
其他	18	2.23
合计	806	100.00

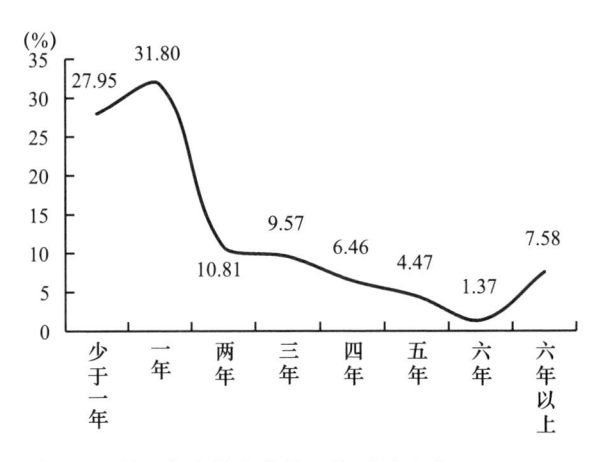

图 7-1　员工在当前企业的工作时长分布（$N=805$）

图 7-1 为受访者在当前所在企业的工作年限分布情况,问卷设置问题为"您是何时开始在本企业工作的?",员工在当前企业的工作年限最少为"少于一年",最长为"六年以上"。在 805 个有效样本中,员工在当前企业工作年限少于一年的占比 27.95%;有 31.80% 的员工工作年限为一年,占比最多;工作年限越久的员工,占全部样本量的比重越小。在柬埔寨中资企业的柬籍员工中在本企业工作一年及以下的占比 59.75%,平均而言,柬籍员工在中资企业的平均工作年限为 1.92 年,这意味着中资企业的柬埔寨籍员工流动性较大。

2. 多数柬籍员工未签订就业协议或劳动合同

图 7-2 描述了分性别在柬中资企业的本地员工签订就业协议或书面劳动合同的情况。同当前所在企业签订过就业协议或劳动合同的员工占比 39.72%,未签订过就业协议或劳动合同的员工占比 60.28%。从性别划分来看,女性员工中签订过就业协议或劳动合同的员工占比 49.68%;男性员工签订过就业协议或劳动合同的员工占比 33.12%,远低于未签订过的员工。在柬中资企业的本地员工大部分未与就业企业签订就业协议或书面劳动合同,且男性员工居多。

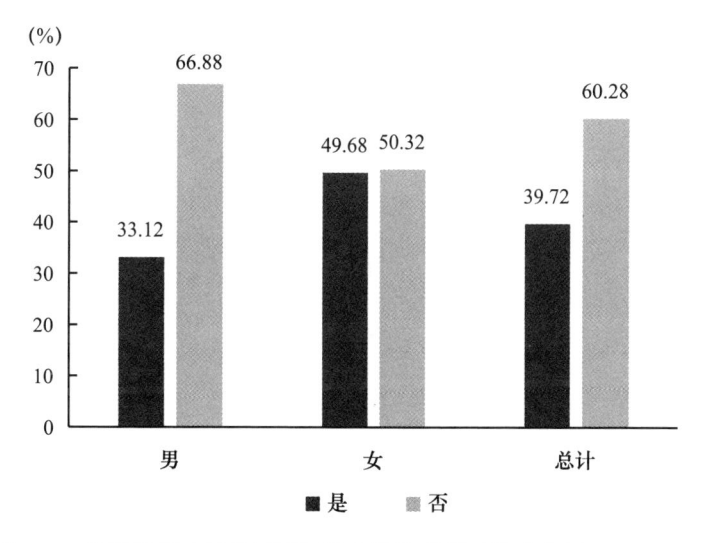

图 7-2 按性别划分的是否签订就业协议或书面劳动合同（N=793）

表 7-2 描述了员工在当前企业工作的家人数量。问卷中,该问题为:"除了您本人以外,您还有家人在本企业工作吗?"与"您有几个家人在本企业工作?"问卷中的"家人"指的是家庭成员,不含保姆、佣人、司机、管家等提供家庭管理、照料服务的人和短期寄宿者。除本人之外有家人在本企业工作的员工有 314 人,占总样本的 36.80%。对于有家人在本企业工作的员工,除本人以外,有一个家人在本企业工作的占比 43.63%;有两个家人在本企业的占比 26.75%,有三个、四个及以上的家人在本企业工作的较少,占比和为 29.62%。平均而言,在中资企业就业的员工家人数为 2 人。

表 7-2　　员工家人在本企业的数量　　(单位:个、%)

有几个家人在本企业	频数	百分比
一个	137	43.63
两个	84	26.75
三个	39	12.42
四个及以上	54	17.20
合计	314	100.00

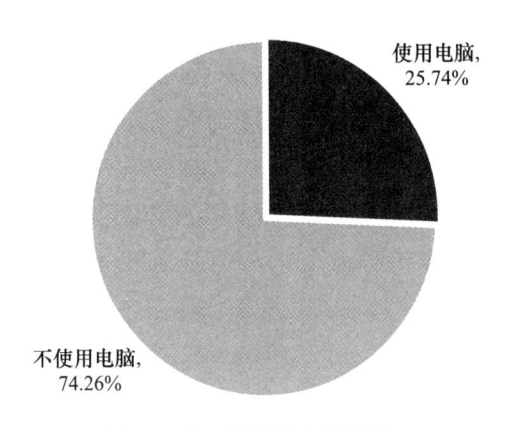

图 7-3　员工日常工作使用电脑状况（$N=808$）

使用电脑,25.74%
不使用电脑,74.26%

一般而言，在日常工作中会使用电脑的属于办公室职员，不使用电脑的为一线工人居多。从图7-3可以知道，在柬埔寨中资企业的本地员工中，日常工作中不使用电脑的员工占比74.26%，使用电脑的员工占比25.74%，按性别划分来看（如表7-3），女性员工日常工作中使用电脑的（29.15%）略多于男性员工（23.52%）。

表7-3　　　按性别划分的员工日常工作使用电脑状况（N=808）　　（单位：%）

日常工作是否使用电脑	男	女
是	23.52	29.15
否	76.48	70.85
合计	100.00	100.00

第二节　工作时间与职业培训情况

员工层面的中资企业工作时间与职业培训情况可以从员工视角体现中资企业在企业内部社会责任履行情况。

1. 柬埔寨中资企业充分吸纳柬籍员工进入管理层，根据生产要求合理安排工作时间

图7-4给出柬籍员工的职业划分，在796个有效样本中，受访员工是管理人员的占比23.49%，远低于非管理人员的受访员工占比（76.51%）。从性别划分来看，如表7-4，男性管理人员占比（25.42%）较高于女性管理人员占比（20.63%）。在柬埔寨中资企业的本地员工在管理职位的男性占比高于女性。

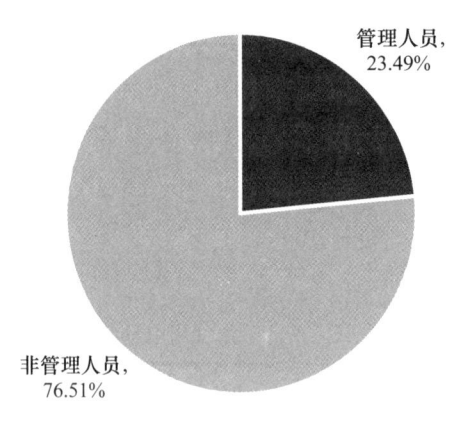

图 7-4　员工的管理人员与非管理人员划分（$N=796$）

表 7-4　　按性别划分的管理人员与非管理人员分布（$N=796$）　（单位：%）

是否管理人员	男	女
管理人员	25.42	20.63
非管理人员	74.58	79.38
合计	100.00	100.00

从表 7-5 中可以看出管理人员与非管理人员采访时间的上个月平均每周工作天数的差异。绝大部分的员工每周工作时长为 6 天或 7 天；其中每周工作时长为 6 天的管理人员占比略高于非管理人员，而每周工作时长为 7 天的非管理人员占比略高于管理人员。同时，每周工作时长在 5 天及 5 天以下的管理人员与非管理人员并无较大的差异。

表 7-5　　管理人员与非管理人员上月平均每周
工作天数的差异（$N=791$）　（单位：%）

上月平均每周工作天数	管理人员	非管理人员
0	0.54	0.99

续表

上月平均每周工作天数	管理人员	非管理人员
1	2.70	0.50
2	1.08	0.50
3	0.00	0.50
4	0.54	1.32
5	7.03	5.94
6	58.92	56.60
7	29.19	33.66
合计	100.00	100.00

2. 受访柬籍员工半数以上未受过培训，培训员工以技术性技能与安全生产为主要培训内容

对本地员工的职业培训既是企业生产效率提升的需求也是企业社会责任的直接表现。此次调研涉及的培训内容包括：管理技能、人际交往技能、写作能力、职业道德、中文读写、英文读写、计算机技能、技术性技能、安全生产及其他。由图7-5可知，53.02%的员工在当前企业入职后未进行过任何形式的培训；入职以来接受过"安全生产"和"技术性技能"培训的员工占比都为14.43%，排在第二位；接受过其他几种培训的员工占比较少，均在10.00%以下。在柬投资的资企业纺织业和建筑业居多，这两类行业为劳动密集型企业，对员工的需求以车间或工地一线工人居多，这一点在第五章中企业层面的数据也可以看到，"安全生产"与"技术性技能"培训对于企业生产保障来说较为重要。

按性别划分，表7-6所示，入职以来未接受过任何方式的培训的女性员工占比为49.84%，未接受培训的男性员工占比55.10%；接受过"安全生产"培训的男性员工占比15.92%，女性员工占比12.15%，可能的原因是一线生产员工男性占比要多于女性，更需要安全生产培训；入职以来接受过"技术性技能"培训的女性占比

```
                                            53.02


                   14.43  14.43
 9.25       8.14
      6.41       4.81  5.67  4.81       2.47            4.32
```

管理技能 人际交往技能 写作能力 职业道德 中文读写 英文读写 计算机技能 技术性技能 安全生产 其他 没有培训

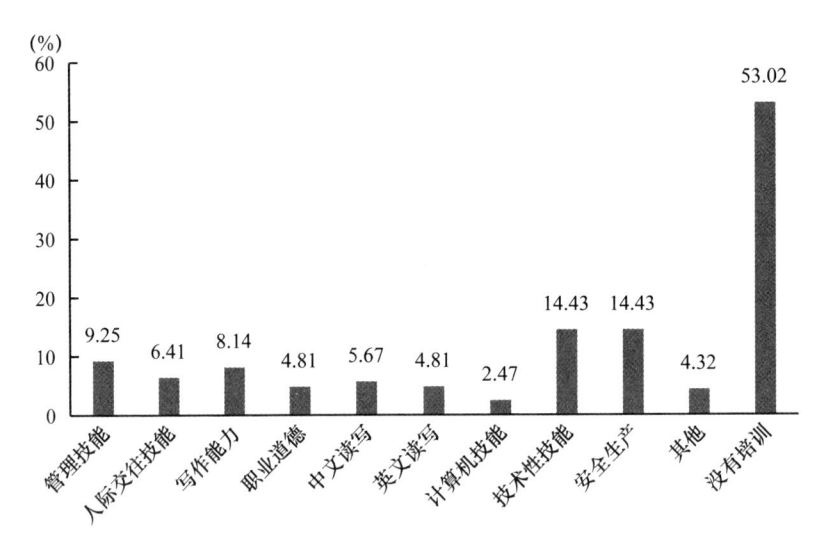

图 7-5　员工入职后的培训内容（$N=807$）

19.31%，男性员工占比 11.22%；男性员工和女性员工入职以来接受过培训最少的为计算机技能。其他各项培训内容中性别差异较为明显的还有"写作技能"（男性占 9.80%，女性占 5.61%）。

表 7-6　按性别划分的员工入职后的培训内容（多选题）（$N=811$）（单位：%）

入职后培训或进修内容	男	女
管理技能	9.18	9.35
人际交往技能	6.94	5.61
写作能力	9.80	5.61
职业道德	3.88	6.23
中文读写	4.90	6.85
英文读写	5.10	4.36
计算机技能	2.24	2.80
技术性技能	11.22	19.31
安全生产	15.92	12.15

续表

入职后培训或进修内容	男	女
其他	4.08	4.67
没有培训	55.10	49.84

图 7-6 显示的是员工最近一次的培训内容。问卷中的问题为："最近一次培训的内容是？"问题中的"最近一次"指的是除去入职培训外的最后一次培训。在 377 个有效样本中，员工最近一次培训最多的为安全生产方面的培训，占比 28.91%；其次为技术性技能的占比 27.06%；除去入职培训外没有接受过其他任何培训的员工占比为 16.18%；仅有 3.45% 的员工最近一次的培训内容为计算机技能。

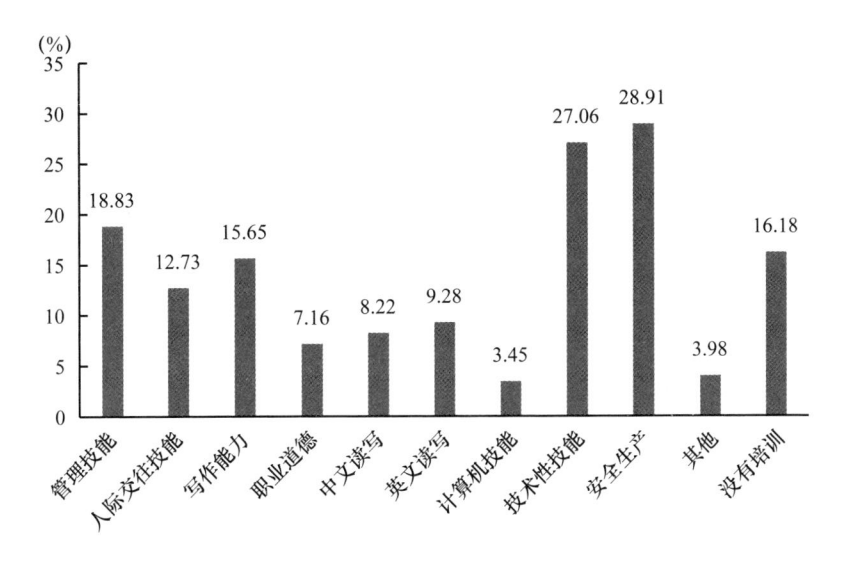

图 7-6 员工最近一次的培训内容（多选题）（N=377）

表 7-7 是按照性别划分的员工最近一次的培训内容，男性员工最近一次安全生产培训占比为 33.33%，"技术性技能"培训占比 21.76%；而女性员工最近一次培训内容占比最多的是"技术性技能"培训，占比为 34.16%，有 22.98% 的女性员工最近一次培训为"安

全生产"技能。男性员工最近一次培训较多的还有"管理技能"培训（22.69%）；女性员工最近一次培训内容占比较多的还有"管理技能"的培训（13.66%）和"中文读写"（11.80%）。除此之外，男性员工和女性员工除去入职培训的最近一次培训最少的是"职业道德技能培训"和"计算机技能"。

表7-7　　按性别划分的员工最近一次的培训内容（多选题）（N=381）　　（单位：%）

最近一次培训的内容	男	女
管理技能	22.69	13.66
人际交往技能	15.74	8.70
写作能力	18.06	12.42
职业道德	3.70	11.80
中文读写	5.56	11.80
英文读写	11.11	6.83
计算机技能	4.63	1.86
技术性技能	21.76	34.16
安全生产	33.33	22.98
其他	3.24	4.97
没有培训	16.67	15.53

职业晋升或发展机会是体现职业生涯发展的一个重要方面，对于员工来说，是向上流社会流动的通道；对企业来说，可以让企业更加了解员工的潜能。本次调查中问卷里有关职业晋升测量的问题为："从您进入这家企业工作算起，您是否获得过职位晋升？"，回答为"是"与"否"两个选项。

从图7-7中可以看出，在803个有效样本中，入职以来有过职业晋升的员工约占总样本的21.92%，78.08%的员工入职以来未获得任何形式的职业晋升。按性别划分来看（如表7-8），男性员工中有23.92%进入当前企业以后获得过职业晋升，只有18.87%的女性员工

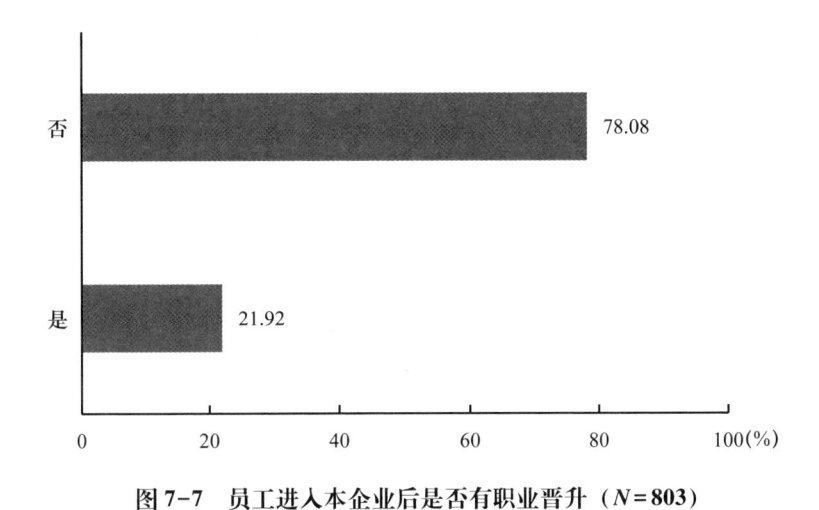

```
否  ████████████████████████ 78.08
是  ██████ 21.92
    0    20    40    60    80   100(%)
```

图 7-7　员工进入本企业后是否有职业晋升（$N=803$）

进入当前企业后获得过职业晋升。受访在柬中资企业的本地员工中，男性员工在所在企业获得晋升的占比要高于女性员工，在获得职业晋升方面男性员工获得晋升的较多。

表 7-8　　　　按性别划分的员工的职业晋升状况（$N=803$）　　　（单位：%）

进入本企业后是否有职业晋升	男	女
是	23.92	18.87
否	76.08	81.13
合计	100.00	100.00

第三节　工会参与及社会保障情况

工会是劳动者为维持或改善劳动条件的目的而设立的持续性组织[①]，是当代社会的主要工人组织（Freeman 和 Medoff，1981）。

---

① ［英］韦伯夫妇著，际建民译：《英国工会史》，商务印书馆 1959 年版。

1. 柬籍员工工会参与情况分析

调研问卷中设置了相关问题:"您所在的企业是否有企业工会?"与"您是否加入了企业工会?"有167个员工认为所在企业拥有企业工会,占全部员工样本的19.60%。如表7-9所示,167名员工中有69.46%的员工加入了本企业工会,有30.54%的员工未加入本企业的工会。按性别划分来看,男性员工加入本企业工会的有59.74%,女性员工加入本企业工会的有77.78%,女性员工占比高于男性员工占比。

表7-9　　　按性别划分的员工加入企业工会状况（$N=167$）　　（单位:%）

本人是否加入企业工会	男	女	合计
是	59.74	77.78	69.46
否	40.26	22.22	30.54

此外,表7-10中体现了员工加入行业工会的状况,9.41%的员工加入了行业工会,有2.58%的员工回答本地没有行业工会;按性别划分来看,女性员工加入本地行业工会的占比为10.10%,略高于男性员工占比（8.96%）。由此可知,在柬埔寨中资企业的本地员工中,加入当地行业工会的女性员工比男性员工多。

表7-10　　　按性别划分的员工加入行业工会状况（$N=776$）　　（单位:%）

本人是否加入行业工会	男	女	合计
是	8.96	10.10	9.41
否	87.42	88.93	88.02
本地没有行业工会	3.62	0.98	2.58

接下来分析不同职位员工加入行业工会的情况,如表7-11所示,管理人员中有11.30%加入本地的行业工会,略高于加入本地行业工

会的非管理人员占比（8.87%）；没有加入本地的行业工会的非管理人员占比（88.40%）略高于管理人员占比（86.44%）。在柬中资企业中，大部分本地员工未参加行业工会，管理人员要比非管理人员更倾向于加入本地的行业工会。

表7-11　　管理人员与非管理人员加入行业工会状况（$N=76$）　　（单位：%）

是否加入行业工会	管理人员	非管理人员
是	11.30	8.87
否	86.44	88.40
本地没有行业工会	2.26	2.73
合计	100.00	100.00

2. 柬籍员工社会保障参与情况分析

在问卷中涉及的社会保障主要包括医疗保险、养老保险/养老金和其他。与社会保障相关的问题为："这份工作是否为您提供了社会保障（包括医疗保险、养老保险、养老金等）？"选项分别为"是"和"否"；第二个问题为："这份工作为您提供了哪些社会保障？"

从表7-12中可以得出，管理人员中享有社会保障的受访者占比为58.66%，没有社会保障的受访者占比41.34%；在非管理人员中，享有社会保障的占比46.70%，未享有社会保障的占比53.30%。在柬埔寨中资企业的本地员工中，管理人员比非管理人员享有企业提供的社会保障的机会更多，而且非管理人员中又有超过一半没有享有医疗保险、养老保险等社会保障。

表7-12　　管理人员与非管理人员是否享有社会保障（$N=770$）　　（单位：%）

是否享有社会保障	管理人员	非管理人员
是	58.66	46.70
否	41.34	53.30

续表

是否享有社会保障	管理人员	非管理人员
合计	100.00	100.00

按照管理人员与非管理人员享有的社会保障类型来看，如表7-13，非管理人员中有89.86%享有医疗保险，但是仅有2.90%的受访者享有养老保险；与此同时，管理人员受访者中有15.24%享有养老保险，远高于非管理人员的占比。此外，管理人员中有83.81%享有医疗保险，略低于非管理人员。由此可知，在柬埔寨中资企业的本地员工中，企业为管理人员和非管理人员提供的社会保障类型主要为医疗保险，但是有一部分管理人员享有养老保险社会保障，非管理人员只有极少数享有养老保险。

表7-13　　管理人员与非管理人员享有的社会保障类型（多选题）（$N=381$）　　（单位：%）

享有哪些社会保障	管理人员	非管理人员
医疗保险	83.81	89.86
养老保险	15.24	2.90
其他	2.86	1.45
不清楚	9.52	7.97

3. 柬埔寨中资企业员工解决劳动关系的倾向

此次调研中还询问了柬埔寨籍员工倾向的解决纠纷的方式，在问卷中相关的问题为："如果您认为本企业没有履行劳动法规，您最有可能采取什么方式解决纠纷？"答案分别为"找企业管理部门投诉"、"找企业工会投诉"、"找行业工会投诉"、"向劳动监察部门投诉"、"独自停工、辞职"、"参与罢工"、"上网反映情况"、"没有采取任何行动"和"其他"。如图7-8所示，有45.59%的受访者认为产生纠纷时倾向于找企业管理部门投诉；有15.48%的受访者倾向于独自停工、辞职；有11.58%的受访者通过向企业工会投诉来解决纠纷；有5.21%的受访者不会采取任何行动，占比最少的是上网反映情况（0.87%）。因此，中资企业的柬籍员工遇到纠纷时更倾向于找所在企业的管理部门进行投诉。

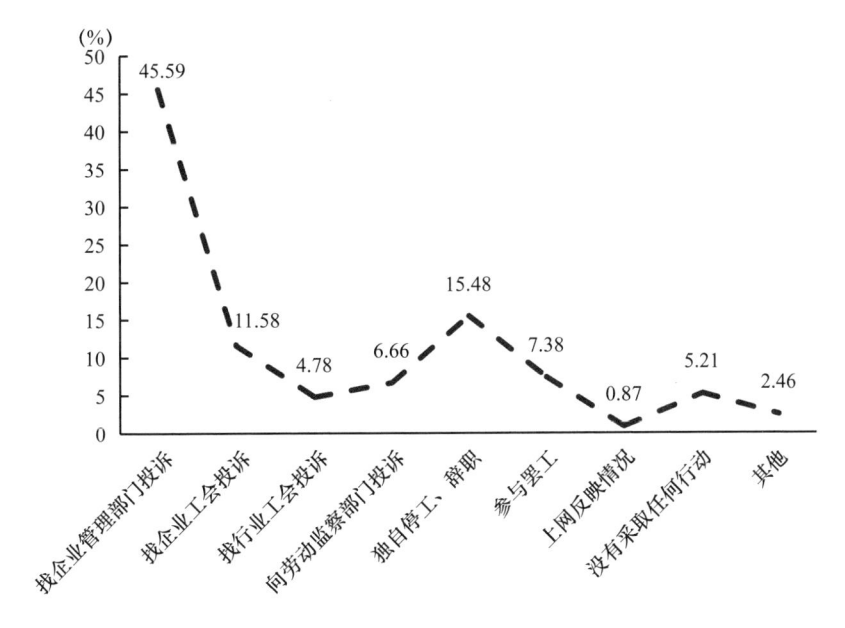

图7-8 员工解决纠纷方式的差异（$N=691$）

从管理人员与非管理人员所选择的解决与企业的纠纷的方式来看，如表7-14，在遇到纠纷时，受访者为管理人员的更倾向于找企业管理部门投诉（占比54.32%），非管理人员选择这一方式的占比为42.91%；倾向于向企业工会投诉的非管理人员受访者占比12.48%，而受访者为管理人员的选择这一方式的比例为8.64%；选择向本地行业工会进行投诉的管理人员占比（8.02%）高于非管理人员占比（3.78%）；选择独自停工、辞职的非管理人员受访者占比（17.20%）远高于选择同样方式的管理人员占比（9.88%）；

通过罢工来解决同企业的纠纷的非管理人员占比（8.32%）高于管理人员占比（4.32%）；不会采取任何行动的管理人员占比（4.32%）低于不会采取任何行动的非管理人员占比（5.48%）。由此，在柬埔寨中资企业的本地员工中，管理人员与非管理人员在解决纠纷的方式选择上存在差异。管理人员比非管理人员在遇到同企业产生纠纷的情况中更倾向于选择向企业管理部门投诉、向行业工会投诉等方式维护自身的利益；而非管理人员比管理人员更倾向于选择向企业工会投诉，独自停工、辞职、参与罢工等方式。有一定比例的非管理人员更倾向不采取任何行动。

表7-14　　管理人员与非管理人员解决纠纷方式的差异（$N=691$）　（单位：%）

最有可能采取的解决纠纷方式	管理人员	非管理人员
找企业管理部门投诉	54.32	42.91
找企业工会投诉	8.64	12.48
找行业工会投诉	8.02	3.78
向劳动监察部门投诉	6.17	6.81
独自停工、辞职	9.88	17.20
参与罢工	4.32	8.32
上网反映情况	0.00	1.13
没有采取任何行动	4.32	5.48
其他	4.32	1.89
合计	100.00	100.00

第四节　收支水平分析

收入是个人或企业日常活动及其之外的活动形成的经济利益流入。本节所用个人月收入是指员工在当前所在的中资企业工作平均每月所获得的酬劳，不包括其他经济活动（如出租、兼职等）获得的收入。

首先分析企业对不同职位员工的工资按时发放情况。问卷中设立问题："这家企业有未按时给您结算工资超过一个月的情况吗？"表7-15中，管理人员的受访者中有过"被拖欠工资超过一个月"的情况的占比为20.32%，未拖欠工资或者拖欠工资没有超过一个月的情况的管理人员占比达到了79.68%；非管理人员的受访者中曾经被企业拖欠工资超过一个月的占比8.79%。数据显示管理人员的工资拖欠多于非管理人员。可能的原因是柬埔寨的中资企业多为纺织业和建筑业，企业对一线工人的需求大；但柬埔寨员工流动性较大，工资发放方式按天或周计的比例较高。

表7-15　　　　管理人员与非管理人员工资拖欠状况（$N=790$）　　　（单位：%）

未结算工资超过一个月	管理人员	非管理人员
超过一个月	20.32	8.79
未拖欠工资/拖欠未超过一个月	79.68	91.21
合计	100.00	100.00

收入作为衡量员工个人经济能力的重要指标，在问卷中体现为："您的工资收入是多少？"在应答的743个样本中，根据样本中个人月收入的频数分布，本次调研将个人月收入分为以下五个层次[①]："100—182美元"（低收入层次）、"183—220美元"（下中等收入层次）、"221—300美元"（中等收入层次）、"301—450美元"（较高收入层次）、"451美元以上"（最高收入层次）。表7-16所显示的是不同性别的员工的个人月收入层次分布情况。受访者中个人月收入层次占比（22.07%）最高的是中等收入层次（221—300美元）；占比（18.17%）最低的为最

---

① 本书关于收入水平的货币单位，采用美元来衡量，按调查时点的汇率进行换算。

高收入层次（451美元以上）。从性别来看，男性受访者中占比（22.70%）最多的为较高收入层次（301—450美元）；女性受访者中占比（27.85%）最多的是最低收入层次（100—182美元）。女性受访者中较高收入层次（301—450美元）和最高收入层次（451美元以上）占比最低，而男性受访者中最低收入层次（100—182美元）占比最低。男性受访者的平均个人月收入高于女性。

表7-16　　　　按性别划分的员工月收入层次分布（N=743）　　　（单位：%）

性别	100—182美元	183—220美元	221—300美元	301—450美元	451美元以上
男	15.96	20.67	21.57	22.70	19.10
女	27.85	18.46	22.82	14.09	16.78
合计	20.73	19.78	22.07	19.25	18.17

进而分析按年龄别区分的员工收入水平，不同年龄组的人群面临着不同阶段的职业发展，对应的生命周期收入水平也存在差异。由表7-17可知，16—25岁受访者月收入占比最多为100—182美元（24.59%），占比最少的为451美元以上（13.77%），16—25岁年龄段收入高的员工占比较少。26—35岁收入占比最高的是301—450美元（23.49%），占比最低的是较低收入层次183—220美元（14.09%），此年龄段在个人的生命周期中处于收入水平上升阶段。36岁以上员工的收入显然以中等收入水平的员工为主，收入水平表现为中间高两边低的凸性曲线，中等收入层次（221—300美元）的员工占比最高，分别向两边递减。比较三个不同年龄段员工的收入水平，16—25岁年龄段员工的平均收入水平最低，26—35岁年龄段员工的平均收入水平最高，36岁及以上的员工收入水平略低于26—35岁年龄段的。

表 7-17　　　　按年龄组划分的员工月收入分布（N=743）　　（单位：%）

年龄组	100—182 美元	183—220 美元	221—300 美元	301—450 美元	451 美元以上
16—25 岁	24.59	23.28	21.97	16.39	13.77
26—35 岁	18.79	14.09	20.81	23.49	22.82
36 岁以上	16.43	24.29	25.00	16.43	17.86
合计	20.73	19.78	22.07	19.25	18.17

表 7-18 是按不同学历划分的员工月收入分布。未上过学的员工中仅有 3.77% 的收入在 451 美元以上，有 11.32% 的收入在 301—450 美元之间；小学学历的员工中有 9.93% 的收入在 451 美元以上，15.56% 的收入在 301—450 美元之间，此外，小学学历的受访者有 74.51% 在 100—300 美元之间；中学学历的受访者个人收入占比最高在 301—450 美元之间，为 22.34%；拥有本科及以上学历的受访者有超过一半的月收入在 451 美元以上。由此，在柬埔寨中资企业的本地员工中，个人月收入和自身学历呈正相关关系，学历越高，员工的平均工资水平也就越高。

表 7-18　　　　按受教育程度划分的员工月收入分布　　　　（单位：%）

最高学历	100—182 美元	183—220 美元	221—300 美元	301—450 美元	451 美元以上
未上过学	26.42	28.30	30.19	11.32	3.77
小学学历	25.17	25.50	23.84	15.56	9.93
中学学历	21.25	19.05	21.25	22.34	16.12
本科及以上	4.39	2.63	15.79	25.44	51.75
合计	20.62	19.81	22.10	19.27	18.19

城乡收入差距是经济发展不平衡的一个重要指标。如表 7-19，来自农村的员工有 23.27% 的月收入水平在 100—182 美元，有 13.68% 的月收入水平在 451 美元以上。来自农村的员工月收入水平普遍在低收入和中等收入水平之间。来自城市的员工月收入层次在

100—182美元和183—220美元的占比分别为12.36%和11.24%；占比最多的是451美元以上（32.58%）高于来自农村的员工在这一收入水平的比重（13.68%）。显然在柬中资企业员工中来自城乡的员工存在明显的收入差距。

表7-19　　按出生地划分的员工月收入分布（N=741）　　（单位:%）

农村或城镇	100—182美元	183—220美元	221—300美元	301—450美元	451美元以上
农村	23.27	22.38	22.20	18.47	13.68
城市	12.36	11.24	21.91	21.91	32.58
合计	20.65	19.70	22.13	19.30	18.22

由表7-20可知，管理人员中个人月收入层次占比最高的是最高收入层次（451美元以上），超过管理人员总数的三分之一（34.94%）；较低收入层次（183—220美元）的管理人员最少，仅占9.64%。和管理人员情况完全相反的是，非管理人员的个人月收入层次占比最少的是最高收入层次（451美元以上）。通过数据对比可以得出，最高收入层次的管理人员占比要远多于非管理人员，但是其他四个月收入层次，非管理人员占比均高于管理人员占比。

表7-20　　管理人员与非管理人员的月收入分布（N=728）　　（单位:%）

是否是管理人员	100—182美元	183—220美元	221—300美元	301—450美元	451美元以上
管理人员	18.67	9.64	18.07	18.67	34.94
非管理人员	21.89	21.71	22.78	19.93	13.70
合计	21.15	18.96	21.70	19.64	18.54

第五节　工作态度分析

工作态度是个体对工作所持有的评价与行为倾向。本次调查设计了如下问题："您在工作中会想出别人没有想过的主意吗？例如：当

第七章 柬埔寨中资企业员工的职业发展与工作条件 / 203

您认为工作效率很低时,您想出了提高工作效率的新方法。""当您做一件事遇到困难时,您会坚持完成它吗?""您在工作中会主动承担责任吗?""您在工作中会乐于与其他同事一起配合完成工作吗?""当面对工作上的压力时,您会接受他人的建议并冷静地处理工作吗?"及"当同事在工作中遇到困难时,您会帮助其他同事吗?"问题答案选项按由强到弱五种程度分类。

图 7-9 显示了中资企业柬籍员工在工作中是否愿意打破常规而具有创造性。14.61% 的员工认为自身在工作中每次都会有新方法、新创意;24.72% 的员工认为自身工作中经常会有创新;认为自身在工作中有时候会有或偶尔会有创新性想法的员工占比为 40.70%;从来都没有过对于工作的创新性想法的员工占比 19.98%。

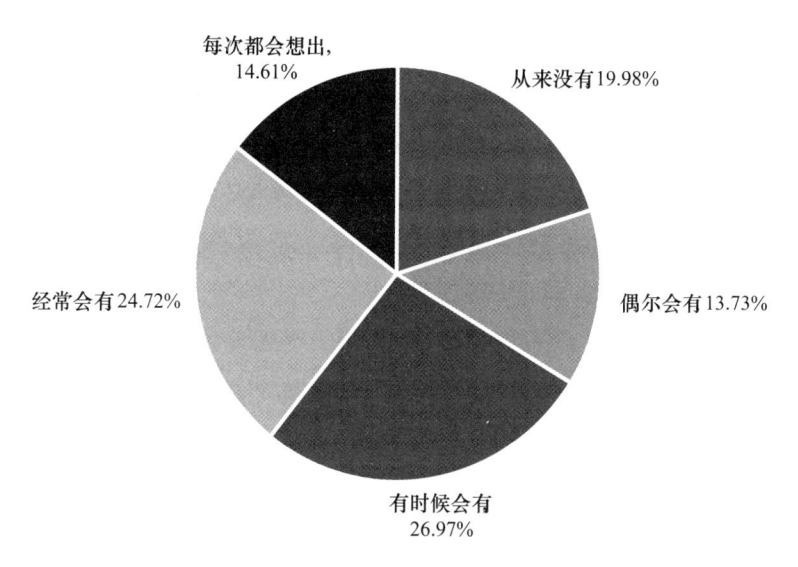

图 7-9 工作中是否会想出别人没有想过的主意（$N=801$）

图 7-10 和图 7-11 给出中资企业柬籍员工责任心的评价结果。33.66% 的员工认为自己在遇到工作中的困难时每次都会坚持解决,有 33.54% 的员工认为自己经常会坚持解决工作中的困难,认为自己在工作中不会坚持或者很少会坚持解决困难的受访者占比

仅 11.06%。由此,在中资企业柬籍员工中,大部分员工有较强的责任心。从图 7-11 中直观地看出,71.30% 的员工在工作中会经常或每次都主动承担责任,而仅有 2.86% 的员工认为自己在当前工作中不会主动承担责任。中资企业相当部分的柬籍员工对待工作的责任心较强。

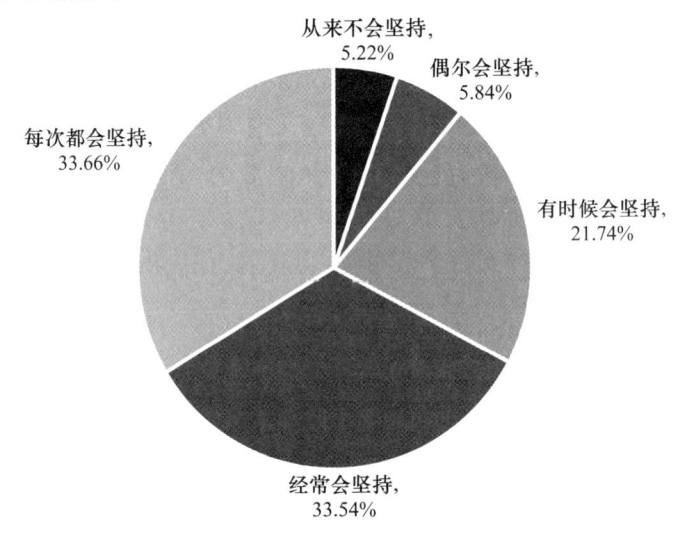

图 7-10 遇到困难时是否坚持完成 ($N=801$)

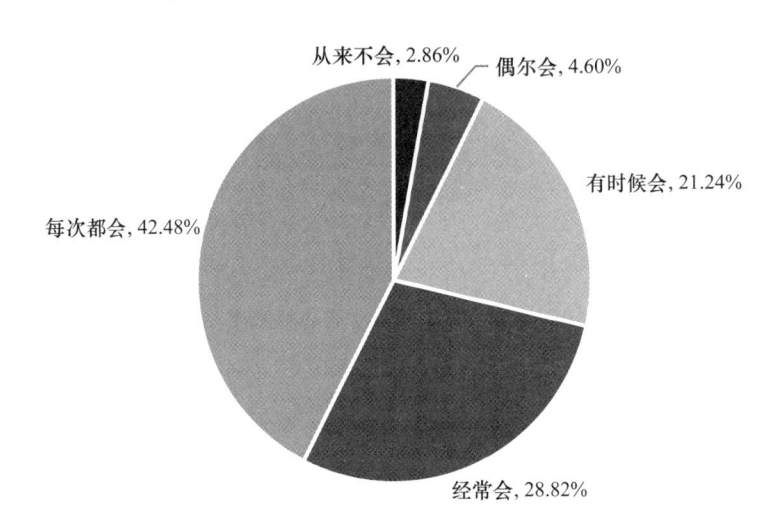

图 7-11 工作中是否主动承担责任 ($N=801$)

第七章 柬埔寨中资企业员工的职业发展与工作条件 / 205

在工作中表现出热情、果断、活跃、乐观等性格特质有益于提高员工的生产效率。图7-12显示，73.51%的柬籍员工在工作中乐于和同事合作完成工作；仅有4.21%的员工在工作中不愿意和同事合作。在柬埔寨中资企业中，本地员工多数具有明显的外向性。

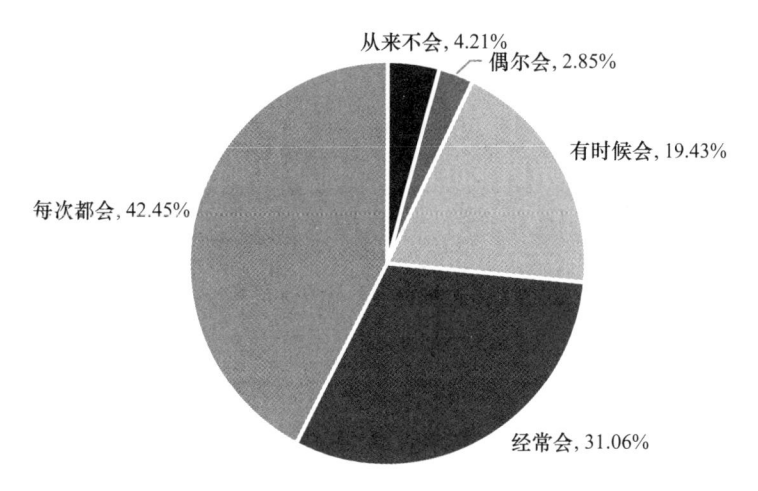

图7-12 是否乐于与其他同事配合完成工作（$N=801$）

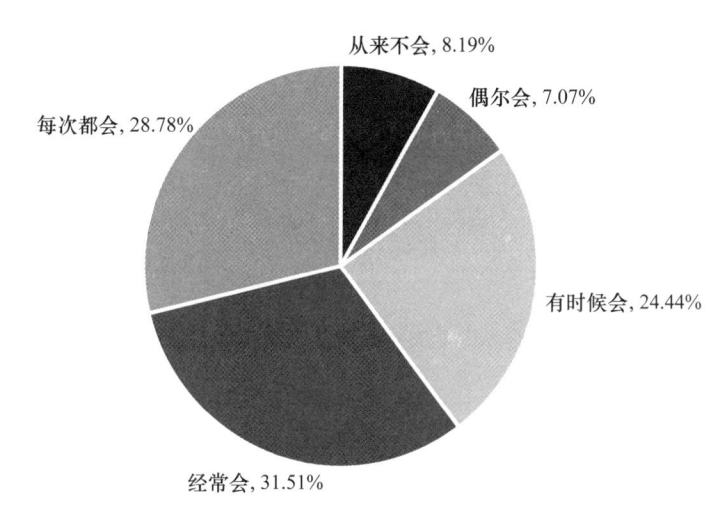

从来不会，4.21%
偶尔会，2.85%
有时候会，19.43%
每次都会，42.45%
经常会，31.06%

图7-13 面对压力是否会接受他人的建议并冷静地处理工作（$N=801$）

从来不会，8.19%
偶尔会，7.07%
有时候会，24.44%
每次都会，28.78%
经常会，31.51%

面对工作压力是否会接受他人的建议并冷静地处理工作，体现为个人在面临应急情况时的情绪稳定程度。图7-13可见，60.29%的柬籍员工在工作中善于接受别人的建议并且冷静地处理工作，24.44%的员工面对工作压力有时候会接受他人的建议并冷静地处理工作，有15.26%的员工在工作中很少接受或拒绝他人的建议。

员工在工作中热心、乐于助人、乐于合作的是建立和谐同事关系的重要内容。图7-14描述的是柬籍员工在同事遇到困难时是否会出手相助。图中显示，有37.50%的员工每次都会帮助遇到困难的同事；经常会帮助同事的员工占比34.78%；同时仅有8.66%的员工从不会或者很少会帮助遇到困难的同事。因此，在柬埔寨中资企业中，大多数本地员工会相互协作，互帮互助。

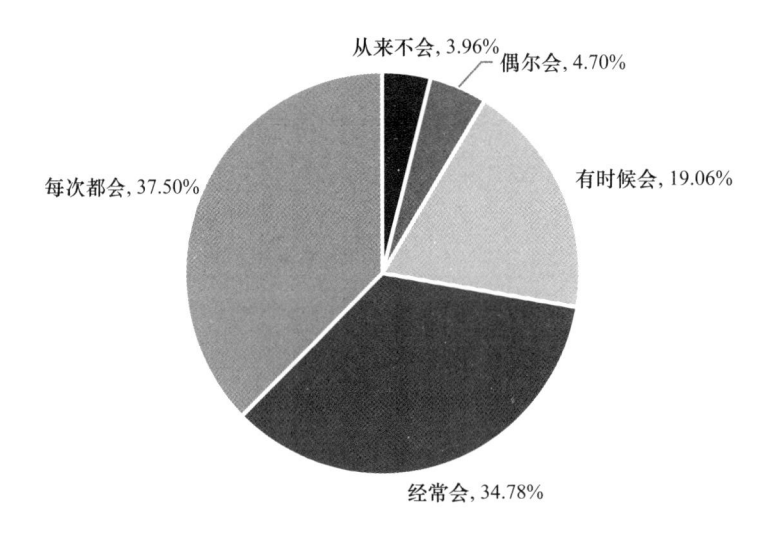

图7-14 当同事在工作中遇到困难时，是否提供帮助（$N=801$）

第六节 家庭的社会地位评价和耐用消费品使用分析

人们对许多社会现象和社会现实的看法和态度，很大程度上是取决于其对自身家庭社会地位的认定，而非其实际的经济收入水平。本次调研采集了在柬中资企业本地员工对自身家庭社会经济地位的主观认识及变化的信息。问卷问题设置为："人们有时候会谈论家庭社会经济状况处于上层或底层。设想一个10级的台阶，第1级代表社会经济地位最低，第10级代表最高，您认为您的家庭社会经济地位应该位于以下第几个台阶上？"与"回想您刚刚进入这家企业的时候，你们家的家庭社会经济地位处于第几个台阶？"表7-22显示进入中资企业与当前柬籍员工家庭社会地位自评的平均分数均为4.88，表明柬籍员工对其家庭社会经济地位的主观评价整体没有变化。

表7-22　　　　当前和进入企业时的家庭社会经济地位自评　　　（单位：%）

时间点	样本量	均值	标准差	最小值	最大值
当前	800	4.88	1.35	1	10
进入企业时	802	4.88	1.61	1	10

除家庭社会经济地位自评之外，问卷还调查了柬籍员工家庭的耐用消费品的拥有率。耐用消费品的拥有率可以间接体现一个家庭的经济水平高低。本次调研所涉及的耐用消费品有"轿车/吉普车/面包车"、"彩色或黑白电视机"、"滑板车/摩托车/轻便摩托车"、"移动电话"、"冰箱"。从图7-15中可以得知，柬籍员工家庭拥有汽车的占比18.27%，没有汽车的占比81.37%。汽车作为价格比较昂贵的耐用消费品，在柬籍员工中普及率较低，作为东南亚国家居民主要的交通工具，摩托车在柬籍员工中的普及率达到81.36%。此外，柬籍员工中普及率偏低的耐用消费品是冰箱，仅有30.11%的员工家庭中拥有冰箱。70.70%的柬籍员工家庭中拥有电视机，91.46%的柬籍员工家庭拥有手机，普及率较高。总之，柬籍员工家庭对汽车和冰箱等价格高企的消费品拥有率较低，但如电视机、摩托车、手机等日常耐用消费品拥有率较高。

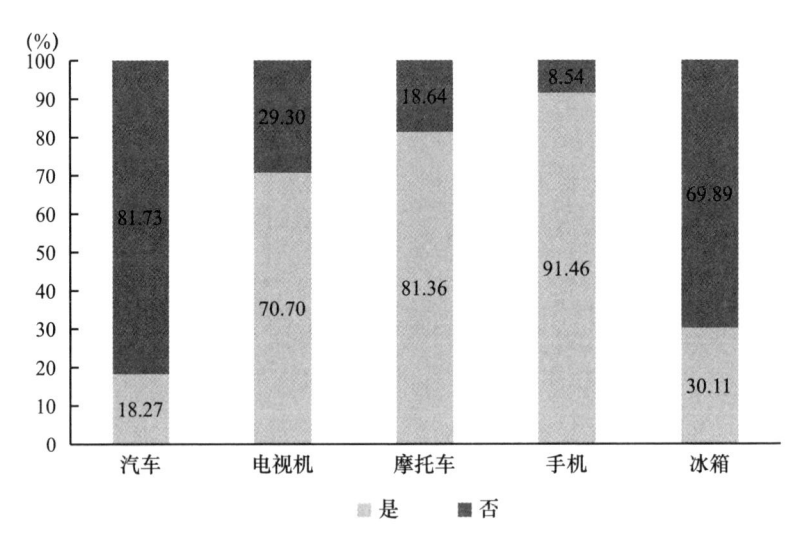

208 / 企聚丝路：海外中国企业高质量发展调查（柬埔寨）

```
(%)
100 ┐
 90 ┤  81.73    29.30    18.64    8.54
 80 ┤                              
 70 ┤                            69.89
 60 ┤                              
 50 ┤           70.70   81.36   91.46
 40 ┤                              
 30 ┤                            30.11
 20 ┤ 18.27                        
 10 ┤                              
  0 ┴  汽车   电视机   摩托车   手机   冰箱
           ▨ 是    ■ 否
```

图 7-15　员工家庭耐用消费品拥有率（$N=809$）

表 7-23 给出按受教育程度划分的家庭耐用消费品拥有率。未上过学的员工中，仅有 3.57% 的汽车普及率，有 82.14% 的手机普及率；和其他受教育程度的员工相比，未上过学的员工，不论是汽车、电视机、摩托车还是手机、冰箱等耐用消费品的拥有率都是最低的；此外，小学学历的员工群体家庭的汽车拥有率为 9.03%，略高于未上过学的员工；相似的，小学学历的员工中手机普及率最高达 88.44%；中学学历的员工汽车拥有率为 16.10%，手机仍然是拥有率最高的消费品，达到 93.47%；拥有本科及以上学历员工的家庭汽车拥有率为 50.00%，冰箱拥有率高达 75.54%，其他各类耐用消费品拥有率均超过其他三类学历员工。各类耐用消费品的拥有率随着学历的提高而提高，学历越高的柬籍员工，各类耐用消费品拥有率也就越高，这一消费特征是由其家庭经济水平所决定的。

表 7-23　按受教育程度划分的家庭耐用消费品拥有率（$N=809$）　（单位：%）

	汽车	电视	摩托车	手机	冰箱
未上过学	3.57	42.86	62.50	82.14	12.73

续表

	汽车	电视	摩托车	手机	冰箱
小学学历	9.03	61.06	72.90	88.44	13.44
中学学历	16.10	77.32	85.96	93.47	30.14
本科及以上	50.00	90.00	99.29	97.86	75.54
总计	18.29	70.67	81.46	91.45	30.15

由表7-24可知，来自农村的柬籍员工汽车拥有率为10.30%；电视机拥有率为66.45%；摩托车拥有率为78.41%；手机拥有率达到90.17%；冰箱拥有率较低，为19.87%。与此相反的是，来自城市的员工群体的各项耐用消费品的拥有率均较高。汽车在来自城市的员工中的普及率达到了41.18%；冰箱的普及率为60.29%。来自城市的柬籍员工家庭各类耐用消费品的拥有率均高于来自农村的员工，柬埔寨员工间的城乡消费差距较大。

表7-24 按出生地划分的家庭耐用消费品拥有率（$N=806$） （单位：%）

	汽车	电视机	摩托车	手机	冰箱
农村	10.30	66.45	78.41	90.17	19.87
城市	41.18	82.76	90.69	95.10	60.29
总计	18.11	70.56	81.51	91.42	30.14

表7-25给出按收入水平划分的耐用消费品拥有率，在100—182美元收入水平组中，汽车拥有率为7.84%，冰箱拥有率为16.99%。而451美元及以上的收入水平组中，汽车拥有率为39.26%，冰箱拥有率为52.59%。收入水平越高，对诸如汽车与冰箱的拥有率随之增加。电视机、摩托车、手机的拥有率在不同收入水平的家庭中相差较小。

表 7-25　　按月收入划分的家庭耐用消费品拥有率（$N=745$）　　（单位：%）

	汽车	电视机	摩托车	手机	冰箱
100—182 美元	7.84	65.36	84.31	94.77	16.99
183—220 美元	8.84	66.67	71.43	85.71	15.65
221—300 美元	12.20	64.02	74.39	92.68	19.75
301—450 美元	22.38	76.22	90.21	94.37	38.46
451 美元及以上	39.26	82.96	88.89	94.78	52.59
总计	17.52	70.62	81.54	92.43	27.97

进一步，分析柬籍员工家庭所拥有的耐用消费品产地国，可以分析柬籍员工对汽车、电视机、摩托车、手机和冰箱等产品的消费偏好，进而讨论耐用消费品原产国在柬埔寨影响力的差异。本次调研涉及的耐用消费品原产国包括：柬埔寨、中国、美国、日本、印度和其他国家。

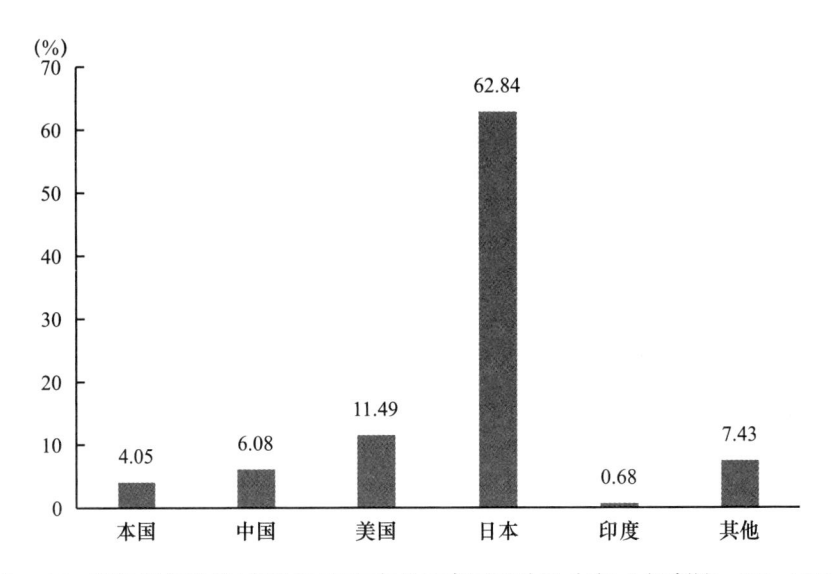

图 7-16　家庭拥有轿车/吉普车/面包车的原产国百分比分布（多选题）（$N=148$）

从图 7-16 中可以看出，柬埔寨本地员工在购买汽车时选择的大部分是日系车。在 148 个有效的样本中，有超过六成（62.84%）的员工选择购买的是原产国为日本的汽车。除"其他国家"选项之外，柬埔寨籍员工所选择的排名第二位的汽车原产国是美国，占比达到 11.49%；排名第三的是中国产的汽车，占比仅为 6.08%；排名第四位的是柬埔寨本国所生产的汽车，占比为 4.05%；占比最少的是印度产的汽车，占比仅为 0.68%。由此可知，柬埔寨籍员工在购买汽车时所选择的大部分为日系车，而只有极少数的人会选择购买印度的汽车。柬埔寨实行自由市场经济，对汽车进口没有准入限制，汽车及零配件进口和销售也没有数量限制。多年来，由于柬埔寨消费水平较低，二手车交易市场占有较大份额，车源主要来自日本和美国等。日系车在柬埔寨所占比重最大，其主要原因可能是日本的汽车厂商进入柬埔寨汽车市场的时间最早，并占据了大部分的市场份额。中国、美国、其他国家的汽车厂商进入柬埔寨市场时间相对较晚，无法与基础稳固的日系车竞争，因而占比较少。其次由于柬埔寨整体的消费水平较低，二手的日系车价格便宜，质量较好，而广受欢迎。

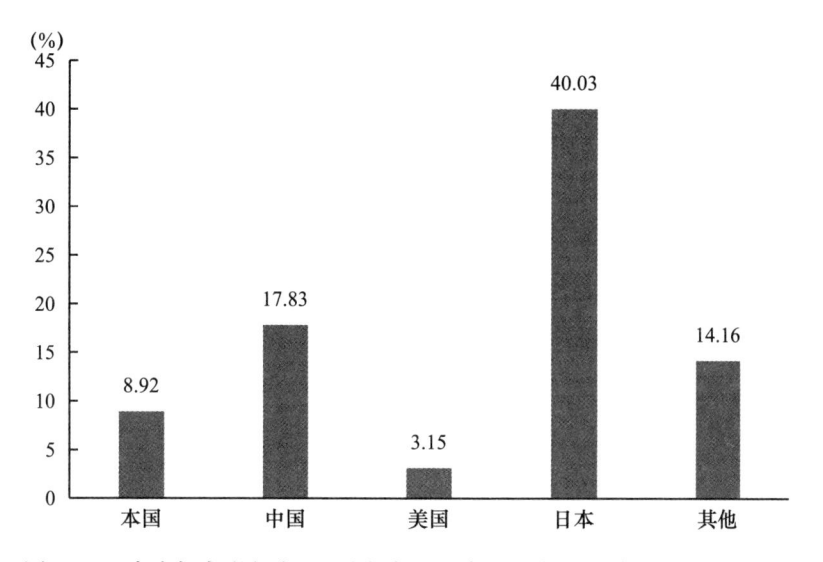

图 7-17　家庭拥有彩色或黑白电视机的原产国分布（多选题）（$N=572$）

图 7-17 显示了柬籍员工家庭拥有电视机的原产国分布。40.03%的柬籍员工购买的电视机产自日本；购买中国产电视机比例为17.83%；排名第三的原产国为柬埔寨本国（8.92%）；购买美国产的电视机占比仅3.15%。日本电视机品牌较早进入柬埔寨市场，日本品牌的电视机占据主要市场，目前中国电视机品牌经过努力具有一定比较优势，但市场地位仍落后于日本。

从滑板车/摩托车/轻便摩托车的原产国分布来看，图 7-18 所示，有75.57%柬籍员工家庭购买摩托车的原产国为日本，购买柬埔寨本国产的摩托车占比为7.44%，购买中国摩托车的比例为4.25%；购买美国产摩托车占比仅1.37%。在柬埔寨，和汽车、电视机相同，日本品牌的摩托车所占市场份额要远高于其他国家。

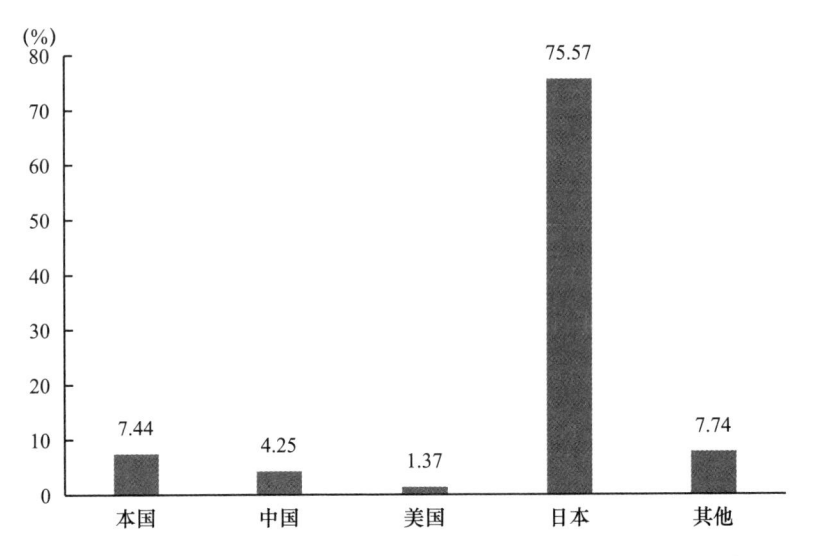

图 7-18 家庭拥有滑板车/摩托车/轻便摩托车的原产国百分比分布
（多选题）（$N=659$）

如图 7-19 所示，中资企业柬籍员工家庭所拥有的手机有50.88%的产自中国，原产自美国的手机占比35.18%，原产自日本的手机占比为11.64%；产自柬埔寨本国的手机占比仅为3.25%。柬埔寨政府早在1992年就将其移动电信业务对私人资本完全开放，加上实行移动电话单项收费，使移动电话在柬埔寨这个不发达国家得以迅速发展。尤其是进入21世纪以后，移动电话用户增长速度很快。中国的手机厂商发展迅速，中国生产的手机品质、性能已经越来越高，中国生产的手机以其价格实惠、性价比高、性能优秀等优点在柬埔寨占据较大市场份额。

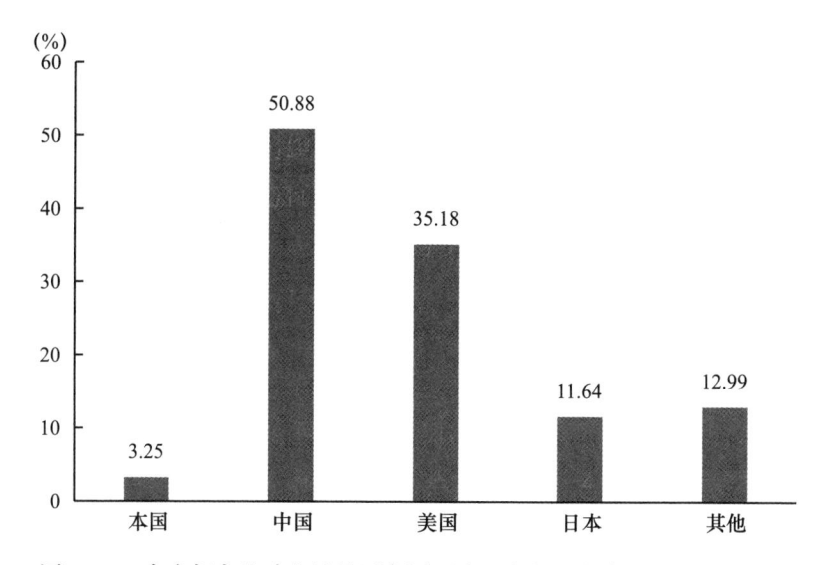

图 7-19 家庭拥有移动电话的原产国百分比分布（多选题）（$N=739$）

图7-20给出中资企业柬籍员工家庭购买的冰箱原产国分布。原产自日本的冰箱占到了全部243个样本的43.21%；除去"其他国家"选项之外，柬籍员工家庭购买冰箱产自中国的比例为11.11%，冰箱原产自柬埔寨和美国的占比均较少，均为4.53%。

对比柬籍员工家庭各类耐用消费品的原产国分析发现，柬埔寨本国汽车工业不发达，对进口的依赖程度高，其中日产汽车在柬籍员工家庭中的市场占有份额最高，其他国家的汽车品牌难以竞争。与之相同的是，在电视机、摩托车和冰箱的消费上，受访者家庭使用日本品牌为主。而在手机领域，华为、小米等中国手机品牌技术更新速度快，功能新颖，价格亲民，质量可靠，柬埔寨居民选择中国手机品牌的偏向性更高。

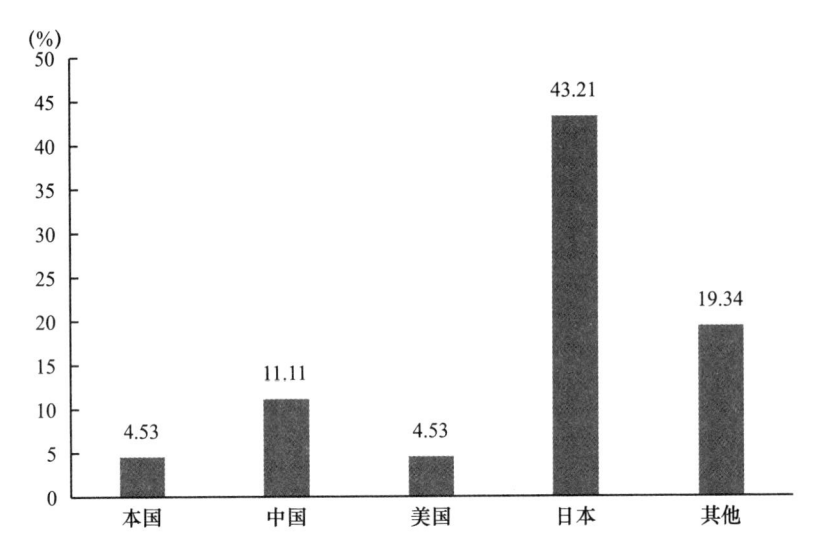

图 7-20　家庭拥有冰箱的原产国百分比分布（多选题）（$N=243$）

小　结

本章分别从柬籍员工的职业经历和工作环境、工作时间和职业培训、工会组织与社会保障、收入水平、工作态度、家庭地位和耐用消费品等多个方面，分别探讨了上述内容在性别、城乡、年龄、学历、族群等方面的差异性。有以下发现。

首先，中资企业柬籍员工流动性较高，多数员工是通过亲戚朋友介绍找工作。超过受访者一半的员工未签订就业协议或劳动合同，且男性居多。多数柬籍员工在工作中不使用电脑，一个重要的原因是柬投资的中国企业多为劳动密集型的纺织业和建筑业，一线工人需求量较大，日常工作中的电脑使用频率较低。中资企业未来应适当关注柬籍员工劳动合同问题，避免因缺乏就业协议或劳动合同产生劳动纠纷。

其次，男性管理人员的比例要略高于女性管理人员的比例；有超过一半的本地员工在进入中资企业后未接受过任何形式的工作培训，在接受过培训的一半员工中，安全生产和技术性技能方面的培训进行得较多。因此中资企业要尽量对上岗的员工进行必要的培训，在提升工作安全的同时，也提高员工的工作效率。在职业晋升方面，有两成左右的员工在工作中会获得晋升，其中男性员工获得晋升的比例要高于女性员工。

工会是维护员工利益的劳工组织，调查数据显示，有七成的员工加入了企业工会，其中女性比例要高于男性；但是仅有一成的员工加入了本地的行业工会，男女比例相差不大。在同企业发生劳动纠纷时，大部分的员工会选择向企业管理部门进行投诉，也有一小部分的员工选择独自辞职，其中管理人员的维权意识要略强于非管理人员，非管理人员比管理人员更倾向于选择"罢工"或"辞职"来应对劳动纠纷。在享有的社会保障方面，在柬埔寨中资企业中有一半的员工享有社会保障，并且绝大多数为医疗保险；享有社会保障的管理人员比例要比非管理人员高，并且只有极少数非管理人员享有养老保险。

在柬埔寨籍员工的收入水平方面，中资企业对管理人员的工资拖欠较为严重；员工的月收入女性要普遍低于男性；并且随着年龄和学历的增长，员工的月收入也会提升；此外，来自农村的员工群体的月收入明显要低于来自城市的员工群体，城乡差异较大；管理人员的平均月收入也要明显高于非管理人员。在员工家庭年收入方面，受访者各个家庭年收入层次的频数分布相差较小，最低收入层次的人群较多，最高收入层次的人群也较多，而中等收入的群体人数较少，贫富差距较为明显。在柬埔寨籍员工的工作态度方面，高经验开放性的员工较少，但是责任心强的员工较多，外向性较强的员工较多。

家庭所拥有的耐用消费品也可以反映一个家庭的经济水平。在家庭社会经济地位自评方面，柬埔寨籍员工认为自身在进入中资企业前后的社会经济地位没有任何的变化。拥有汽车的员工不到两成，拥有冰箱的员工仅占总样本的三成，而且多为学历较高、出生在城市中、并且个人月收入较高的员工；而电视机、摩托车、手机在柬埔寨籍员工中的普及率较高。

总而言之，在柬埔寨的中资企业应多注意培养优秀员工，提升员工对工作岗位的责任感，同时注意对员工的日常培训；此外，中资企业的领导者要和员工们通力合作，关心体贴员工，抓住机会与时俱进，主动寻找人才而不是等待人才，应当建立一套完备的竞争奖罚机制，激励员工为自身和企业赢得双线发展；最后，中资企业应注意保护员工利益，建立和完善规章制度，积极采取有效措施，采用多种形式来促进和保证其实现。

第八章

柬埔寨中资企业员工情感认同

本章节将结合调研结果,对柬埔寨员工与中美日印四国的社会交往和社会距离、柬埔寨员工对中资企业的评价、柬埔寨员工对国内社会议题的态度和看法进行阐述和分析,进一步分析柬埔寨员工对中美日印四国居民的接受程度和心理距离,掌握在柬中资企业的属地化情况并对柬埔寨居民政治距离、自我价值进行评价。

第一节 社会交往与社会距离分析

一 中资企业柬籍员工社会心理距离的跨国比较

社会距离用以描述人际、社会关系的状态,是表征人与人相互理解和亲密的程度的概念。社会距离量表是对实际的或潜在的社会冲突的度量。博格达斯认为所有的社会问题都与社会距离有关,提出社会距离量表[1],本研究调查中设计了八个由亲近到疏远的人际关系问题,分别为与来自不同国家的居民:成为伴侣、成为朋友、成为邻居、成为同事、点头之交、居住在同一城市、拒绝来我们国家以及以上均不,由此可以探试中资企业柬籍员工对四个代表性国家人群的交往态度及亲疏距离。

---

[1] Bogardus, Emory S., "Social Distance and its Origin", *Journal of Applied Sociology*, Vol. 9, 1925, pp. 216-226.

图 8-1 显示，柬埔寨员工与中国人的社会距离评价显示，有 22.44% 的受访柬埔寨员工愿意与中国人成为伴侣，49.13% 的受访员工愿意与中国人成为朋友，10.72% 的受访员工愿意与中国人成为同事，其他选项均不足一成。与美国人的社会距离评价显示，22.00% 的柬埔寨受访者愿意与美国人成为伴侣，39.75% 的受访者愿意与美国人成为朋友，11.63% 的受访者愿意与美国人成为邻居，另外 11.50% 的受访者选择了"以上都不是"，剩余选项都不足一成。与日本人的社会距离评价显示，18.67% 的柬埔寨受访者愿意与日本人成为伴侣，45.61% 的受访者愿意与日本人成为朋友，12.41% 的受访者选择了"以上都不是"，其余选项均不超过一成。与印度人的社会距离评价显示，14.77% 的受访者愿意与印度人成为伴侣，43.18% 的受访者愿意与印度人成为朋友，17.42% 的受访者选择了"以上都不是"，其余选项均不超过一成。

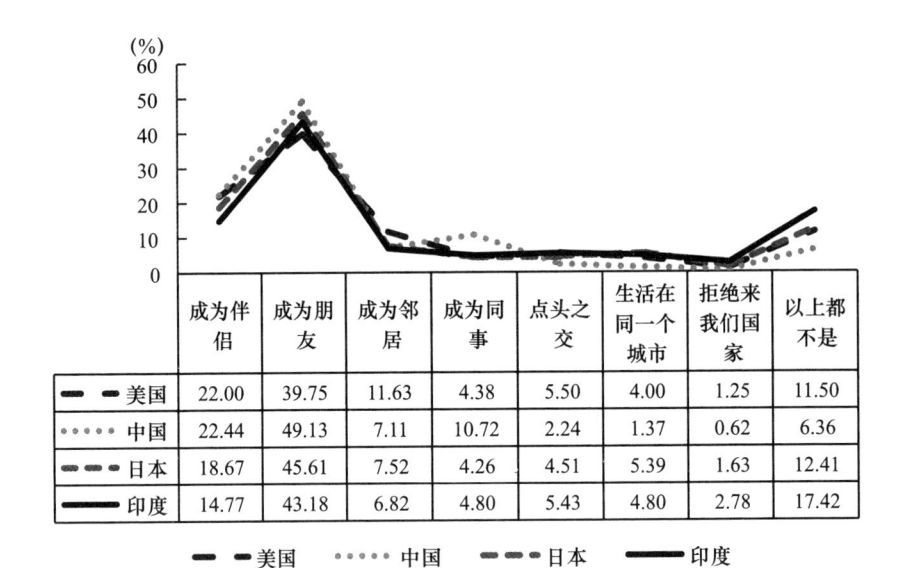

	成为伴侣	成为朋友	成为邻居	成为同事	点头之交	生活在同一个城市	拒绝来我们国家	以上都不是
美国	22.00	39.75	11.63	4.38	5.50	4.00	1.25	11.50
中国	22.44	49.13	7.11	10.72	2.24	1.37	0.62	6.36
日本	18.67	45.61	7.52	4.26	4.51	5.39	1.63	12.41
印度	14.77	43.18	6.82	4.80	5.43	4.80	2.78	17.42

图 8-1 员工与中、美、印、日四国民众的社会距离分布（$N=800$）

首先，受访柬埔寨员工认为柬埔寨居民与中国居民友好程度最高。这可能因为长期以来的中柬友好往来，缩短了柬埔寨与中国居民之间的社会距离。中国与柬埔寨友好往来可以追溯到的中国宋元时期，两国人民关系融洽，两国领导人也互动频频。从双边经济互动上看，中国对"一带一路"沿线国家直接投资年均增长 5.20%，超过 900 亿美元。① 截至 2017 年底，中国累计对柬埔寨协议投资占柬埔寨吸引外资总额的 36.40%，2018 年中柬双边贸易额已达到 73.9 亿美元②。两国在电力、农业、旅游开发、经济特区、信息通信等领域的投资合作取得积极成果，为柬埔寨社会经济发展作出重要贡献。中国政府为柬埔寨政府发展经济、改善民生发展的努力，在赢得柬埔寨政府信任的同时，也收获了柬埔寨人民的支持。

其次，美国和日本积极调整对东南亚的外交、经济政策使其与柬埔寨居民的社会距离回温。在克林顿提出"积极的多边主义"后 1994 年美国参加了东盟地区论坛的首次会议。2009 年第一届东盟—美国领导人会议上，奥巴马承诺深化与东盟国家在贸易投资、地区安全、灾难应付、食品及能源安全、气候变化等多领域合作。据美国统计局发布的数据报告显示，2018 年柬埔寨和美国双边贸易总额达 42.722 亿美元（同比增长 23.24%）。2019 年前四个月，柬埔寨—美国双边贸易总额达 16.566 亿美元，与 2018 年前四个月的 13.392 亿美元相比增长 23.70%。柬埔寨发展理事会发布的最新数据显示，目前美国公司在柬埔寨共有 52 个项目，其中制造业与工业投资 2.74 亿美元。③ 美国经济上和军事上的支持给予柬埔寨经济社会发展和军事力量发展的同时，但美国对柬内政的干涉也对美柬关系埋下了隐患。美国在柬埔寨扶持反对力量——桑兰西党，企图用亲美势力来平衡中

---

① 中华人民共和国商务部:《中国对外投资促进一带一路沿线国家经济增长》，http：//fec.mofcom.gov.cn/article/fwydyl/zgzx/201904/20190402857700.shtml。

② 中华人民共和国商务部亚洲司:《中国柬埔寨经贸合作简况》，http：//yzs.mofcom.gov.cn/article/t/201902/20190202833046.shtml。

③ 云南省商务厅:《柬埔寨境外商务信息》，http：//www.bofcom.gov.cn/swywlm/ynszwswdbczx/201906/t20190618_872119.html。

国在柬埔寨的影响力，这引起了柬埔寨政府的极度反感，与之产生的效应是，2017年美国宣布取消为柬埔寨提供大选资金后，柬埔寨首相洪森立即回应：欢迎美国中断援助。美国对其内政的干涉无形中拉大了两国之间的距离。

从日本方面看，21世纪初，日本为维护日本在东亚的地位，积极投入地区多边外交中，2001年日本与东盟国家签订经济伙伴关系，建立日本—东盟自由贸易区。据日本贸易振兴机构（JETRO）日前发布的数据报告，2018年上半年，柬埔寨对日本出口恢复双位数增长，达7.05亿美元，比2017年同期增长19.00%。根据柬埔寨发展委员会（CDC）的数据，截至2017年5月，日本在柬埔寨的投资总额为15亿美元，投资的增加加快了柬埔寨和日本之间的双边贸易。1992—2012年，日本持续不断大力发展对柬埔寨的开发援助，日本政府共向柬埔寨提供了总额达22.42亿美元的援助，平均每年超过1亿美元。日本的开发援助占柬埔寨接受的外国援助总额的20.00%左右。[①] 但日本在发展与东盟关系时，会受到美国的影响，使历届日本政府很难做到连续性。

最后，东向政策带动印柬互动，但印度自身问题拉大了与柬埔寨居民的距离感。冷战局势后，印度政府审时度势主动采取了东向政策，1996年7月，印度加入东盟地区论坛，一年后正式成为东盟对话伙伴国，2010年印度与东盟10国的贸易额为503亿美元，可见印度为积极融入多边互动作出了努力，与东盟国家在经济、政治、安全等领域展开了深入的合作。根据印度驻柬大使馆发布的数据，2014年到2015年，印度和柬埔寨双边贸易总额达到1.6049万美元，其中印度对柬出口达1.4753万美元，从柬进口1796万美元。对于印度距离感上的制约，除了双边贸易互动上较于中美日而言稍显疲弱，印度在种姓制度、社会问题、贫困情况以及与巴基斯坦、尼泊尔的争端上

---

① 季鹏：《冷战后日本对柬埔寨的政府开发援助研究》，硕士学位论文，暨南大学，2014年。

制约了印度在东盟的影响力,与中美日相比,印度国家在柬埔寨影响力较弱,柬埔寨居民与印度之间的社会距离间隙也较大。

二 柬籍员工社会交往状况分析

社会交往是个人之间的交往,也包括群体与群体、社会与社会之间的交往。通过柬埔寨员工在中资企业内外与中国人交往的情况,能对当地员工对中国人接受程度进行佐证,印证柬埔寨居民与中国的心理亲疏情况,也可侧面了解中国企业对当地员工与中国人之间的社会交往起到的作用。

表 8-1　柬籍员工在本企业内拥有的中国朋友数量的性别与职业差异（$N=800$）　（单位：个）

性别	样本量	均值	标准差	最小值	最大值
男	470	1.64	4.44	0	40
女	310	1.42	3.74	0	35
管理人员	175	3.44	6.29	0	40
非管理人员	592	1.02	3.15	0	35

柬籍员工在本企业拥有的中国朋友数量表 8-1 中可以看出,男性柬籍员工拥有中国朋友的数量在 2 人左右,中国朋友最大规模为 40 人,女性柬籍员工在本企业内平均中国朋友 1 个,最大朋友规模 35 人。中资企业内柬籍男员工比女员工交到中国朋友的数量更多。

从柬籍员工在中资企业的职业差别来看,柬籍管理人员在企业内平均拥有 3 个中国朋友,最多的拥有 40 个中国朋友,柬籍非管理人员在企业内平均拥有 1 个中国朋友,最多的拥有 35 个中国朋友。在企业内部管理人员交到中国朋友的数量较多,比非管理人员更容易交到中国朋友。

表8-2　柬籍员工在企业外拥有中国朋友数量的性别与职业差异　（单位：个）

性别	样本量	均值	标准差	最小值	最大值
男	465	1.66	8.33	0	100
女	309	0.74	2.58	0	20
管理人员	172	3.36	11.50	0	100
非管理人员	588	0.72	4.30	0	90

由表8-2可以看出，柬籍员工在企业外拥有的中国朋友数量。柬籍男员工在企业外拥有中国朋友数量约2人，在企业外最多拥有中国朋友数量规模达100人，女员工在企业外拥有中国朋友数量不足1人，在企业外最多拥有中国朋友数量达20人。柬籍男员工比女员工在企业外拥有更多的中国朋友。

从柬籍员工在中资企业的职业差别来看，在企业外部柬籍管理员工平均拥有3.36个中国朋友，最多的拥有100个；在企业外部柬籍非管理员工平均拥有不到1个中国朋友，最多的拥有90个，柬籍管理员工因工作性质可以接触到比非管理人员更多的中国朋友。

总体上，柬埔寨员工与中国人交往程度密切，柬籍男员工要比女员工更易交往到中国朋友。柬籍管理员工由于工作需要与中国人沟通交往频繁，在工作范畴和生活水平上更容易或乐于贴近中国人。

第二节　企业评价

企业对员工的态度往往决定了员工在企业工作的质量，员工对企业的评价则可以从员工的切身感受去考察。本节将从族群、宗教信仰管理人员的维度探讨柬籍员工对中资企业在柬埔寨风俗习惯和宗教信仰尊重与否进行评价，以及员工对企业制定的工作作息以及晋升制度是否满意，以此分析柬籍员工对中资企业的评价。

一 风俗习惯

由表8-3可知,受访柬籍员工有35.51%认为中资企业尊重本地风俗习惯,57.59%的柬籍员工对此选择了中立,极少数员工选择了不同意与完全不同意。从不同族群来看,三成以上的受访高棉族员工基本同意本企业尊重柬埔寨风俗习惯,10.23%的受访柬籍员工完全同意本企业尊重柬埔寨风俗习惯,接近六成的受访高棉族员工选择了中立选择,不同意和完全不同意的员工极少。总体而言,不同族群员工普遍认同中资企业尊重柬埔寨风俗习惯,其中高棉族的员工对本企业尊重柬埔寨风俗习惯的认同度上比占族员工高。

表8-3 中资企业尊重本地风俗习惯认可度的族群差异 ($N=797$) (单位:%)

族群	完全不同意	不同意	一般	基本同意	完全同意
高棉族	2.78	4.17	57.58	25.25	10.23
占族	0.00	0.00	75.00	25.00	0.00
其他民族	0.00	0.00	0.00	100.00	0.00
合计	2.76	4.14	57.59	25.35	10.16

表8-4从不同宗教信仰的维度上调查了柬籍员工是否同意本企业尊重柬埔寨风俗习惯,表中数据显示,绝大部分宗教信仰在最高比例都集中在"一般"这个选项上。超过五成的信奉上座部佛教受访者对"本企业尊重本地风俗习惯"持一般的态度,超过两成的信仰上座部佛教受访者基本同意"本企业尊重本地风俗习惯"的说法,另外一成的信仰上座部佛教受访者完全同意"本企业尊重本地风俗习惯"的说法。再看信仰伊斯兰教的受访者,九成的受访者对"本企业尊重本地风俗习惯"持一般的态度,仅有一成的受访者基本同意该说法。至于信奉新教的受访者都对"本企业尊重本地风俗习惯"持一般的态度。其他宗教的受访者,八成持一般态度,两成

不同意这种说法。不信仰任何宗教的半数受访者对"本企业尊重本地风俗习惯"持一般的态度,基本同意和完全同意的态度各占另外五成。

可见,信仰其他宗教的柬埔寨员工对"本企业尊重本地风俗习惯"的认可度最低,信仰新教的柬埔寨员工对"本企业尊重本地风俗习惯"的认可度较低,信仰上座部佛教的柬埔寨员工对"本企业尊重本地风俗习惯"的认可度较高,而信仰伊斯兰教的柬埔寨员工对"本企业尊重本地风俗习惯"的认可度最高。

表 8-4　中资企业尊重本地风俗习惯的宗教信仰差异($N=793$)　（单位：%）

宗教信仰	完全不同意	不同意	一般	基本同意	完全同意
上座部佛教	2.85	4.15	56.81	25.94	10.25
伊斯兰教	0.00	0.00	90.91	9.09	0.00
新教	0.00	0.00	100.00	0.00	0.00
其他	0.00	20.00	80.00	0.00	0.00
不信仰任何宗教	0.00	0.00	50.00	25.00	25.00
合计	2.77	4.16	57.50	25.47	10.09

从本公司的工作地位来看,近七成的受访柬籍管理员工在"本企业尊重本地风俗习惯"上态度一般,接近两成的管理人员受访者基本同意"本企业尊重本地风俗习惯",接近一成的受访者完全同意这种说法。另外,超过五成的非管理人员受访者在"本企业尊重本地风俗习惯"上态度一般,接近三成的非管理人员受访者基本同意,一成的非管理人员受访者完全同意。可知,工作身份为非管理人员的员工比管理人员对"本企业尊重本地风俗习惯"的说法认同度更少,管理人员对本企业尊重本地风俗习惯的认同更高。

表 8-5　　　管理人员与非管理人员是否同意"本企业尊重本地风俗习惯"（$N=782$）　（单位：%）

是否管理人员	完全不同意	不同意	一般	基本同意	完全同意
管理人员	1.60	3.74	67.91	18.72	8.02
非管理人员	3.19	4.37	53.45	27.90	11.09
合计	2.81	4.22	56.91	25.70	10.36

二 宗教信仰

在企业是否尊重个人宗教信仰的这一问题上，本部分从族群、宗教信仰以及职业维度进行分析。表 8-6 所示，不论高棉族与其他族群，大部分柬籍员工对"本企业尊重个人宗教信仰"的方面持一般态度。

60.29%的高棉族受访者对"本企业尊重我的宗教信仰"持一般的态度，21.78%的高棉族受访者基本同意"本企业尊重我的宗教信仰"的说法，8.37%的高棉族受访者完全同意"本企业尊重我的宗教信仰"的说法。至于占族的受访者，75%的受访者对"本企业尊重我的宗教信仰"持一般的态度，25%的受访者基本同意"本企业尊重我的宗教信仰"的说法，并没有高棉族受访者完全同意"本企业尊重我的宗教信仰"的说法。明显的是，高棉族和占族的员工对企业尊重当地员工的宗教信仰认同度均不高。相比之下，高棉族的员工比占族员工认同度要高。

表 8-6　　　按族群划分的是否同意"本企业尊重我的宗教信仰"（$N=758$）　（单位：%）

族群	完全不同意	不同意	一般	基本同意	完全同意
高棉族	2.92	6.64	60.29	21.78	8.37
占族	0.00	0.00	75.00	25.00	0.00
其他民族	0.00	0.00	0.00	100.00	0.00

续表

族群	完全不同意	不同意	一般	基本同意	完全同意
合计	2.90	6.60	60.29	21.90	8.31

按职业类别看，67.43%的身份是管理人员的受访者在"本企业尊重本地员工的宗教信仰"上态度一般，接近两成的管理人员受访者基本同意"本企业尊重本地宗教信仰"，6.29%的受访者完全同意这种说法。另外，57.29%的非管理人员受访者在"本企业尊重我的宗教信仰"上态度一般，23.02%的非管理人员受访者基本同意，9.14%的非管理人员受访者完全同意。把"一般"、"基本同意"和"完全同意"所占比例相加，横向对比后发现，管理人员的所占比例要大于非管理人员。可知，工作身份为非管理人员的员工比管理人员对"本企业尊重本地宗教信仰"的说法认同度弱，管理人员对"本企业尊重我的宗教信仰"的认同度更高（见表8-7）。

表8-7　　　　管理人员与非管理人员是否同意"本企业尊重我的宗教信仰"（$N=744$）　　　　（单位：%）

是否管理人员	完全不同意	不同意	一般	基本同意	完全同意
管理人员	1.14	5.71	67.43	19.43	6.29
非管理人员	3.51	7.03	57.29	23.02	9.14
合计	2.96	6.72	59.68	22.18	8.47

三　工作时间

在当地员工是否"喜欢本企业工作时间作息"方面，54.43%的高棉族受访者持中立的态度，26.72%的高棉族受访者基本同意"喜欢本企业工作时间作息"的说法，12.73%的高棉族受访者完全同意"喜欢本企业工作时间作息"的说法。至于占族的受访者，50%的受访者对"喜欢本企业工作时间作息"持"基本同意"的态度，另外

"一般"和"完全同意"各占25%。其他民族的受访者完全同意该说法。明显的是占族的员工对喜欢本企业工作时间作息的认同度较高。相比之下，高棉族的员工比占族员工认同度要低（见表8-8）。

表8-8　　　　　　按族群划分的是否同意"喜欢本企业工作时间作息"（$N=806$）　　　　　（单位：%）

族群	完全不同意	不同意	一般	基本同意	完全同意
高棉族	1.50	4.62	54.43	26.72	12.73
占族	0.00	0.00	25.00	50.00	25.00
其他民族	0.00	0.00	0.00	0.00	100.00
合计	1.49	4.59	54.22	26.80	12.90

从本公司的工作地位来看，63.64%的身份是管理人员的受访者在"喜欢本企业工作时间作息"上态度一般，21.39%的管理人员受访者基本同意"喜欢本企业工作时间作息"的说法，7.49%的受访者完全同意这种说法。另外，50.33%的非管理人员受访者在"喜欢本企业工作时间作息"上态度一般，28.97%的非管理人员受访者基本同意，14.9%的非管理人员受访者完全同意。可知，工作身份为非管理人员的员工比管理人员对"喜欢本企业工作时间作息"的说法认同度高，非管理人员比管理人员更喜欢本企业的工作时间作息（见表8-9）。

表8-9　　　　　　管理人员与非管理人员是否同意"喜欢本企业工作时间作息"（$N=791$）　　　　　（单位：%）

是否是管理人员	完全不同意	不同意	一般	基本同意	完全同意
管理人员	2.14	5.35	63.64	21.39	7.49
非管理人员	1.32	4.47	50.33	28.97	14.90
合计	1.52	4.68	53.48	27.18	13.15

四 晋升制度

关于"中外员工晋升制度一致"的问题,58.5%的高棉族受访者持一般的态度,17.97%的高棉族受访者不同意"中外员工晋升制度一致"的说法。至于占族的受访者,75%的受访者对"中外员工晋升制度一致"持一般的态度,25%的受访者不同意"中外员工晋升制度一致"。其他民族基本同意该说法。可知,"中外员工晋升制度一致"在不同族群之间认同度不高,相比之下,占族的员工比高棉族员工认同度要低(见表8-10)。

表8-10 按族群划分的是否同意"中外员工晋升制度一致"($N=723$) (单位:%)

族群	完全不同意	不同意	一般	基本同意	完全同意
高棉族	1.81	16.85	58.50	17.97	4.87
占族	0.00	25.00	75.00	0.00	0.00
其他民族	0.00	0.00	0.00	100.00	0.00
合计	1.80	16.87	58.51	17.98	4.84

从宗教信仰上看,58.82%的信仰上座部佛教的受访者对"中外员工晋升制度一致"持一般的态度,接近两成的受访者基本同意"中外员工晋升制度一致"的说法,4.59%受访者完全同意这种说法,18.08%的受访者不同意这种说法。伊斯兰教方面,63.64%的受访者上座部佛教的受访者对"中外员工晋升制度一致"持一般的态度,9.09%的受访者完全同意该说法,27.27%的受访者不同意这种说法。新教方面,全部的受访者"中外员工晋升制度一致"持一般的态度。

其他宗教方面,40%的受访者对"中外员工晋升制度一致"持一般的态度,另外40%的受访者不同意这种说法,20%的受访者基本同意这种说法。至于不信仰任何宗教的受访者,50%的受访者基本同意"中外员工晋升制度一致",不同意和完全同意分别为25%(见表8-11)。

可见，信仰新教的员工对"中外员工晋升制度一致"认同度最高，不信仰任何宗教的员工对"中外员工晋升制度一致"认同度较高，信仰新教的员工对"本企业尊重本地宗教信仰"认同度较高，信仰上座部佛教的员工认同度一般，信仰伊斯兰教和其他宗教的员工认同度较低。

表 8-11　　　　　按宗教信仰划分的是否同意"中外员工
晋升制度一致"（$N=719$）　　　　（单位：%）

宗教信仰	完全不同意	不同意	一般	基本同意	完全同意
上座部佛教	1.87	16.64	58.82	18.08	4.59
伊斯兰教	0.00	27.27	63.64	0.00	9.09
新教	0.00	0.00	100.00	0.00	0.00
其他	0.00	40.00	40.00	20.00	0.00
不信仰任何宗教	0.00	25.00	0.00	50.00	25.00
合计	1.81	16.97	58.55	17.94	4.73

从本公司的工作地位来看，63.69%的身份是管理人员的受访者在"中外员工晋升制度一致"上态度一般，17.32%的管理人员受访者基本同意"中外员工晋升制度一致"，15.08%的受访者不同意这种说法。另外，55.77%的非管理人员受访者在"中外员工晋升制度一致"上态度一般，18.71%的非管理人员受访者基本同意，17.77%的非管理人员受访者不同意这一说法。可知，工作身份为管理人员的员工比非管理人员对"中外员工晋升制度一致"的说法认同度低（见表8-12）。

表 8-12　　　　　管理人员与非管理人员是否同意"中外员工
晋升制度一致"（$N=708$）　　　　（单位：%）

是否管理人员	完全不同意	不同意	一般	基本同意	完全同意
管理人员	1.12	15.08	63.69	17.32	2.79

续表

是否管理人员	完全不同意	不同意	一般	基本同意	完全同意
非管理人员	2.08	17.77	55.77	18.71	5.67
合计	1.84	17.09	57.77	18.36	4.94

综上所述，大多数柬埔寨员工对中国企业在本地风俗、宗教习惯、工作作息和晋升制度的评价都为一般。宗教信仰为占族、新教或身份为非管理人员的受访者评价普遍高于一般的水准，但占总体最多的高棉族、佛教或身份为管理人员的受访者评价往往都不高，足可见柬埔寨员工对中资企业在社会沟通方面评价不高，柬埔寨的中资企业适应当地社会风俗、宗教等方面能力并不突出。由于语言和文化的差异，部分中国企业往往疏于在当地文化层面的沟通上，手工制造业和项目承包系列对于劳动力数量要求高，往往更容易发生罢工。2018年9月柬埔寨金边菩森芷区一制衣厂的2000多名工人聚集抗议，同年12月柬埔寨金边朗哥区一工厂有1000多名工人大罢工，罢工主要是因为未按政府要求的一个月两次发放工资，或是节假日补贴未及时发放造成的。罢工的频发无疑增添了中国企业的营业成本，也给中国企业形象带来不好的影响。从企业自身而言，如何在谋求企业自身经济效益的同时，提升社会沟通意识和社会责任意识是中国境外企业发展的当务之急。

小　结

本章根据调研数据阐述和分析了柬埔寨员工与中、美、日、印四国的社会交往和社会距离、柬埔寨员工对中资企业的评价以及柬埔寨员工对国内社会议题的态度和看法。

在社会距离方面。柬埔寨受访者与中国居民的社会距离略微领先于美、日、印三国。近年来，中柬关系取得了全方位的发展，政治领域，双方高层互访频繁，政治互信稳固；经济贸易方面，两国关系密切且持续发展；在人文交流、医疗卫生等各方面，两国不断拓展合作。从而，柬埔寨与中国的社会距离逐渐缩短。其次，美国和日本积极调整对东南亚的外交、经济政策，柬日两国与柬埔寨居民的社会距离逐渐回温。但是，近两年，由于美国对柬埔寨内政的干涉，两国之间的距离无形之中被拉大。最后，印度政府采取的东向政策促进了柬印两国间的合作，但是，由于印度自身在种姓制度、社会问题等方面存在的问题，拉大了与柬埔寨居民之间的距离。

在社会交往方面。总体而言，柬埔寨员工与中国人交往密切。其中，在公司内部男性员工、企业中的管理员工更容易、更乐意贴近中国人。而在公司外部，柬埔寨员工能交到中国朋友的数量少于公司内部。

在柬埔寨员工对中资企业的评价方面，大多数柬埔寨员工对中国企业在本地风俗、宗教习惯、工作作息和晋升制度的评价都为一般。在柬中资企业适应当地社会风俗、宗教等方面的能力需进一步提升。因此，当前如何在谋求企业自身经济效益的同时，提升社会沟通意识和社会责任意识是中国境外企业发展的题中之义。

第九章

柬埔寨中资企业员工的媒体使用与文化消费

本章通过对柬埔寨员工在信息获取渠道的选择及文化消费情况进行分析。第一节将分别从不同的性别、年龄及收入水平分析柬埔寨员工在获取中国信息时的渠道选择，探究不同性别、年龄及收入水平的柬埔寨员工在渠道选择上的差异与共性。第二节对员工日常中对文化产品的消费情况，着重分析了柬埔寨员工对中、日、韩、印、美等五国电影/电视剧及音乐的喜爱程度。了解东道国员工的媒体使用与文化消费对中资企业营造更适宜于东道国员工的企业文化氛围有所启示。

第一节 互联网与新媒体使用

互联网和新媒体是当前使用最为广泛的信息传播渠道，在日常生活中拥有难以估量的作用。本节将对互联网和新媒体在柬埔寨员工之间的使用及影响进行分析，通过性别、年龄和收入三个方面的分析，了解互联网和新媒体在不同类别员工之间的运用情况，并总结不同的信息获取渠道在不同类别员工之间的使用情况及倾向了解的信息类型。

从图 9-1 可以发现，样本企业员工在了解中国信息时，主要是通

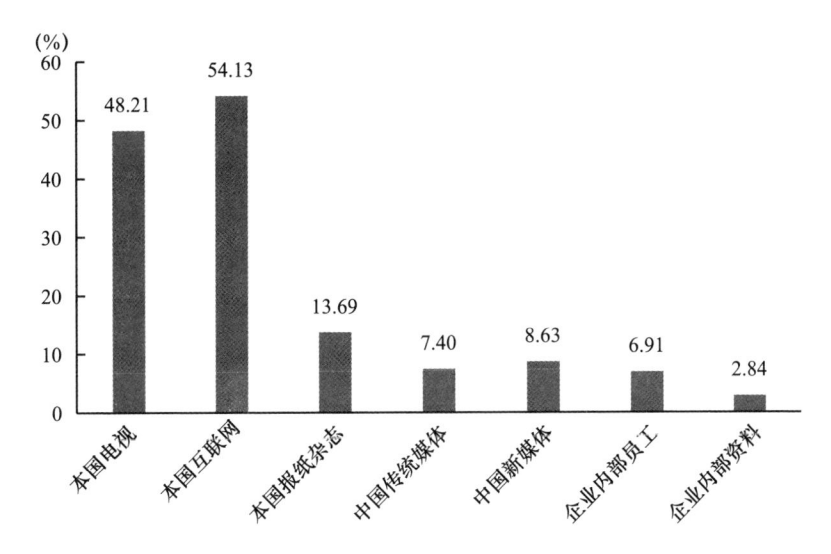

图 9-1　近一年内员工了解中国信息的渠道分布（多选题）（N=811）

过本国互联网和本国电视两种渠道获取相关信息，使用占比分别为 54.13% 和 48.21%，远超通过其他方式获取中国信息的员工占比；另外通过阅读本国报纸杂志以获取中国信息的员工占比为 13.69%。上述三种信息获取渠道使用占比均超过 10.00%，但三者差距较为明显，使用最多的本国互联网渠道高出本国报纸杂志渠道 40.44 个百分点。

而在其他占比较少的信息获取渠道中，中国新媒体以 8.63% 的比例排在最前，其次是通过中国传统媒体获取中国信息的员工，占 7.40%，通过员工之间的交流获取中国信息的渠道占比为 6.91%，另外通过企业内部资料了解中国信息的员工占比最少，为 2.84%。综上，柬埔寨员工主要是通过本土的信息获取渠道来获取有关中国的信息，其中本国互联网和本国电视是使用最为广泛的信息获取方式；相对于本国信息传播媒介，中国传统媒体及新媒体在柬埔寨员工之间使用占比相对较小，合计为 16.03%，其中新媒体已经超过传统媒体成为传播中国信息的相对重要的方式之一，使用中国新媒体的员工超过使用中国传统媒体 1.23 个百分点。

表 9-1 反映了柬埔寨籍员工通过本国媒体了解中国信息的主要内

容。柬籍员工较为关注的是中国援助柬埔寨修建道路、桥梁、医院和学校的新闻，样本中有73.80%的员工在近一年中对该类新闻有所关注；其次是柬籍学生前往中国留学的新闻，通过本国媒体对该新闻有所了解的员工占比为71.85%；排在第三位的是中国大使馆对本国的捐赠新闻，对这一类新闻关注的员工占比为60.69%；在四类新闻中，柬籍员工收看最少的是中国艺术演出的新闻，近一年内有收看过该类新闻的员工仅占样本55.83%，低于收看中国援助修建道路等基础设施类新闻的员工占比17.97个百分点。从上述分析中可以看出，柬籍员工通过柬埔寨媒体了解的内容主要集中在中国对柬埔寨的援助等方面，而对中国对柬的文化输出的相关新闻了解相对较少，说明柬籍员工大部分对中国的了解仅停留在中国对柬的各方面援助，对中国文化等软实力了解则相对较少。

表9-1　近一年内员工是否从柬埔寨媒体收看中国相关新闻的状况（单位：%）

有关中国的新闻	样本量	是	否
中国大使馆对本国的捐赠新闻	725	60.69	39.31
中国援助本国修建道路、桥梁、医院和学校的新闻	748	73.80	26.20
本国学生前往中国留学的新闻	778	71.85	28.15
中国艺术演出的新闻	763	55.83	44.17

上述对样本企业员工获取中国信息的方式整体上进行了分析，但由于员工对新闻的获取方式与性别、年龄、受教育程度和收入等方面存在一定的联系，故本部分按照性别、年龄、受教育程度和收入等分类对柬籍员工获取中国信息方式做进一步的描述。

图9-2按性别对柬籍员工获取中国信息的渠道进行了分析。如图所示，从获取信息渠道的性别比较来看，总体上没有明显的性别差异。本国互联网和本国电视是最为普遍的信息获取方式，高于本国报纸杂志使用占比，较少比例的员工会通过中国媒体和企业渠道获取中

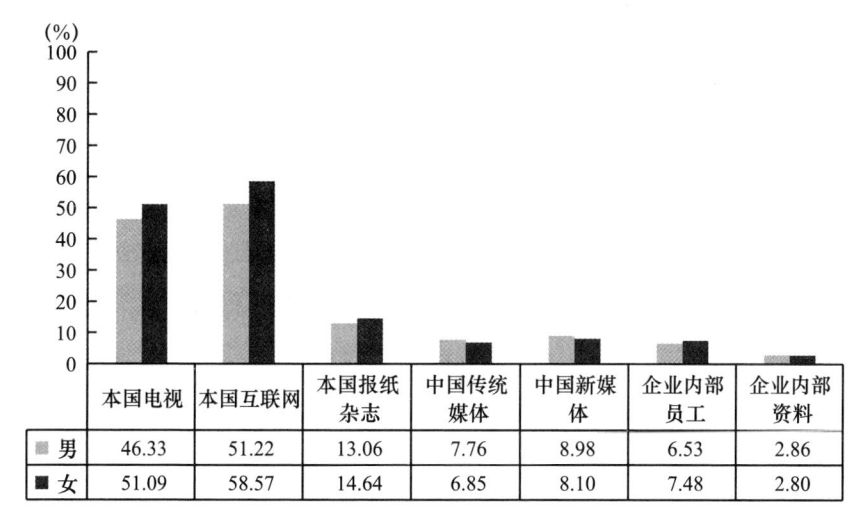

第九章 柬埔寨中资企业员工的媒体使用与文化消费 / 235

	本国电视	本国互联网	本国报纸杂志	中国传统媒体	中国新媒体	企业内部员工	企业内部资料
男	46.33	51.22	13.06	7.76	8.98	6.53	2.86
女	51.09	58.57	14.64	6.85	8.10	7.48	2.80

图 9-2　按性别划分的近一年内员工了解中国信息的渠道分布（多选题）（$N=811$）

国信息；在性别差异上，柬籍女性员工通过本国互联网获取中国信息的比例高出男性员工 7.35 个百分点，通过本国电视获取中国信息比例高于男性 4.76 个百分点。

图 9-3 为按年龄别区分的柬籍员工获取中国信息的渠道类别。对于 16—25 岁的柬籍员工，有 56.71% 的员工通过使用本国互联网获取有关中国信息；44.82% 的员工通过观看本国电视节目获取中国信息，虽低于使用互联网的员工 11.89 个百分点，但相对于其他方式更普遍；14.94% 的员工通过阅读本国报纸杂志获取中国信息，这一占比与以上两种方式的员工占比差距较大。最多有 17.07% 的员工通过使用中国媒体获取中国信息，其中使用中国传统媒体的员工占比为 7.01%，低于使用中国新媒体的员工占比 3.05 个百分点。此外有 8.23% 的员工通过与企业内部员工进行交流获取中国信息，高出阅读内部资料的员工占比 5.18 个百分点。

在 26—35 岁年龄段员工中，通过本国渠道获取信息的可能性更高，上升的部分主要集中在使用本国电视的员工，其中使用本国电视获取中国信息的员工占比为 50.15%，高于 16—25 岁年龄段员工占比

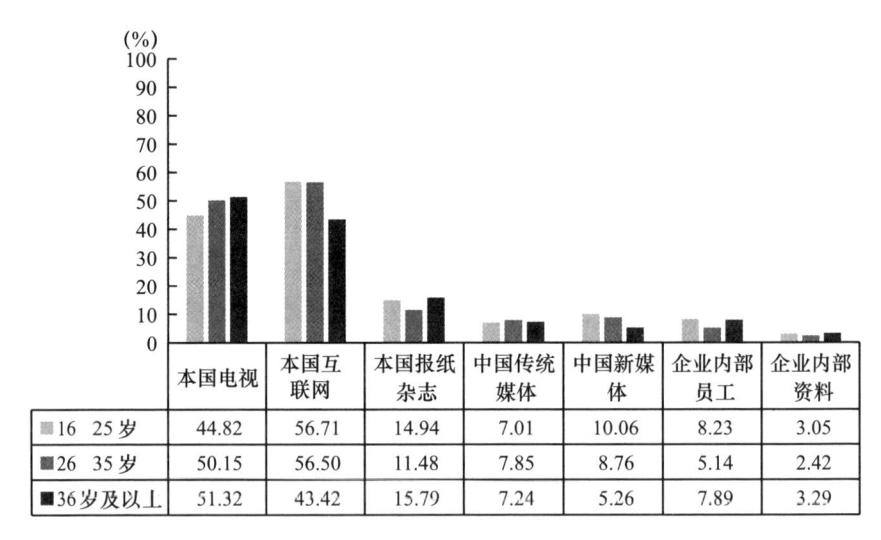

	本国电视	本国互联网	本国报纸杂志	中国传统媒体	中国新媒体	企业内部员工	企业内部资料
16—25岁	44.82	56.71	14.94	7.01	10.06	8.23	3.05
26—35岁	50.15	56.50	11.48	7.85	8.76	5.14	2.42
36岁及以上	51.32	43.42	15.79	7.24	5.26	7.89	3.29

图9-3 按年龄组划分的柬籍员工获取中国信息的渠道分布（多选题）（$N=811$）

5.33个百分点；使用本国互联网的员工占比为56.50%，与16—25虽年龄段员工占比接近；在26—35岁年龄段中使用本国报纸杂志的员工占比为11.48%，低于16—25岁年龄段使用该种方式的员工占比3.46个百分点。有16.61%的员工通过中国媒体获取中国信息，这一比例略低于16—25岁年龄段，但相差不多。其中使用中国传统媒体的员工占比比16—25岁年龄段高0.84个百分点。有7.56%的员工通过与企业内部员工交流或阅读企业内部资料来获取中国信息，与16—25岁年龄段员工这一比例比较相对较低，其中与内部员工交流的员工占比低3.09个百分点，阅读内部资料的员工占比低0.63个百分点。

在36岁及以上年龄段员工中，通过本国电视和本国报纸杂志了解中国信息的员工占比有所提高，前者相对于16—25岁的员工增加了6.5个百分点，后者相对于26—35岁的员工增加了4.31个百分点。但使用本国互联网的员工下降较为明显，低于16—25岁和26—35岁年龄段均约13个百分点；该年龄段通过中国媒体获取中国信息的员工占比与其他两个年龄段有所降低，其中员工占比的下降主要源于使用中国新媒体获取中国信息的员工存在明显下降的现象，相比其他两个年龄段下降了至少 3.5 个百分点。此外 36 岁及以上年龄段员工通过内部交流或阅读内部资料了解中国信息的比例，与 16—25 岁年龄段的员工类似，对比发现通过企业内部员工交流的占比略低，但通过阅读内部资料了解中国信息的员工占比略高。

根据上述的分析可以发现，各年龄段员工在获取中国信息时使用的方式整体相似，均是使用本国互联网和本国电视节目获取信息的员工占比最高。但每个年龄段又有所侧重，其中 16—25 岁的员工使用本国电视获取信息的可能性与另外两组相比明显降低，但其使用中国新媒体的员工占比有很大提高，这可能与这个年龄段的人更倾向于接触新事物有关。而相对于其他两组，26—35 岁的员工使用中国传统媒体的可能性更大。36 岁及以上的员工使用本国互联网和中国新媒体的员工占比明显低于另外两组，这一群体更偏向于通过传统渠道获取中国信息。

图 9-4 按照样本受教育程度对样本企业员工获取中国新闻渠道进行分析。在未上过学的员工中，多数员工是通过本国信息获取渠道了解中国信息，其中本国电视是未上过学的员工主要使用的信息获取渠道，使用这一渠道的员工占比为 58.93%，其次是通过本国互联网获取中国信息的员工占比为 46.43%。接下来按照员工占比从高到低依次为通过本国报纸杂志、中国传统媒体、企业内部员工交流、企业内部资料以及中国新媒体，而这几种渠道，只有通过本国报纸杂志了解信息的员工占比较高，为 26.79%，通过其余几种渠道了解中国信息的员工占比均未超过 10.00%。

在小学学历的员工中，使用本国信息渠道的员工占比有所降低，相同的是小学学历的员工获取中国信息的渠道也是通过本国电视的员工最多，这一方式的使用员工占比为 48.91%，低于未上过学的员工 10.02 个百分点；使用本国报纸杂志的员工占比相对未上过学员工出现了较大幅度的下降，下降了 14.23 个百分点。在小学学历的员工中，使用中国新媒体的员工占比为4.36%，较未上过学员工提高了0.79个百分点。有11.21%的小学学历员工通过企业内部员工交流或阅读内部资料了解中国信息，较未上过学员工有所上升，上升的员工主要集中在通过内部员工之间的交流的渠道，该渠道员工占比相较于未上过学员工占比上升3.36个百分点。

相对于小学学历，中学学历的员工使用本国渠道获取信息的员工占比有的提高，主要表现在通过本国网络了解中国信息的员工，比以上两组均提高了10个百分点以上，而通过本国电视和本国报纸杂志了解信息的员工占比有大幅度降低。在使用中国媒体的中学学历员工中，使用中国传统媒体的员工占比相比小学学历员工有所下降，下降幅度为0.37个百分点；使用中国新媒体获取中国新闻的中学学历员工占比相较小学学历员工则有较大的提升，上升幅度为5.54个百分点。中学学历员工中通过内部员工之间的交流或阅读内部资料获取中国信息的员工占比相较于小学学历员工占比有所下降，主要由于通过与企业内部员工交流获取信息的员工占比下降了2.58个百分点，与未受教育员工占比相接近。

在本科及以上学历员工中，使用本国网络的员工占比相较于其他学历员工有了大幅提升，占比为70.00%，为四类学历员工中使用占比最高，使用电视的本科及以上学历员工占比为44.29%，亦下降为四类学历员工中最低。本科及以上学历员工中使用中国媒体获取中国信息的员工占比为四类学历员工中占比最高，其中通过中国新媒体获取中国信息的员工占比达17.86%，高于中学学历员工7.87个百分点。此外通过企业内部员工之间的交流和阅读内部资料获取中国信息的本科及以上学历员工占比与其他学历员工占比几乎相当，其中通过企业内部员工之间的交流获取中国信息的员工占比为5.00%，为四类学历员工中占比最低。

通过对上述四类受教育程度的员工在获取中国信息的渠道选择情况的分析，可以发现柬埔寨本土信息获取渠道是四类不同受教育程度的员工主要的中国信息获取渠道，其中本国互联网渠道的使用占比与

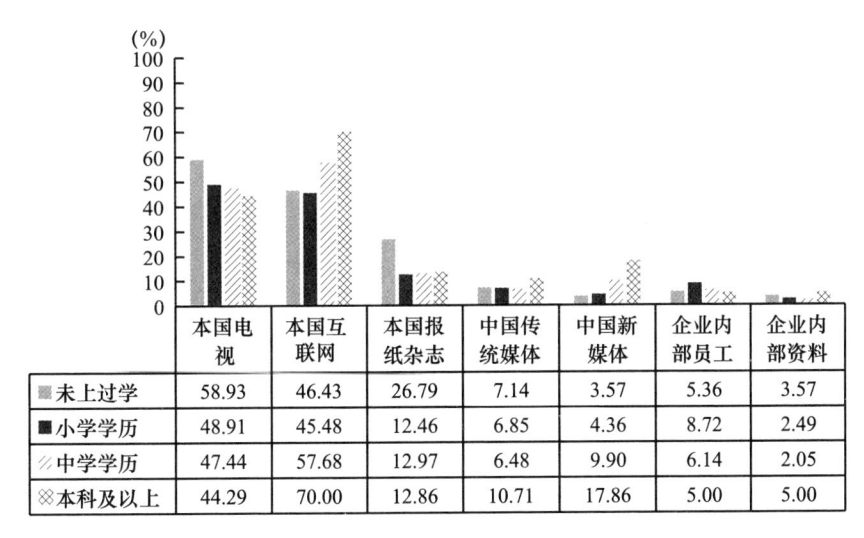

第九章 柬埔寨中资企业员工的媒体使用与文化消费 / 239

	本国电视	本国互联网	本国报纸杂志	中国传统媒体	中国新媒体	企业内部员工	企业内部资料
未上过学	58.93	46.43	26.79	7.14	3.57	5.36	3.57
小学学历	48.91	45.48	12.46	6.85	4.36	8.72	2.49
中学学历	47.44	57.68	12.97	6.48	9.90	6.14	2.05
本科及以上	44.29	70.00	12.86	10.71	17.86	5.00	5.00

图 9-4　按受教育程度划分的近一年内员工了解中国信息的渠道分布
（多选题）（$N=810$）

学历呈现出正比的关系；本科及以上学历的员工使用网络的可能性最大，达到了 70.00%。其次在四类受不同教育程度的员工中本国电视的使用占比与学历呈反比的关系，随学历的上升而下降；本国报纸杂志的使用占比在四类员工中与学历无明显关系，但在未上过学的员工中更受欢迎。四类员工在使用中国媒体获取中国信息方面，使用中国传统媒体的员工占比与员工学历之间没有明显的关系；中国新媒体在中学学历和本科及以上学历员工中更受欢迎，并且使用占比随学历的升高而上升，在通过企业内部员工交流和阅读内部资料获取中国信息的员工中，小学学历员工更倾向于与企业内部员工进行交流以获取中国信息，本科及以上学历的员工则更多通过企业内部资料获取中国信息。

图 9-5 按照月收入水平将样本企业员工分为月收入 100—182 美元、183—220 美元、221—300 美元、301—450 美元和 451 美元以上五类，对该五类员工在获取中国信息是的渠道选择进行分析。月收入

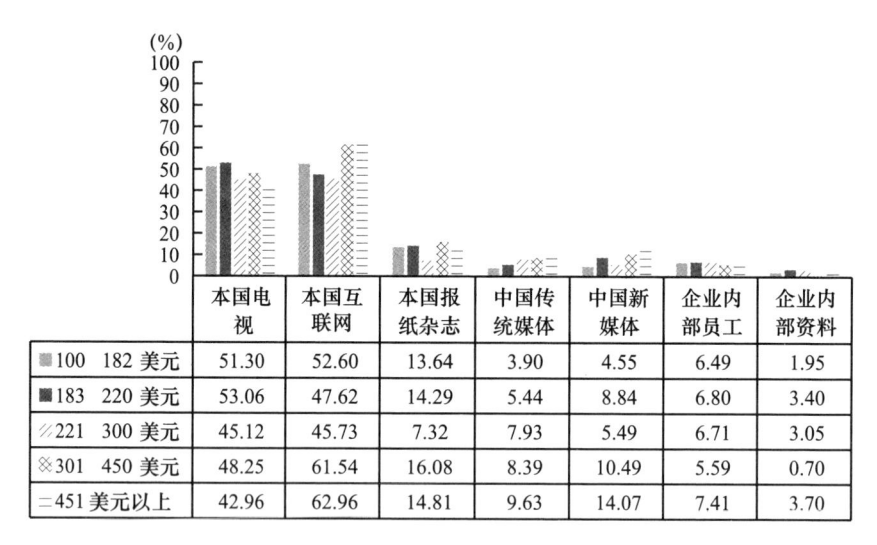

	本国电视	本国互联网	本国报纸杂志	中国传统媒体	中国新媒体	企业内部员工	企业内部资料
100—182 美元	51.30	52.60	13.64	3.90	4.55	6.49	1.95
183—220 美元	53.06	47.62	14.29	5.44	8.84	6.80	3.40
221—300 美元	45.12	45.73	7.32	7.93	5.49	6.71	3.05
301—450 美元	48.25	61.54	16.08	8.39	10.49	5.59	0.70
451 美元以上	42.96	62.96	14.81	9.63	14.07	7.41	3.70

图 9-5 按月收入划分的近一年内员工了解中国信息的渠道分布
($N=743$)

在 100—182 美元的员工中，本国互联网、本国电视和本国报纸杂志等三类渠道使用最广泛，占比分别为 51.30%、52.60% 和 13.64%，其中本国互联网是该类员工获取中国信息的主要途径，高出使用本国电视获取中国信息的员工占比 1.3 个百分点，超过使用本国报纸杂志获取中国信息的员工占比 38.96 个百分点。使用中国传统媒体的员工占比为 3.90%，明显低于使用本国信息获取方式的员工占比，使用中国新媒体的员工占比相对较高，占比为 4.55%，高于使用中国传统媒体员工占比 0.65 个百分点。在通过与企业内部员工进行交流或阅读企业内部资料获取中国信息的员工中，6.49% 的员工通过与企业内部员工进行交流以获取中国信息，1.95% 的员工通过阅读内部资料获取中国信息。

收入在 183—220 美元的员工中，本国互联网、本国电视和本国报纸杂志三种信息渠道的使用员工占比最多，较月收入在 100—182 美元员工有所下降，其中本国互联网使用占比下降幅度最大，下降 4.98 个百分点，本国报纸杂志使用占比有小幅度增加。该类员工中通过使用中国媒体获取中国信息的员工占比更高,其中使用中国传统媒体的员工占比为5.44%,使用中国新媒体的员工占比为8.84%,两类渠道的使用占比分别较月收入在100—182美元员工上升1.54个和4.29个百分点。另外通过员工之间的交流或阅读内部资料获取中国信息的员工占比有所增加,这一比例主要源于通过企业内部资料获取信息的员工占比高出月收入在100—182美元员工占比1.45个百分点。

月收入在221—300美元的员工中,本国互联网依然是该类员工获取中国信息的主要渠道,占比为45.73%,即近五成员工在日常生活中通过本国互联网获取有关中国信息;本国电视在该类员工中的使用占比为45.12%,较月收入在100—182美元和月收入在183—200美元员工有所下降,相比之下这一占比分别低于上述两类员工6.18个和7.94个百分点;在该类收入员工中,本国报纸杂志的使用占比为7.32%,在100—182美元、182—229年美元和221—300美元三类员工使用占比中为最低。在该收入类别员工中,使用中国传统媒体渠道的员工占比为7.93%,使用中国新媒体渠道的员工占比为5.49%。另外通过企业内部员工交流获取中国信息的员工占比为6.71%,通过企业内部资料获取中国信息的员工占比为3.05%。相比月收入在100—300美元的三类员工,月收入在301—450美元的员工使用本国互联网的占比更高,占比为61.54%;本国报纸杂志的使用员工占比也是所有收入类别员工中最高,为16.08%;相反的是,在该类收入员工中,通过企业内部交流的员工占比为所有类别员工中最低,占比近为5.59%。月收入在301—450美元的员工中,通过使用中国媒体获取有关中国信息的员工占比相对较高,其中使用中国新媒体的员工占比高于使用中国传统媒体的员工2.1个百分点。该类别员工中通过阅读企业内部资料获取中国信息的员工占比为0.70%,为所有收入类别中最低。

互联网渠道在月收入451美元以上类别的员工中的使用占比进一步上升,占比为62.96%,为所有类别中使用占比最高,即月收入;该类别中使用本国电视获取中国信息的员工占比为42.96%,为所有收入类别中最低；该类别员工中使用本国报纸杂志获取中国信息的员工占比处于中等水平，占比为14.81%。该类别员工中，员工通过使用中国媒体获取中国信息的占比较高，在所有类别中最高，其中使用中国新媒体的员工占比为14.07%，为所有收入类别中最高；另外通过员工之间的交流或阅读企业内部资料获取中国信息的员工占比相对于其他收入组略高，但没有太大差别。

通过上述分析可以发现，不论月收入处于何种水平，本国信息获取渠道是所有员工获取中国信息的主要方式，其中互联网渠道的使用占比与收入存在弱相关的关系，随着收入的增加，互联网的使用占比在增加；电视的使用占比则与收入存在相关的关系，随着收入的增加，电视的使用占比下降。各类别员工使用中国媒体获取中国信息的情况与使用互联网渠道相似，中国媒体的使用占比随收入的上升而增大。

第二节 文化消费

文化消费是指人们通过文化产品或服务满足自身精神需求的一种消费活动，包括教育、文化娱乐等方面。本节通过分析柬籍员工在电影/电视剧和音乐方面的消费选择，探究员工对不同文化的接受程度。

表9-2　　柬籍员工收看不同国家的影视作品情况（$N=796$）　　（单位：%）

频率	华语电影/电视剧	日本电影/电视剧	韩国电影/电视剧	印度电影/电视剧	美国电影/电视剧
从不	16.08	54.24	34.95	47.14	33.04
很少	15.58	22.32	26.37	25.37	18.51
有时	22.49	13.34	21.89	15.17	21.24
经常	33.04	9.35	15.55	11.19	21.86

续表

频率	华语电影/电视剧	日本电影/电视剧	韩国电影/电视剧	印度电影/电视剧	美国电影/电视剧
很频繁	12.81	0.75	1.24	1.12	5.34

表9-2给出受访柬籍员工在观看不同国家的电影/电视剧的频率分布,可以看出超过八成的员工在日常生活中有观看华语电影/电视,其中频繁(包含经常和很频繁)观看华语电影/电视剧的柬籍员工占比45.85%,从不观看的占比16.08%。员工对于观看日本电影/电视剧的态度较观看华语电影/电视剧负面,超一半(54.24%)的员工从不观看日本电影/电视剧,高于"经常"和"很频繁"观看的员工占比44.14个百分点,"经常"和"很频繁"观看的员工占比为10.10%。相较于日本电影/电视剧,频繁观看韩国电影/电视剧的员工占比有所上升,高于频繁观看日本电影/电视剧的员工占比6.69个百分点,从不观看韩国电影/电视剧的员工占比低于从不观看日本电影/电视剧的员工占比19.29个百分点。对于印度电影/电视剧,员工的观看频率分布与韩国相似,但从不观看的员工占比有所增大,为47.14%,高于从不观看韩国电影/电视剧的员工占比12.19个百分点,频繁观看的员工占比为12.31%。员工对于美国电影/电视剧的态度较日韩印三国电影/电视剧有所变化,其中从不观看的员工占比为33.04%,经常和很频繁观看的员工占比增长至27.10%,高于对日韩印三国电影/电视剧的观看占比。

图9-6给出不同年龄柬籍员工收看各国影视作品的频率得分。总体上华语影视得分最高,其次是美国影视,再者是韩国影视、印度影响与日本影视。分年龄别来看,26—35岁的柬籍员工观看其他国家影响作品的频率更高,其后是16—25岁的柬籍员工,观看频率最低的是36岁及以上的柬籍员工,随着年龄的上升,收看各国影视作品的频率呈倒U形特征。

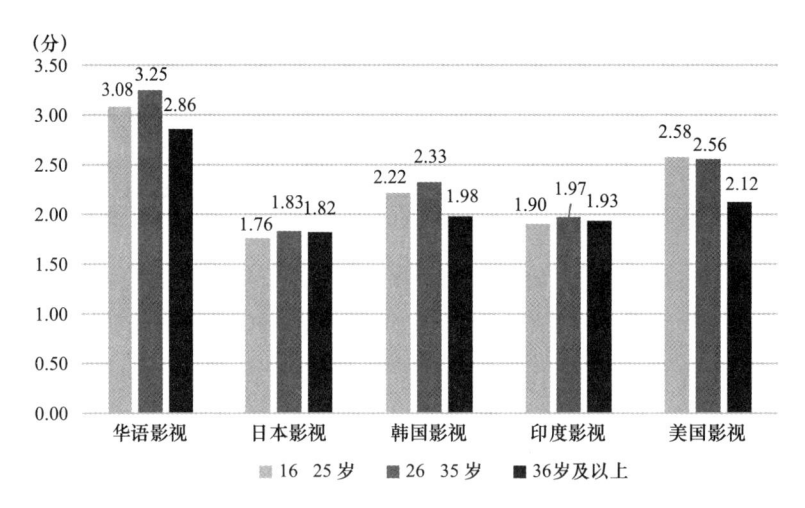

图 9-6　不同年龄别的柬籍员工收看各国影响作品的频率得分

说明：本图使用指标为收看各国影视频率加权平均得分，计算方式按受访者选择从不=1、很少=2、有时=3、经常=4、频繁=5的比例为权重计算。下图同。

进而，按受教育程度区分的柬籍员工收看各国影视作品频率得分有图 9-7，总体上，随受教育程度的提升，收看各国影视作品的频率增加，但在个别国家略有差别，收看印度影视作品的频率随受教育程度的提升呈倒 U 形变化。

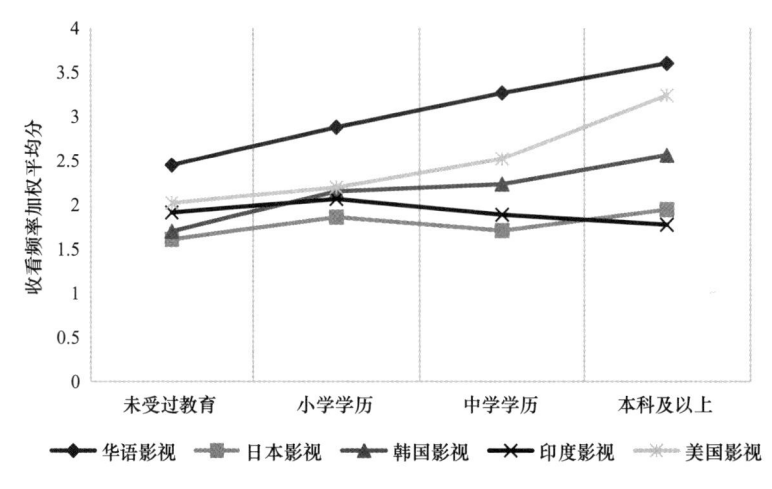

图 9-7　按受教育程度分的柬籍员工收看各国影视作品频率得分

综上，更多柬籍员工倾向于观看华语影视作品，超三成的员工经常观看影视作品，美国影视作品也是柬籍员工观看较多的种类，较少比例的柬籍员工观看日韩印三国影视作品，随着年龄增长观看各国影视作品的频率呈倒 U 形变化，总体上随受教育程度的增长柬籍员工观看各国影视作品的频率增加，但观看印度影响作品的频率随受教育程度的提升呈倒 U 形变化。

表 9-3 是员工对不同国家的音乐喜爱程度的频率分布情况，53.46%的员工喜欢（包含非常喜欢）华语音乐，在五类音乐中占比最高，这一情况与华语电影/电视剧在柬埔寨员工中受欢迎程度相似，均为五种类别中最受欢迎的音乐/电影（电视剧），但也有 28.05%员工不喜欢（包含非常不喜欢）华语音乐。对于美国音乐的接受程度，37.67%的员工喜欢（包含非常喜欢）美国音乐，但这一比例与不喜欢（包含非常不喜欢）的员工占比相当，不喜欢（包含非常不喜欢）的员工占比为 42.61%。员工对于日韩印三类音乐的喜欢程度，仅韩国音乐的被喜欢（包含喜欢和非常喜欢）程度超过 30.00%，其余两种音乐的被喜欢程度低于 15.00%，且不喜欢日印两种音乐的员工占比均超过 55.00%。

表 9-3　　　柬籍员工对不同国家音乐作品的喜爱程度　　　（单位：%）

喜欢程度	华语音乐 $N=795$	日本音乐 $N=774$	韩国音乐 $N=791$	印度音乐 $N=790$	美国音乐 $N=791$
非常喜欢	13.84	2.45	4.68	1.52	5.56
喜欢	39.62	11.11	27.94	12.53	32.11
一般	18.49	21.06	23.01	18.35	19.72
不喜欢	26.29	59.82	42.23	60.00	39.70
非常不喜欢	1.76	5.56	2.15	7.59	2.91

图 9-8 给出不同年龄别柬籍员工对各国音乐作品喜欢程度的评价得分。总体上华语音乐的喜欢程度得分最高，其次是美国音乐，再次

是韩国音乐、日本音乐与印度音乐。分年龄别来看，26—35岁的柬籍员工对其他国家音乐作品的喜欢程度得分最高，其后是16—25岁的柬籍员工，喜欢程度最低的是36岁及以上的柬籍员工。综合起来，随年龄的上升，对各国音乐作品的喜欢程度呈倒U形变化。

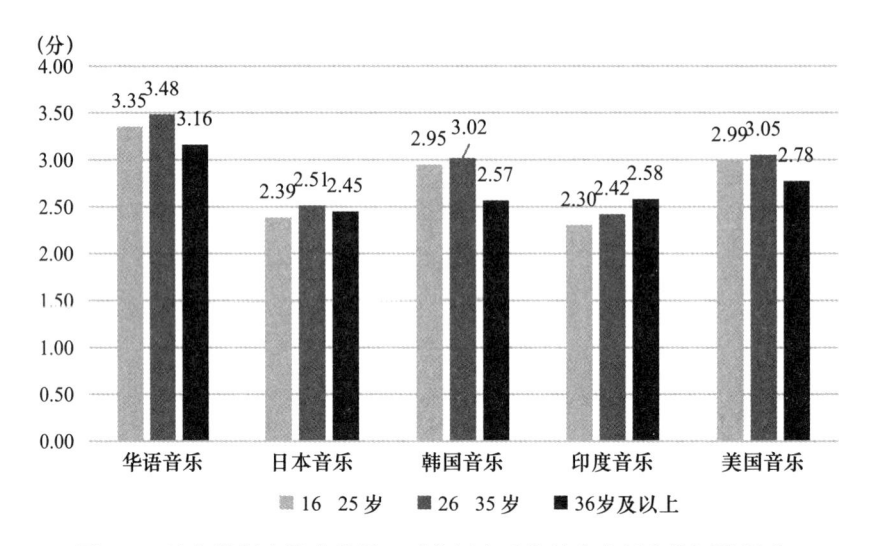

图9-8　按年龄别分的柬籍员工对各国音乐作品喜欢程度的评价得分

注：本图使用指标为受访者对各国音乐作品喜欢程度的加权平均得分，计算方式按受访者选择非常不喜欢=1、不喜欢=2、一般=3、喜欢=4、非常喜欢=5的比例为权重计算。

其次，按受教育程度区分的柬籍员工对各国音乐作品喜欢程度的评价得分见图9-9。柬籍员工对华语音乐与美国音乐作品的喜欢程度随受教育程度的增加而增加，对韩国音乐作品的喜欢程度除未上过学之外，其他各类受教育程度的柬籍员工对韩国音乐作品的喜欢程度基本是相同的，对日本音乐与印度音乐作品的喜欢程度随受教育程度的增加而减少。

综上分析，可以看出柬埔寨员工更喜欢收听华语音乐，其次是美国音乐，较少比例的柬籍员工喜欢日、韩、印三国音乐作品，对各国音乐作品的喜欢程度随年龄的增加呈倒U形变化，柬籍员工对华语音乐与美国音乐作品的喜欢程度随受教育程度的增加而增加，对韩国音乐作品的喜欢程度除未受过教育之外,其他各类受教育程度的柬籍员工对韩国音乐作品的喜欢程度基本是相同的,对日本音乐与印度音乐作品的喜欢程度随受教育程度的增加而减少。

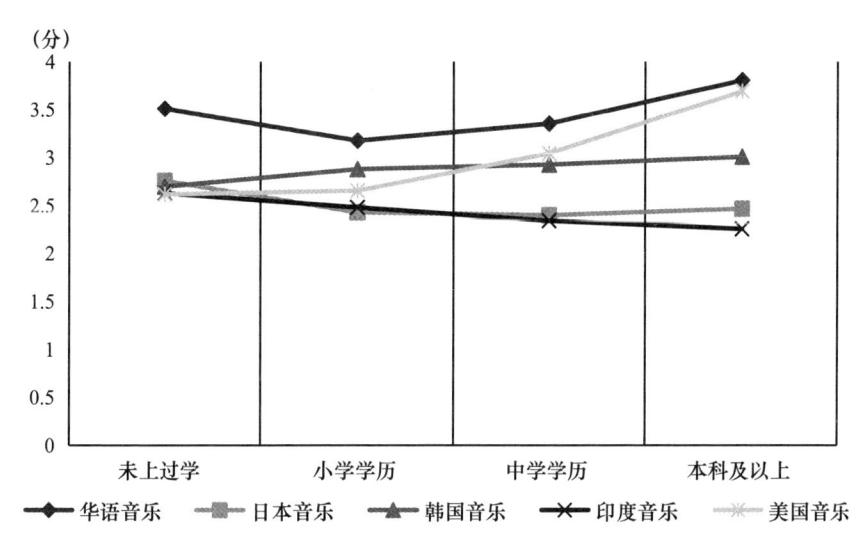

图 9-9　按受教育程度分的柬籍员工对各国音乐喜欢程度的评价得分

注：本图使用指标为受访者对各国音乐作品喜欢程度的加权平均得分,计算方式按受访者选择非常不喜欢=1、不喜欢=2、一般=3、喜欢=4、非常喜欢=5的比例为权重计算。

小　结

本章比较分析不同类别的柬籍员工获取中国信息的渠道选择,互联网和新媒体的使用情况。进而针对员工在不同类别的文化消费选择上进行分析,以期分析柬籍员工对不同文化的接受情况。

首先,获取中国信息的渠道方面：信息的传播与获取是人类生活中不可缺少的内容,随着科技的日益发展,互联网已成为获取信息的主要媒介之一,改变着人们的信息生活。调查发现,本国互联网是柬籍员工获取中国信息最主要的渠道,而中国新媒体在柬籍员工的使用比例较低。此外，考虑了受访者性别、年龄、受教育程度、收入水平等因素之后，信息渠道选择分布基本与总体情况基本一致。相比较而言，女性柬籍员工更多选择本国互联网，男性柬籍员工对中国新媒体的接受度更高；按年龄别分布来看，16—25岁和26—35岁年龄段员工对新媒体渠道的接受度更高，26—35岁的柬籍员工多数使用本国互联网获取中国信息。按受教育程度分类来看，随受教育程度的提高本国互联网使用比例增加，同时对新媒体渠道的接受程度随受教育程度的提升而增长。对不同收入水平的中国信息获取渠道方面，本国互联网渠道是各个收入层次中的主要渠道选择，对于新媒体的使用，其使用比例与收入水平呈正相关。

其次，在文化消费方面：柬籍员工观看各国影视作品的频率由高到低排序为：华语影响>美国影视>韩国影视>印度影视>日本影视，对各国音乐作品的喜欢程度由高到低排序为：华语音乐>美国音乐>韩国音乐>日本音乐>印度音乐。随年龄别的增加，柬籍员工对各国影视作品的收看频率与音乐作品的喜欢程度呈倒U形变化。随着受教育程度的提升，总体上，柬籍员工收看各国影视作品的频率也上升，但观看印度影视作品的频率随受教育程度的上升呈倒U形变化；在对各国音乐作品的喜欢程度上，不同受教育程度的差别较大，柬籍员工对华语音乐与美国音乐作品的喜欢程度随受教育程度的增加而增加，对韩国音乐作品的喜欢程度除未上过学之外，其他各类受教育程度的柬籍员工对韩国音乐作品的喜欢程度基本是相同的，对日本音乐与印度音乐作品的喜欢程度随受教育程度的提高而降低。

第 十 章

国内议题与大国影响力

本章节将通过在柬中资企业调研数据,从中国品牌、中资企业社会责任履行、大国影响力等方面,比较和分析柬埔寨员工对上述方面的认知与评价。充分了解中资企业柬埔寨员工关于中国、中国企业以及其他大国的认知评价,是中资企业践行"民心相通"的重要基础。

第一节 品牌认知与消费行为

全球品牌通常是"通过东道国本地化生存而获得全球化繁荣"的,品牌或产品的来源国形象对消费者的产品评价、风险感知、购买意愿等相关决策行为产生影响或偏见(Diamantopoulos and Zeugner-Roth,2011),而来源国形象是消费者对某一国家的产品生产、设计和营销等能力的总体感知,以及对该国的经济、政治、文化、技术和工业化等的总体印象(刘英为等,2017)。了解东道国消费者对中国品牌产品的偏好及其消费特征,有益于在柬投资中国企业通过传播中国品牌的独特优势来获取国际消费者认可,不仅有利于跨国品牌创建差异化的全球定位优势,也是提升整体国家形象、累积全球品牌资产的重要战略方向(Chiu et al.,2009;何佳讯、吴漪,2015)。此次调查设计了柬籍员工对中国品牌的认知及相应的消费行为问题。

一 柬籍员工对中国品牌的认知

图10-1按性别分的柬籍员工对本企业外的中国产品品牌的认知状况。柬籍男性员工知道中国产品品牌的占比为36.36%，柬籍女性员工知道中国产品品牌的占比为41.06%，柬籍员工对中国品牌的认知程度略低。中资企业中柬籍女性员工对中国品牌的认知度更高。

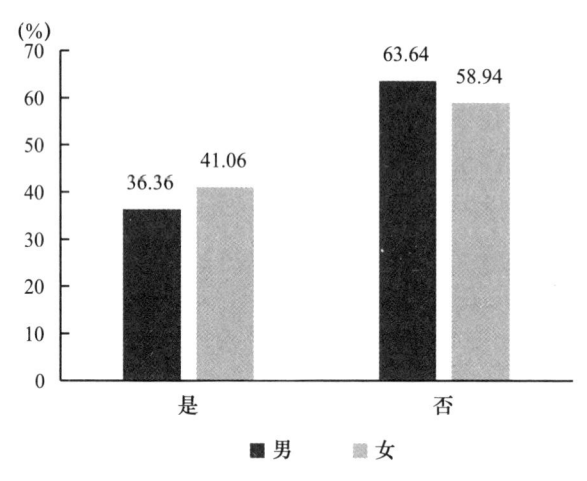

图10-1 按性别划分的员工对本企业外的中国产品品牌的认知状况（$N=731$）

图10-2为按受教育程度划分的柬籍员工对本企业外的中国品牌的认知状况。未上过学柬籍员工知道中国品牌的占比为27.08%，小学学历的柬籍员工知道中国品牌的占比19.78%，中学学历的柬籍员工知道中国品牌的占比42.70%，本科及以上的柬籍员工知道中国品牌的占比71.53%。随着受教育程度的提升，柬籍员工对中国品牌的认知在提升。

图10-3为按职业分类的柬籍员工对本企业外的中国品牌认知情况。管理人员比非管理人员认知程度略高，40.24%的管理人员知道中国品牌，38.34%的非管理人员知道中国品牌，柬籍管理岗位的员工对中国品牌的认知程度更高。

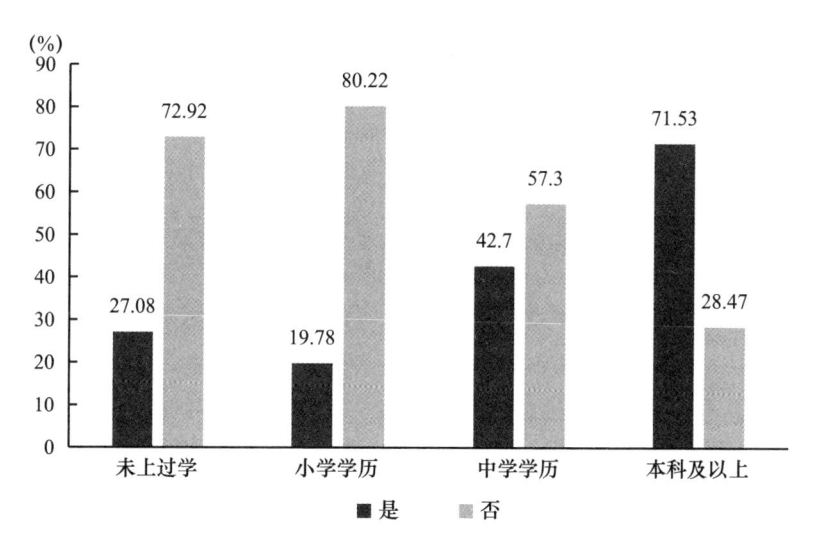

图 10-2　按受教育程度划分的员工对本企业外的中国产品品牌的认知状况（$N=730$）

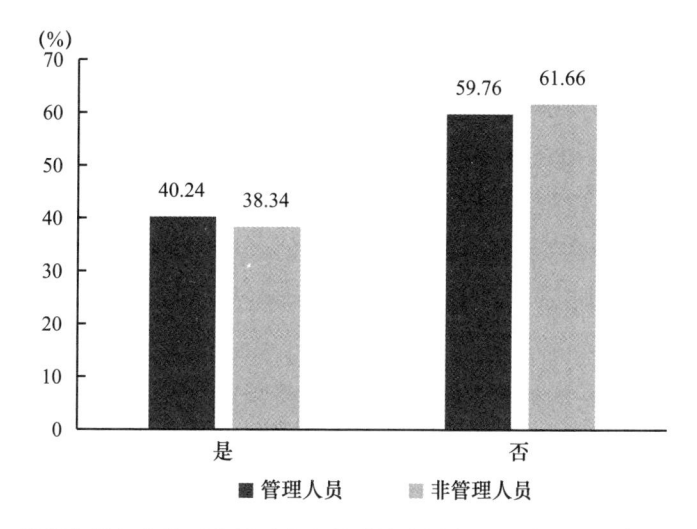

图 10-3　管理人员与非管理人员对本企业外的中国产品品牌的认知状况（$N=722$）

表 10-1 将上网频率与员工对本企业外的中国产品品牌的认知状况交互情况可知，"经常"上网的员工对本企业外的中国产品品

牌的认知状况最佳,"偶尔"上网的员工为认知品牌情况一般,"从不"上网的员工则对中国产品品牌认知较为缺乏,中资企业员工上网频率对本企业外的中国产品品牌的认知状况有一定影响,大部分柬籍员工对本企业外的中国产品品牌的认知是欠缺的。

表 10-1　　按上网频率划分的员工对本企业外的中国产品品牌的认知状况（$N=719$）　　（单位：%）

上网频率	是	否
经常	44.10	55.90
偶尔	24.00	76.00
从不	13.76	86.24
合计	38.80	61.20

进一步,根据受访柬籍员工熟悉的知名中国产品进行归类。绘制男性柬籍员工熟悉的中国企业产品分布图,如图 10-4 所示,华为、小米、OPPO 和 VIVO 是柬籍员工最为熟悉的中国企业。受访的柬籍男性员工中,对华为的认知度最高,这一比例为 34.62%,其次为 OPPO（12.82%）、VIVO（5.77%）与小米（2.56%）;对其他品牌如包括美的、TCL、海尔等在内的数十个中国企业品牌的认知程度,合并占比为 44.23%。

同样地,绘制女性柬籍员工熟悉的中国企业产品图（图 10-5）,与男性柬籍员工相似,女性柬籍员工对华为品牌的认知度最高,占比 33.06%,其次为 OPPO（17.74%）、VIVO（3.23%）与小米（1.61%）,而其他品牌如包括美的、海尔、TCL 等在内的数十个中国企业品牌,柬籍女性员工的认知度比例合计为 44.35%。

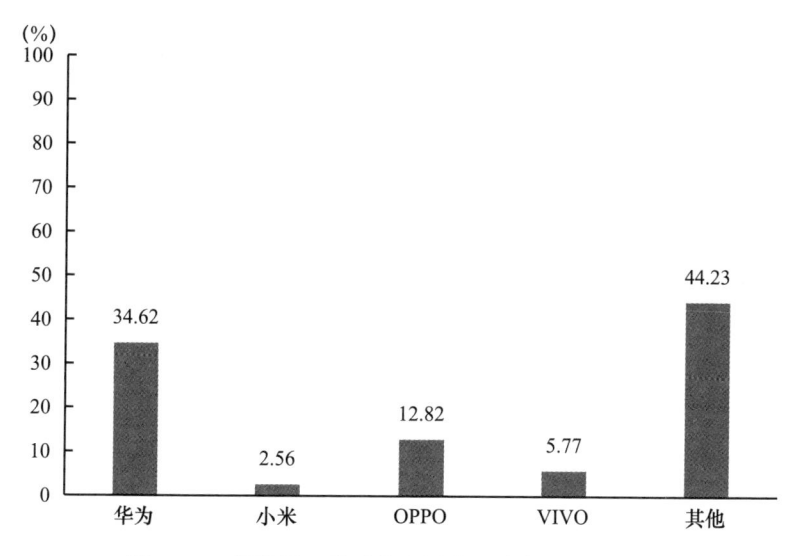

图 10-4　男性员工熟悉的中国产品分布（$N=156$）

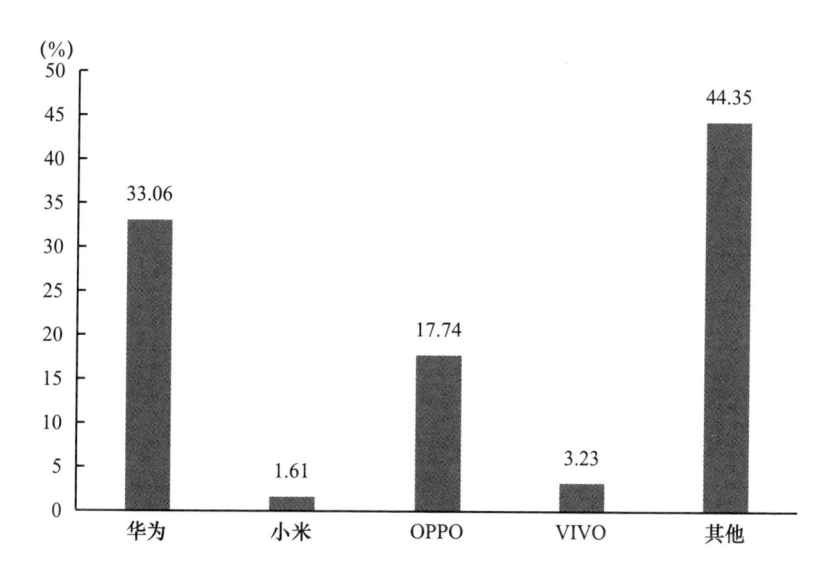

图 10-5　女性员工熟悉的中国产品分布（$N=124$）

表10-2将上网频率作为自变量与熟悉的中国企业品牌交互情况可知，虽然有大部分人回答其他中国企业，但就单个品牌的影响力，"经常"以及"从不"上网的员工回答者中对华为最为熟悉；"偶尔"上网的员工则对OPPO认知多一些。总体而言，中资企业受访柬籍员工最熟悉的中国企业就是以华为作代表的中国手机企业。华为在柬埔寨开展业务17年，成为柬方信息化发展战略合作伙伴，华为终端已成为当地三大品牌之一。

表10-2　按上网频率划分的员工熟悉的中国企业品牌（$N=279$）　（单位：%）

上网频率	华为	小米	OPPO	VIVO	其他
经常	34.50	2.33	15.50	5.04	42.64
偶尔	0.00	0.00	16.67	0.00	83.33
从不	40.00	0.00	6.67	0.00	53.33
合计	34.05	2.15	15.05	4.66	44.09

根据调查数据结果：在柬中资企业当地受访员工对于本企业以外的中国品牌认知状况还是有待提升；华为是中资企业受访柬籍员工心目中众多中国品牌里最有知名度的。中国企业在柬埔寨当地的品牌宣传还需要适当加强，融入当地的文化消费环境中，以华为等知名度高的品牌作为榜样结合自身独特性走进当地百姓的心中，实现真正的互利互惠，从而促进中柬友好合作的未来。

第二节　社会责任履行

中国企业在海外经营过程中，如何正确履行社会责任，融入当地文化，树立正面形象，为消费者、社区、民间组织和政府机构所接受的问题上面临着很大的挑战。① "社会责任"是"走出去"海外投资企业不可回避的问题。中国企业在柬埔寨社会责任履行中的援助方式和领域紧紧围绕能否改善援助所在区域人民生活水平。据中国驻柬埔寨使馆经商处的统计,在中国无偿援助和优惠贷款支持下,近年来中柬合作已建和拟建的公路里程超过 2000 公里,占柬国家道路总长的 35.00% 以上;修建的 7 座大型桥梁总长超过 7 公里,连通湄公河、洞里萨河两岸;中方在柬建设运营的多座水电站发电量占柬发电总量的 50.00% 以上等。此次调查中,设计了员工对企业社会责任履行的需求相关问题。

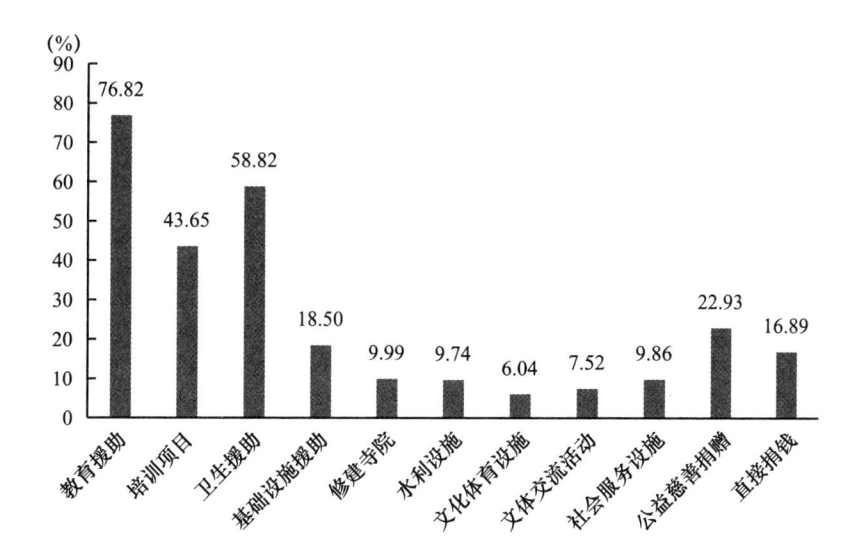

图 10-6 员工最希望本企业在本地开展的援助类型分布(多选题)($N=811$)

图 10-6 对在柬中资企业当地员工的采访结果统计中可以看到,员工们最希望本企业在本地开展的前三名援助类型是教育援助,卫生援助和培训项目,分别为 76.82%、58.82% 和 43.65%。换言之,涉

---

① 王剑武:《"走出去"企业履行海外社会责任的升级研究》,《海峡科技与产业》2016 年第 3 期。

及个体的人力资本水平的改善是柬籍员工最为需要的。

表10-3从柬埔寨中资企业当地员工对企业在本地开展援助项目类型的认知状况中可以看到，排名靠前的中资企业援助类型主要是"教育援助"、"以钱或实物形式进行公益慈善捐赠"、"卫生援助"和"基础设施援助"，分别是39.73%、36.63%、36.35%和30.31%。20世纪90年代以来，中国对柬埔寨的援助总额度逐年提高，但是在援助资金分配比例上，援助项目主要集中在基础设施建设方面，普通百姓可直接所见所用的民生项目比例不大，数目不多，资金不够。[①]因此，可以看到"没有"和"不清楚"的情况依然较多，中方不仅需要合理分配援助比例，也亟须加强在柬援助项目的宣传。

表10-3　柬籍员工对中资企业在本地开展援助项目类型的认知状况（$N=803$）　（单位：%）

援助项目类别	有	没有	不清楚
教育援助	39.73	26.65	33.62
培训项目	27.99	34.95	37.06
卫生援助	36.35	28.16	35.48
基础设施援助	30.31	26.96	42.73
修建寺院	22.30	32.96	44.73
水利设施	28.75	29.12	42.13
电力设施	29.49	29.12	41.39
文化体育设施	23.24	34.98	41.78
文体交流活动	25.46	34.98	39.56
社会服务设施	24.88	32.43	42.70
以钱或实物形式进行公益慈善捐赠	36.63	20.30	43.07

由此，根据本节数据分析结果可知：

[①] 邓艳任：《"一带一路"背景下中国对柬埔寨援助研究》，《广东农工商职业技术学院学报》2018年第1期。

首先，由于柬埔寨总体教育水平落后，各省及偏远地区人民"看病难"，企业缺乏当地技术型人才，教育、卫生援助和培训项目成为柬埔寨中资企业当地员工最为希望获得的援助。

其次，中国对柬援助的分配比例不均衡，援助项目的宣传也尚且不够。

因此，中方应该适度宣传援助项目，合理调配援助领域，重视非政府组织对柬跨国援助的作用，减少产生摩擦的可能，提高中国对外援助的形象。

第三节 大国影响力

本节所指"大国"是国际政治意义上的大国（Great Power Country），指对国际和平和安全有重大责任和影响的国家。衡量一个国家是不是大国，通常用综合国力作为标准，一般包括资源、经济、科技、军事、政治、教育和文化等。而"大国影响力"无疑是指这些综合国力强劲国家对其他国家甚至国际世界的影响维度。柬埔寨位于中南半岛的西南部，拥有重要的地缘位置，自古就是东西方贸易和交往的通道。目前，柬埔寨政府实行自由经济贸易政策，所有行业都对外开放，大力鼓励外资投资；主要大国对柬埔寨也长期提供各类援助。欧亚大国一直试图提高其在柬埔寨的影响力。本节通过对柬埔寨中资企业当地员工对大国（中国、美国、日本、印度）影响力的认知数据分析，可在一定程度上了解柬埔寨民众对大国影响力的认知情况。

表10-4从性别与大国在亚洲影响力评价的交叉中显示，男性员工和女性员工都认为中国在亚洲的影响力最大，接着依次是美国、日本和印度。其中，中国的亚洲影响力评价男性员工占比略高于女性员工，两者相差5.91个百分点；美国的亚洲影响力评价相反，男性员工占比略低于女性员工，两者相差4.93个百分点；日本的亚洲影响

力评价男性员工和女性员工差异微小,两者仅相差0.11个百分点;印度的亚洲影响力评价男性员工比例虽低,但女性员工直接未有给予肯定;此外,有少部分员工是其他选择。总的来说,在柬中资企业男女受访员工普遍给予了中国在亚洲最大影响力的肯定,特别是男性受访员工更加认同中国在亚洲影响力最大。

表10-4　按性别划分的员工认为哪个国家在亚洲的影响力最大（$N=701$）　（单位：%）

性别	中国	日本	美国	印度	其他
男	78.57	4.38	15.67	0.69	0.69
女	72.66	4.49	20.60	0.00	2.25
合计	76.32	4.42	17.55	0.43	1.28

表10-5从年龄组与大国在亚洲影响力评价的交互表中,三个年龄段的受访员工都认为中国在亚洲的影响力最大,接着依次是美国、日本和印度。其中,中国的亚洲影响力评价随年龄增长呈倒U形变化;日本的亚洲影响力评价随年龄段增长而上升;美国的亚洲影响力评价26—35岁员工占比略高于其他两者;印度的亚洲影响力评价在各个年龄段比例都低,但只有16—25岁员工有给予一定评价;此外,有少部分各年龄段员工是其他选择。总的来说,在柬中资企业少中青受访员工普遍给予了中国在亚洲最大影响力的肯定,特别是36岁及以上受访员工更加认同中国在亚洲影响力最大。

表10-5　按年龄组划分的员工认为哪个国家在亚洲的影响力最大（$N=701$）　（单位：%）

年龄组	中国	日本	美国	印度	其他
16—25岁	76.57	4.20	16.78	1.05	1.40
26—35岁	75.52	4.48	18.97	0.00	1.03

续表

年龄组	中国	日本	美国	印度	其他
36岁及以上	77.60	4.80	16.00	0.00	1.60
合计	76.32	4.42	17.55	0.43	1.28

表10-6从受教育程度与大国在亚洲影响力评价的交互可发现，不同受教育程度的受访员工都认为中国在亚洲的影响力最大，接着依次是美国、日本和印度。其中，中国的亚洲影响力和日本的亚洲影响力评价里未上过学的员工占比略高于其他三者；美国的亚洲影响力评价里小学学历的员工占比略高于其他三者；印度的亚洲影响力评价在各个受教育程度中占比都低，但只有小学学历和中学学历的员工有给予一定评价。总的来说，在柬中资企业从低到高受教育程度的受访员工普遍给予了中国在亚洲最大影响力的肯定。

表10-6 按受教育程度划分的员工认为哪个国家在亚洲的影响力最大（$N=701$） （单位：%）

受教育程度	中国	日本	美国	印度	其他
未上过学	84.78	6.52	8.70	0.00	0.00
小学学历	70.93	6.20	20.16	0.78	1.94
中学学历	76.98	3.77	17.36	0.38	1.51
本科及以上	82.58	1.52	15.91	0.00	0.00
合计	76.32	4.42	17.55	0.43	1.28

表10-7给出不同族群的员工与大国在亚洲影响力的评价的交互，可看出，人数占比最大的高棉族员工认为中国在亚洲的影响力最大，接着依次是美国、日本和印度；占族受访员工认为中国和美国影响各占50%；其他民族则主要认为美国在亚洲影响力最大。中国的亚洲影响力在中资企业的柬埔寨主体民族员工中得到极大肯定。总的来说，在柬中资企业主体民族受访员工给予了中国在亚洲最大影响力的肯定。

表 10-7　　　按族群划分的员工认为哪个国家在亚洲的影响力最大（$N=701$）　（单位：%）

族群	中国	日本	美国	印度	其他
高棉族	76.50	4.44	17.34	0.43	1.29
占族	50.00	0.00	50.00	0.00	0.00
其他民族	0.00	0.00	100.00	0.00	0.00
合计	76.32	4.42	17.55	0.43	1.28

表 10-8 给出柬籍员工在本企业工作时长对大国在亚洲影响力的评价情况，不同工作时长的受访柬籍员工都认为中国在亚洲的影响力最大，接着依次是美国、日本和印度。其中，中国的亚洲影响力里在本企业工作四年的员工占比略高于其他时长；美国的亚洲影响力评价里在本企业工作少于一年的员工占比略高于其他时长；认为日本亚洲影响力评价里在本企业工作六年的员工比例较高于其他时长；印度的亚洲影响力评价在各个工作时长中占比都低，但只有在本企业工作一年至两年的员工有给予一定评价。总的来说，在柬中资企业无论工作多久的受访员工普遍给予了中国在亚洲最大影响力的肯定，特别在少于一年到四年这段区间明显展现了受访员工逐渐深化中国在亚洲影响力最大的认同过程。

表 10-8　　　按在本企业工作时长划分的员工认为哪个国家在亚洲的影响力最大（$N=695$）　（单位：%）

工作时长	中国	日本	美国	印度	其他
少于一年	71.81	4.26	22.34	0.00	1.60
一年	75.22	4.87	17.26	0.88	1.77
两年	76.71	2.74	16.44	1.37	2.74
三年	79.10	1.49	19.40	0.00	0.00
四年	82.98	6.38	10.64	0.00	0.00
五年	81.82	3.03	15.15	0.00	0.00
六年	72.73	9.09	18.18	0.00	0.00
六年以上	82.00	8.00	10.00	0.00	0.00

续表

工作时长	中国	日本	美国	印度	其他
合计	76.12	4.46	17.70	0.43	1.29

图10-6给出是否使用电脑的员工对大国在亚洲影响力评价情况，使用电脑的员工和不使用电脑员工都认为中国在亚洲的影响力最大，接着依次是美国、日本和印度。工作中使用电脑的员工有80.90%的认为中国在亚洲影响力最大，这一比例高出未使用电脑的员工6.3个百分点；对美国的亚洲影响力评价则相反，使用电脑的员工有15.08%的认为美国在亚洲影响力最大，低于不使用电脑员工3.52个百分点；日本的亚洲影响力评价显示，使用电脑的员工和不使用电脑的员工差异微小，两者仅相差0.58个百分点；印度的亚洲影响力评价显示，不使用电脑的员工比例虽低，但使用电脑的员工未给予评价。总的来说，在柬中资企业受访员工无论是否在工作中使用电脑都普遍给予了中国在亚洲最大影响力的肯定。

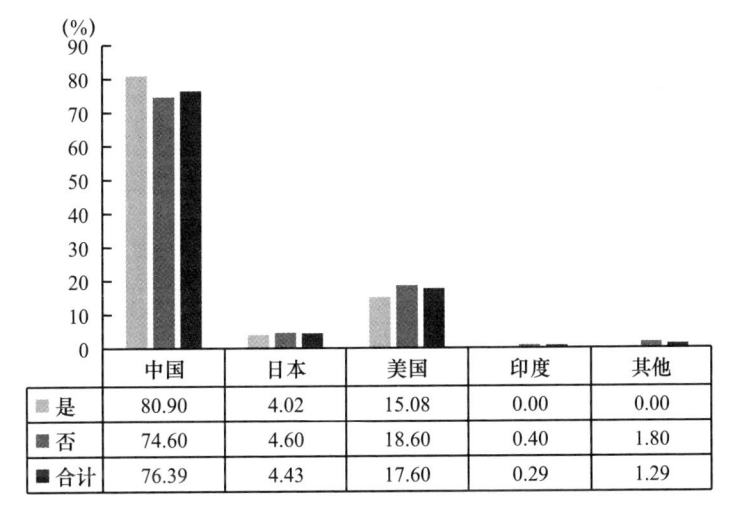

	中国	日本	美国	印度	其他
是	80.90	4.02	15.08	0.00	0.00
否	74.60	4.60	18.60	0.40	1.80
合计	76.39	4.43	17.60	0.29	1.29

图10-6　按工作中是否使用电脑划分的员工认为哪个国家在亚洲的影响力最大（$N=699$）

图 10-7 给出曾在其他国家外资企业就业的柬埔寨员工对大国在亚洲影响力评价情况，受访员工主要在除中国外的美国、印度、日本、韩国、欧盟等外资企业工作过，而不同外资企业工作过的受访员工都认为中国在亚洲的影响力最大。其中，中国的亚洲影响力评价在韩国企业工作过的员工比例较高于所有其他企业；日本的亚洲影响力评价里在印度企业工作过的员工占比高于其他企业；美国的亚洲影响力评价里在欧盟企业工作过的员工比例较高于其他企业；印度的亚洲影响力评价在各个外资企业中无回答。总的来说，柬埔寨中资企业的受访员工无论在哪国企业工作过，普遍给予了中国在亚洲最大影响力的肯定，特别在韩国企业工作过的员工给予中国在亚洲影响力的高度评价。

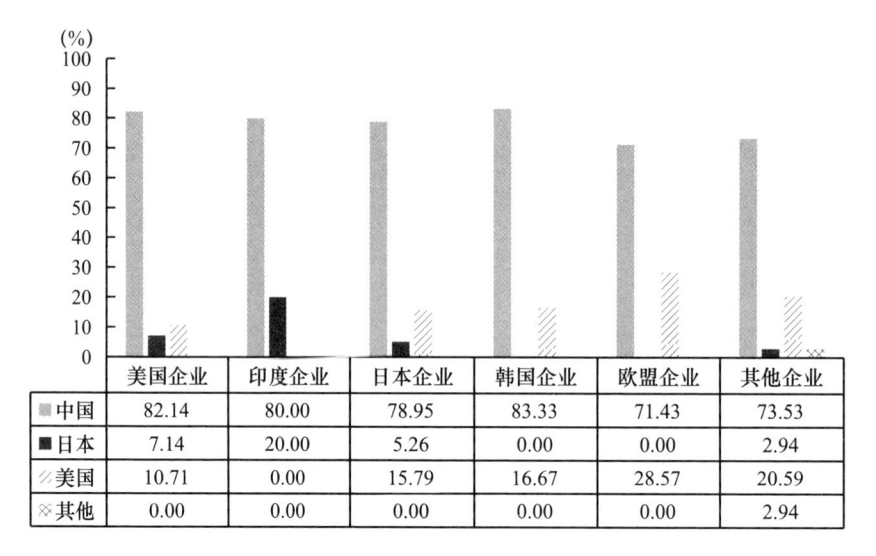

	美国企业	印度企业	日本企业	韩国企业	欧盟企业	其他企业
中国	82.14	80.00	78.95	83.33	71.43	73.53
日本	7.14	20.00	5.26	0.00	0.00	2.94
美国	10.71	0.00	15.79	16.67	28.57	20.59
其他	0.00	0.00	0.00	0.00	0.00	2.94

图 10-7 按去过其他国家外资企业工作划分的员工认为哪个国家在亚洲的影响力最大（多选题）（$N=91$）

图 10-8 为家庭是否联网的情况下，受访柬埔寨员工对大国在亚洲影响力的评价情况，家庭联网的员工和家庭没有联网员工都认为中国在亚洲的影响力最大，接着依次是美国、日本和印度。其中，中国的亚洲影响力评价家庭联网员工占比略高于家庭没有联网员工，两者

相差 3.49 个百分点；美国的亚洲影响力评价则相反，家庭联网员工占比略低于家庭没有联网员工，不过两者仅相差 0.25 个百分点；日本的亚洲影响力评价家庭联网员工和家庭没有联网员工差异较小，两者相差 2.58 个百分点；印度的亚洲影响力评价在家庭是否联网员工中比例都低，两者仅相差 0.7 个百分点。总的来说，在柬中资企业受访员工无论家庭是否联网都普遍给予了中国在亚洲最大影响力的肯定，特别是家庭联网的员工，其更能及时掌握亚洲范围内各国的影响力讯息，从而产生相应观点。

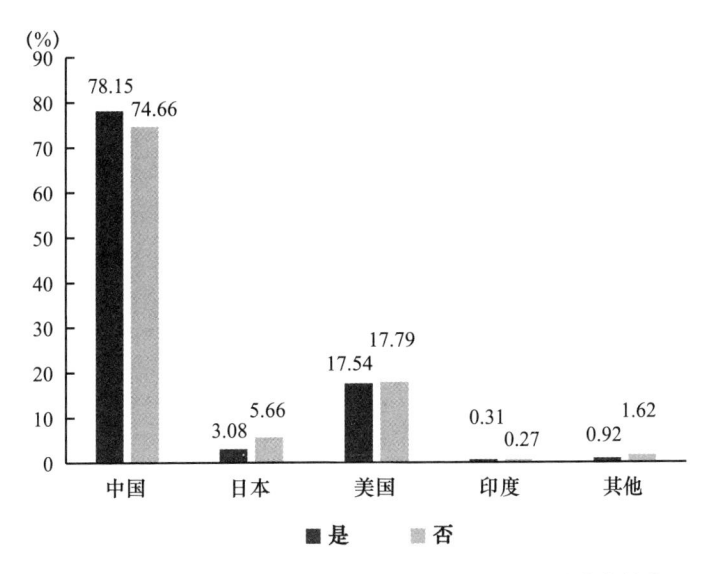

图 10-8　按家庭是否联网划分的员工认为哪个国家在亚洲的影响力最大（N=696）

图 10-9 为手机是否联网的情况下，受访柬埔寨员工对大国在亚洲影响力的评价情况，手机联网的员工和手机没有联网员工都认为中国在亚洲的影响力最大，接着依次是美国、日本和印度；而没有手机的受访员工虽然同样认为中国在亚洲的影响力最大，但接着依次是日本、美国和印度。其中，中国的亚洲影响力评价里手机联网员工占比高于手机没有联网员工，两者相差 10.13 个百分点；美国的亚洲影响力评价则相反，手机联网员工占比略低于手机没有联网员工，两者相

差 7.26 个百分点；日本的亚洲影响力评价里手机联网员工和手机没有联网员工差异较小，两者相差 2.86 个百分点；印度的亚洲影响力评价在手机是否联网员工中比例都低，只有手机联网的员工给予一定评价。总的来说，在柬中资企业受访员工无论手机是否联网或没有手机都普遍给予了中国在亚洲最大影响力的肯定，特别是手机联网的员工更加认同此想法，这与手机上各国资讯的接收不无关系。

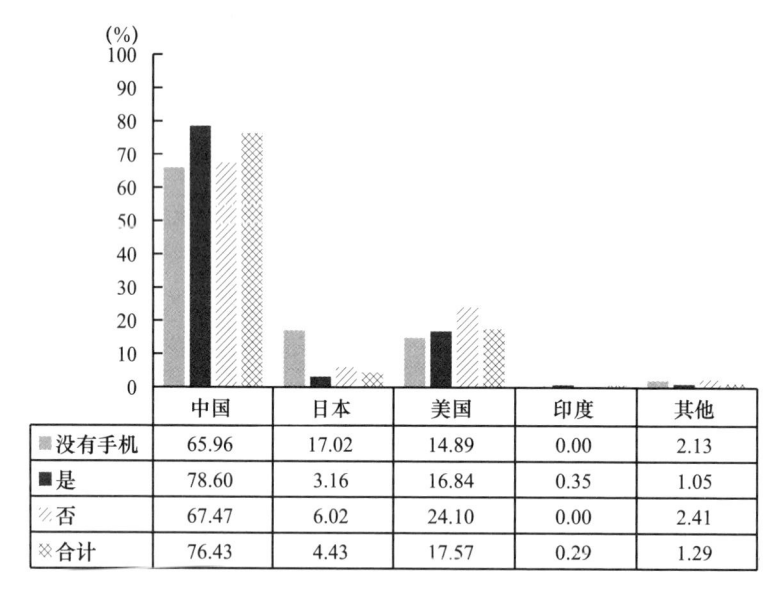

	中国	日本	美国	印度	其他
没有手机	65.96	17.02	14.89	0.00	2.13
是	78.60	3.16	16.84	0.35	1.05
否	67.47	6.02	24.10	0.00	2.41
合计	76.43	4.43	17.57	0.29	1.29

图 10-9 按手机是否联网划分的员工认为哪个国家在亚洲的影响力最大（$N=700$）

表 10-9 中，在 693 个受访员工中，接近五成（49.49%）的人认为中国在本地区的影响力以正面为主，接着依次是正面远多于负面、负面远多于正面和负面为主；在 609 个受访员工中，超过五成（54.84%）的人认为美国在本地区的影响力以正面为主，接着依次是负面远多于正面、负面为主和正面远多于负面。可见，中国被给予的"正面为主"评价虽然不及美国多，但是负面评价却比美国少。总体而言，在柬中资企业受访员工更多给予了中国在本地区影响力的正面肯定。

第十章 国内议题与大国影响力 / 265

表10-9　　员工对中美在本地区的影响力评价的差异　　（单位：%）

国家	负面远多于正面	负面为主	正面为主	正面远多于负面
中国　$N=693$	16.59	10.39	49.49	23.52
美国　$N=609$	19.38	13.63	54.84	12.15

图10-10清晰地反映出受访员工回答者中认为柬埔寨未来发展需要借鉴的国家里中国排名第一，其次是美国和日本，印度排在"不清楚"选项之后。综合来看，中国作为柬埔寨邻国，自身快速发展的同时，在经济上对柬埔寨进行投资、援助等，加之中国在国际舞台上日益提升的影响力，在柬中资企业员工处于其中应有深刻感受，这就可以印证中国将会是他们心中柬埔寨未来发展需要借鉴的重要国家。

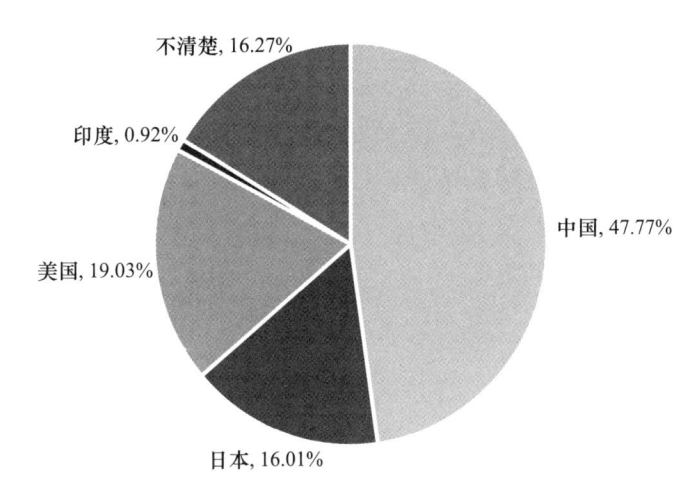

图10-10　员工认为柬埔寨未来发展需要借鉴的国家分布（$N=762$）

表10-10给出不同受教育程度的员工对为柬埔寨提供援助的认知情况。不同受教育程度的受访员工普遍认为中国是为本国提供外援最多的国家，美国次之，日本第三，印度最后，也少部分员工不清楚的状况。对中国的援助认知方面，各学历员工所认为的比例都已经过半，其中本科及以上学历者认为的比例超过六成（64.96%）；对美国

的援助认知方面,受教育程度与员工所认为的比例成反比,其中未上过学者认为的占比最高;对日本的援助认知方面,受教育程度与员工所认为的比例成正比,其中本科及以上学历者认为的占比最高;对印度的援助认知方面,总体比例极低,仅有中学学历者给予一定认可。

表 10-10　按受教育程度划分的员工认为的为柬埔寨提供援助最多的国家分布（$N=794$）　　（单位:%）

最高学历	中国	美国	日本	印度	不清楚
未上过学	58.18	18.18	7.27	0.00	16.36
小学学历	55.52	11.99	7.26	0.00	25.24
中学学历	59.65	10.18	9.47	0.35	20.35
本科及以上	64.96	8.76	13.87	0.00	12.41
合计	58.82	11.21	9.19	0.13	20.65

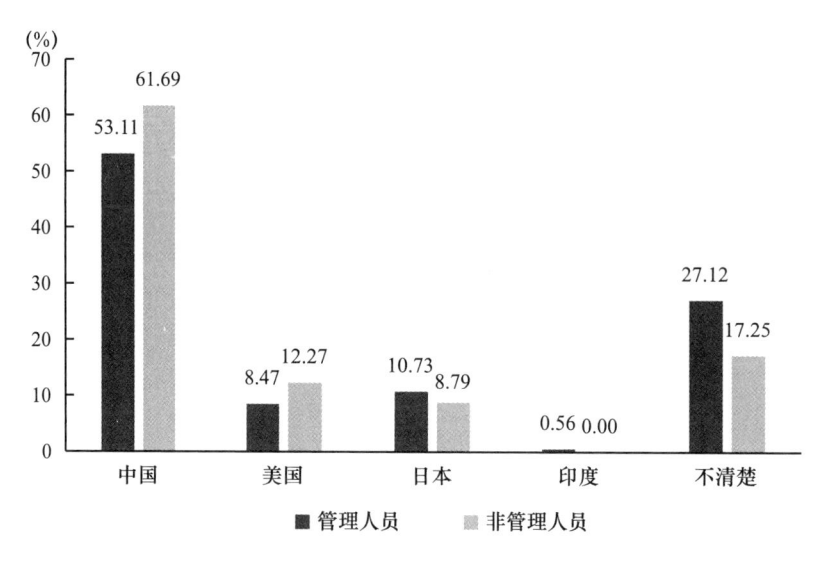

图 10-11　管理人员与非管理人员认为的为柬埔寨提供外援助最多的国家分布（$N=780$）

图 10-11 从是否管理人员与员工认为的为柬埔寨提供外援最多的国家分布交互表中可知，受访者普遍认为中国为柬埔寨提供外援最多的国家，接着依次是美国、日本和印度，另外有部分人并不清楚状况。对中国的援助认知方面，非管理人员占比略高于管理人员，两者相差 8.58 个百分点；对美国的援助认知方面，非管理人员占比略高于管理人员员工，两者相差 3.8 个百分点；对日本的援助认知方面则相反，非管理人员占比略低于管理人员员工，两者相差 1.94 个百分点；对印度的援助认知方面的比例都极低，仅管理人员给予较低比例的认可。总的来说，在柬中资企业受访员工无论是否管理人员都普遍给予了中国外援的较大认可，特别是非管理人员的员工更加认同中国对本国的外援最多。

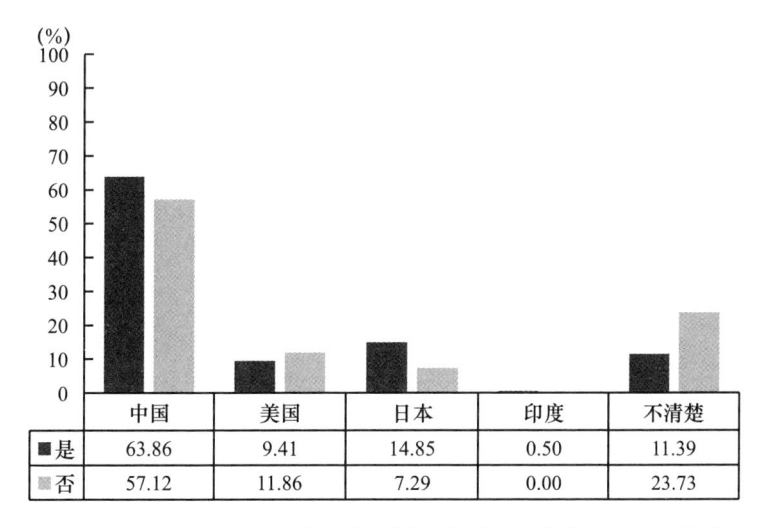

	中国	美国	日本	印度	不清楚
是	63.86	9.41	14.85	0.50	11.39
否	57.12	11.86	7.29	0.00	23.73

图 10-12　按工作中是否使用电脑划分的员工认为的为柬埔寨提供外援最多的国家分布（$N=792$）

图 10-12 为工作中是否使用电脑的情况下，受访柬埔寨员工对主要国家在柬援助的认知评价。受访员工普遍认为中国为柬埔寨提供外援最多的国家，接着依次是日本、美国和印度，此外有少部分不清楚的人员。中国方面，使用电脑员工占比略高于不使用电脑员工，两者

相差6.74个百分点；美国方面则相反，使用电脑员工占比略低于不使用电脑员工，两者相差2.45个百分点；日本方面，使用电脑员工略高于不使用电脑员工，两者相差7.56个百分点；印度方面比例很低，只有使用电脑员工给予评价。总的来说，在柬中资企业受访员工无论是否在工作中使用电脑都普遍给予了中国认可，特别是在工作中使用过电脑的员工能更多感知到柬埔寨的受援趋势。

表10-11 按去过哪个国家外资企业工作划分的员工认为的为柬埔寨提供外援最多的国家分布（多选题）（$N=98$） （单位：%）

曾经就业过的外资企业类型	中国	美国	日本	不清楚
美国企业	53.57	17.86	17.86	10.71
印度企业	20.00	40.00	40.00	0.00
日本企业	45.00	15.00	15.00	25.00
韩国企业	66.67	16.67	0.00	16.67
欧盟企业	42.86	28.57	14.29	14.29
其他企业	57.50	7.50	15.00	20.00

表10-11给出曾在哪国外资企业就业过的员工对主要国家援助柬埔寨的认知情况。受访员工主要在除中国外的美国、印度、日本、韩国、欧盟等外资企业工作过的柬埔寨员工，普遍认为中国为柬埔寨提供援助最多。在印度企业工作过的柬埔寨员工认为美国和日本的援助最多。对中国的援助认知方面，在韩国企业工作过的员工比例较高于所有其他企业，已超过六成（66.67%）；对日本和美国的援助方面，在印度企业工作过的员工占比高于所有其他企业。总的来说，除去曾在印度企业就业过的柬埔寨员工有过其他外资企业就业经历的柬埔寨员工对中国援助的认知度最高。

图10-13给出家庭是否联网情况下，柬籍员工对柬埔寨提供外援助最多的国家的认知情况。受访员工普遍认为中国为柬埔寨提供外援最多，次之为美国，日本第三，印度最低，少部分人不清楚状况。对

中国的援助认知方面，家庭联网的员工有 60.78% 认为中国是援助最多的国家，高出家庭没有联网的员工 3.37 个百分点；对美国的援助认知方面则相反，家庭联网的员工占比略低于家庭没有联网的员工 2.7 个百分点；日本方面，家庭联网员工略高于家庭没有联网员工，两者相差 3.28 个百分点；印度方面，在家庭是否联网员工中比例都低，仅家庭没有联网的员工给予评价。总的来说，在柬中资企业受访员工无论家庭是否联网都普遍给予了中国认可，特别是家庭联网的员工能够更快得到相关资讯，似乎更加认同中国给予了本国最多援助。

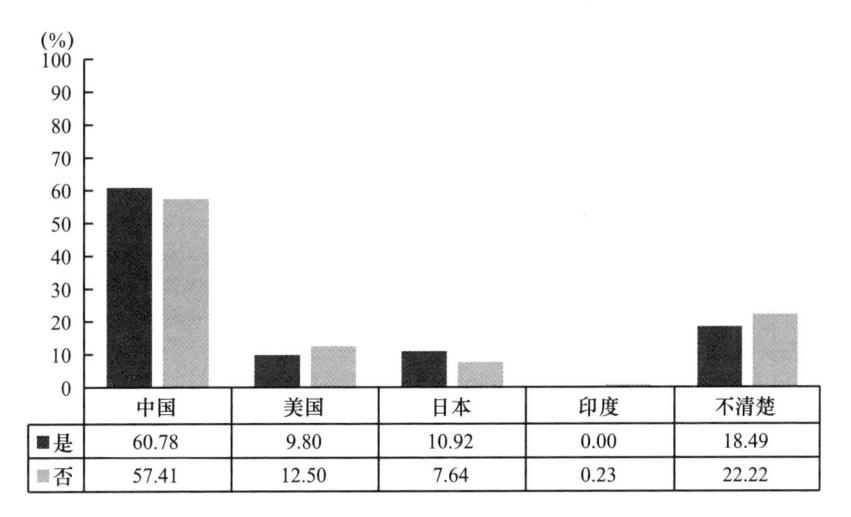

	中国	美国	日本	印度	不清楚
是	60.78	9.80	10.92	0.00	18.49
否	57.41	12.50	7.64	0.23	22.22

图 10-13　按家庭是否联网划分的员工认为的为柬埔寨提供外援最多的国家分布（$N=789$）

图 10-14 给出手机是否联网的柬埔寨员工对援助柬埔寨提供外援最多的国家的认知评价，受访员工普遍认为中国为柬埔寨提供外援最多，次之为美国，日本第三，印度最低，少部分人不清楚状况。其中，手机没有联网的受访员工虽然认为中国在亚洲的影响力最大，其次是日本、美国和印度。对中国的援助认知方面，手机联网员工占比高于手机没有联网员工，两者相差 17.86 个百分点；对美国的援助认知方面，手机联网的员工占比略低于手机没有联网员工，两者相差

3.13个百分点;日本的亚洲影响力评价里手机联网的员工和手机没有联网的员工认知评价差异较小,两者相差4.93个百分点;对印度的援助认知方面,在手机是否联网对柬埔寨员工关于印度在柬埔寨的援助评价没有影响,二者比例都较低,总的来说,在柬中资企业受访员工无论手机是否联网或没有手机都普遍给予了中国外援认可,特别是手机联网的员工可能因信息获得更广更快,对各国在柬埔寨援助情况的认知会更多,其选择和判断会更加贴近手机资讯。

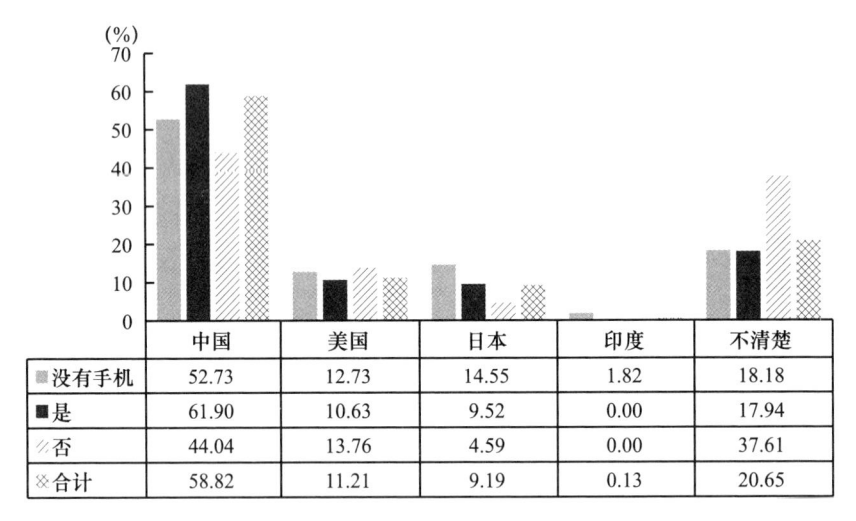

	中国	美国	日本	印度	不清楚
没有手机	52.73	12.73	14.55	1.82	18.18
是	61.90	10.63	9.52	0.00	17.94
否	44.04	13.76	4.59	0.00	37.61
合计	58.82	11.21	9.19	0.13	20.65

图 10-14 按手机是否联网划分的员工认为的为柬埔寨提供外援最多的国家分布（$N=794$）

根据本节数据分析结果可知:

首先,在柬中资企业当地员工普遍认为中国在亚洲地区影响力最大,美国次之,日本第三,印度最后。其中,男性受访员工更加认同中国在亚洲影响力最大;受教育程度越高的受访员工越肯定中国在亚洲影响力;柬埔寨主体民族的员工给予中国在亚洲影响力极大肯定。此外,在中国企业工作较长时间、网络媒体接收较多的讯息以及有外资企业工作经历后,转变了当地员工对各大国影响力的评价。

其次,在柬中资企业当地员工普遍认为中国在本地区影响力是以正面为主，且总体正面评价高于美国。中资企业在柬埔寨经营过程中，积极履行社会责任，努力融入当地文化等做法给予了当地员工从正面认知中资企业形象的渠道，但仍然存在少数媒体的负面报道以及需要解决的其他问题。

再者，在柬中资企业当地员工普遍认为中国是本国未来发展需要借鉴的国家。柬埔寨对于自身的进步，有着同改革开放以来中国要求发展一样的期许，而中国作为其重要贸易伙伴和友好邻邦，无论在国内经济发展还是在国际上都在不断前行，给予柬埔寨许多值得借鉴之处。

最后，在柬中资企业当地员工普遍认为中国是提供给本国最多援助的国家。虽然中国在援助项目上的宣传力度并不够，但是有能力接触网络媒体的员工都可以获知更多关于中国援助的资讯，从而转变对中美日在援助趋势上的判断。

因此，中国与柬埔寨在政治、经济和文化生活上有着深刻的联系，中柬双方在未来的发展和改进的事宜上尚有无限可能，中资企业正是其中重要的桥梁。

小　结

第一节分析发现：柬籍员工对中国品牌的总体认知度不高，中国品牌在柬埔寨的整体影响力尚待提升。女性、受教育程度越高的柬籍员工对中国品牌的认知度较高；而对中国品牌的认知在职业上无明显差异。此外，经常上网的员工对中国产品品牌的认知程度更高。从员工印象最深的中国品牌来看，员工印象最深的中国企业基本是手机类产品，熟悉的主要品牌是华为，其次为OPPO。

第二节分析发现：大部分受访柬籍员工知晓本企业履行的社会责任为教育援助、以钱或实物形式进行公益慈善捐赠、卫生援助和基础设施援助。在柬中资企业的社会责任履行程度以及宣传能力都有待提升。当地员工最希望中资企业履行的企业社会责任主要有教育援助、卫生援助和培训项目。

第三节分析发现：受访柬籍员工认为在亚洲影响力最大的国家依次是中国、美国、日本和印度，这一观点按柬籍员工不同个体特征（如性别、年龄、族群、工作时间、工作条件、工作经历）分类下是无差异的。关于中美在亚洲地区的影响力评价上，中美两国得到的评价以正面为主，但中国最正面的评价高于美国。此外，多数受访柬籍员工认为中国是柬埔寨未来发展最需要借鉴的对象，其次是日本、美国、印度。受访柬籍员工普遍认为为柬埔寨提供援助最多的国家是中国，这远远高于对日本、美国和印度的评价。

综上所述，中国品牌力量、中国影响力在中资企业柬埔寨员工中有积极反应，但中资企业履行社会责任的形象有待提升，有效履行并积极宣传企业社会责任，以及促使各国重新认识和定位中资企业，深化中国同柬埔寨未来发展合作的道路上提供诸多启示。

参考文献

一 中文文献

(一) 著作

《马克思恩格斯选集》,人民出版社 2012 年版。

毕世鸿:《柬埔寨经济社会地理》,世界图书出版公司 2014 年版。

李轩志:《柬埔寨社会文化与投资环境》,世界图书出版公司 2012 年版。

刘亚萍等:《2015—2016 柬埔寨国情报告》,经济管理出版社 2018 年版。

王士录:《当代柬埔寨经济》,云南大学出版社 1999 年版。

杨武:《当代东盟经济与政治》,世界知识出版社 2006 年版。

(二) 期刊

陈隆伟、洪初日:《中国企业对柬埔寨直接投资特点、趋势与绩效分析》,《亚太经济》2012 年第 6 期。

陈小英、张国胜、杨润高:《"一带一路"倡议中沿线国家劳动政策与我国产业"走出去"》,《广东社会科学》2018 年第 6 期。

傅元海、王展祥:《我国外资企业生产本地化程度研究》,《经济纵横》2010 年第 10 期。

顾佳赟:《柬美关系趋冷对"一带一路"倡议的影响及应对》,《云南大学学报》(社会科学版) 2018 年第 17 期。

顾佳赟:《新形势下柬埔寨政党政治的特点和走势》,《学术探索》2017 年第 12 期。

郭继光:《中国企业在柬埔寨的投资及其影响》,《东南亚研究》2011年第4期。

黄群慧、彭华岗、钟宏武等:《中国100强企业社会责任发展状况评价》,《中国工业经济》2009年第10期。

李京勋、鱼文英:《海外子公司经营自主权对企业绩效的影响》,《首都经济贸易大学学报》2016年第2期

李涛:《日柬关系发展的演变、动因及发展趋势》,《国际展望》2012年第4期。

李志永:《企业公共外交的价值、路径与限度——有关中国进一步和平发展的战略思考》,《世界经济与政治》2012年第12期。

刘建秋、宋献中:《契约理论视角下企业社会责任的层次与动因——基于问卷调查的分析》,《财政研究》2012年第6期。

刘菁元:《联合国全球契约的规范传播机制研究》,《国际关系研究》2019年第2期。

刘丽琴:《跨国公司本地化经营研究综述》,《现代商贸工业》2009第11期。

刘书宝:《中资企业走出去战略下的银行融资模式研究》,《金融经济》2015年第12期。

刘卫东:《"一带一路"战略的科学内涵与科学问题》,《地理科学进展》2015年第5期。

孟乔:《中资企业里的外籍高管》,《国际工程与劳务》2018年第5期。

莫盛凯:《中国公共外交之理论与实践刍议》,《外交评论》(外交学院学报) 2013年第4期。

裴长洪:《海上丝绸之路亮点:中国柬埔寨经济贸易关系发展分析》,《财经智库》2019年第4期。

全国会计领军(后备)人才培养工程2013年赴英国培训团组:《关于中资企业国际化战略管理的研究》,《财务会计》2014年第1期。

邵建平、宗蔚:《"一带一路"在柬埔寨:进展、困难和前景》,《和

平与发展》2018 年第 5 期。

王剑武：《"走出去"企业履行海外社会责任的升级研究》，《海峡科技与产业》2016 年第 3 期。

王珏、林肇宏、熊立：《跨国公司子公司自主权决定因素及其技术贡献研究——基于 369 家在华外资企业的实证研究》，《管理世界》2010 年第 5 期。

王欣、杜楚薇：《柬埔寨农业信息化发展水平评价研究》，《产业经济》2018 年第 23 期。

魏下海、董志强、金钊：《腐败与企业生命力：寻租和抽租影响开工率的经验研究》，《世界经济》2015 年第 1 期。

文淑惠：《中资企业面向东南亚投资绩效影响因素研究》，《华东经济管理》2019 年第 2 期。

武传兵：《从第四届全国大选看柬埔寨主要政党兴衰变化》，《当代世界》2008 年第 10 期。

兴旺达、颜洁：《"一带一路"倡议背景下的柬埔寨—中国关系》，《东南亚纵横》2017 年第 6 期。

邢和平：《第二柬埔寨王朝十年政治总结》，《东南亚纵横》2003 年第 3 期。

熊彬、马世杰：《中国对柬埔寨投资企业绩效及其影响因素实证研究——基于广义定序 Logit 模型》，《国际贸易问题》2015 年第 9 期。

徐明棋：《中国企业国际化经营面临的挑战与对策》，《世界经济研究》2003 年第 2 期。

许晖：《中国企业跨国经营的障碍探析与策略研究》，《经济问题探索》2003 年第 9 期。

许梅：《柬埔寨多党民主政治的困境》，《当代亚太》2004 年第 4 期。

杨保筠：《柬埔寨政党政治的发展及其特点》，《当代亚太》2007 年第 1 期。

杨保筠：《中柬关系与中国—东盟战略伙伴关系的稳定与发展》，《东南亚纵横》2018年第6期。

杨勇:《跨国企业的中国本土化策略及启示》,《河南社会科学》2014年第9期。

余明桂、潘红波:《政治关系、制度环境与民营企业银行贷款》,《管理世界》2008年第8期。

原诗萌:《国企足迹2018影响②2018年〈中央企业社会责任蓝皮书〉的新发现》,《国资报告》2019年第1期。

张全锋:《跨国企业营销本土化的理论研究综述》,《管理科学文摘》2007年第6期

张协奎:《中国企业投资柬埔寨基础设施建设探——中国—东盟国家互联互通建设系列研究之一》,《广西大学学报》2018年第2期。

赵美琳:《混合所有制改革背景下股权变动对融资效率的影响研究》,《现代商业》2019年第9期。

郑军军:《1955—1970年柬埔寨政治改革研究》,《东南亚研究》2005年第4期。

钟楠:《柬埔寨的分权化及其文化挑战》,《学术探索》2016年第4期。

钟粤俊、张天华、董志强:《政治联系会提高企业开工率吗?——基于中国私营企业调查的经验研究》,《经济学报》2019年第1期。

(三) 报纸

《"一带一路"国际合作高峰论坛成果清单》,《人民日报》2017年5月16日第5版。

《第二届"一带一路"国际合作高峰论坛圆桌峰会联合公报》,《人民日报》2019年4月28日第2版。

《和平合作 开放包容 互学互鉴互利共赢》,《人民日报》2015年3月30日第3版。

储殷:《发挥企业跨文化主导作用》,《中国石油报》2017年8月29日第4版。

都阳:《加快建设稳定高效的劳动力市场》,《经济日报》2018年11

月 1 日第 14 版。

李岸：《"一带一路"引领中柬合作再上新台阶》，《国际商报》2019 年 4 月 25 日第 B02 版。

李靖云：《中柬共探"一带一路"合作模式》，《21 世纪经济报道》2018 年 1 月 12 日第 4 版。

习近平：《携手推进"一带一路"建设》，《人民日报》2017 年 05 月 15 日第 3 版。

杨保筠：《21 世纪海上丝绸之路与柬埔寨》，《中国海洋报》2014 年 6 月 30 日第 3 版。

（四）学位论文

陈拉纳（Chhoeun Ratana）：《"一带一路"战略下柬埔寨西哈努克港经济特区发展策略》，硕士学位论文，哈尔滨师范大学，2016 年。

方天建：《冷战以来柬埔寨地缘政治变动研究》，硕士学位论文，云南师范大学，2015 年。

季鹏：《冷战后日本对柬埔寨的政府开发援助研究》，硕士学位论文，暨南大学，2014 年。

李伟光：《柬埔寨吸引中国直接投资的影响因素分析》，硕士学位论文，广西大学，2016 年。

刘易峰：《柬埔寨知识型员工工作动机对工作绩效的影响研究》，硕士学位论文，昆明理工大学，2018 年。

潘苹：《中国企业在柬埔寨投资状况及影响因素研究》，硕士学位论文，青岛科技大学，2016 年。

索玛苏尔（SOM SVOR）：《柬埔寨交通基础设施的增长效应研究》，硕士学位论文，哈尔滨工业大学，2018 年。

杨娜：《20 世纪 90 年代以来柬埔寨政治转型研究》，硕士学位论文，广西师范大学，2017 年。

杨荣国：《"一带一路"公共外交战略研究》，博士学位论文，兰州大学，2017 年。

杨小东：《云南企业对柬埔寨投资现状调查报告》，硕士学位论文，云南财经大学，2015年。

尹君：《冷战后美国与湄公河流域国家关系的发展、动因及影响研究》，博士学位论文，云南大学，2015年。

于臻：《试论柬埔寨独立后的政局演变与政权更迭》，硕士学位论文，云南师范大学，2002年。

后 记

中柬情谊，历久弥新。三国时期，中国使者朱应和康泰出使柬埔寨，二人所撰《扶南异国志》与《吴时外国传》，为世人展示了中国与柬埔寨深厚的历史渊源。1958年中柬两国正式建立外交关系后，中柬友谊如陈酿美酒，在两国良好互动中愈发醇香。如今，柬埔寨作为古代"海上丝绸之路"的重要枢纽和共建"一带一路"的天然合作伙伴。近年来发展迅速，备受中国投资者的青睐。在地缘近、民心亲的温暖基调下，我们不难发现中柬两国"相互尊重、互利共赢"的合作模式日益凸显出中柬全面战略合作伙伴关系的强大生命力。

往昔，中国为柬埔寨贡献了精致的民族文化，带去了中国传统的手工技艺，助力柬埔寨经济发展与文化腾飞。今朝，跨越这新丝路的阡陌纵横，以构建"人类命运共同体"为初衷，中国与柬埔寨之间进一步深化多元合作，共同见证"一带一路"倡议从"大写意"进入"工笔画"的转型。

在这样的大背景下，2018年初，云南大学紧紧围绕习近平总书记对云南发展的"三个定位"，决定推进"'一带一路'沿线国家综合数据库建设"，旨在主动服务和融入国家发展战略，积极参与"一带一路"建设的相关研究。在覆盖东南亚、南亚、中东、非洲等20个国家的调查版图中，由我担任柬埔寨海外中资企业调研组组长，负责柬埔寨中资企业营商环境和当地员工的综合调查与成果撰写工作。

经过前期准备与统筹工作后，柬埔寨调查团队陈瑛、邹春萌、沈圆圆、任欣霖、蔡华龙、张泽亮、张豪豪、郝栋男、李颖华、赵雨琪、李爽、李文辉一行12人接过调研大旗，与柬埔寨皇家科学院学生一起组成当地调研队伍，于2019年5月26日奔赴柬埔寨开启近一个月的调研工作。调研期间，分别派出两支调研队伍奔赴柬埔寨金边、西哈努克、暹粒三地调研，共收集企业样本55份，员工样本822份。值得肯定的是，调研团队成员虽普遍年轻，且为初次合作，但在整个调研过程中，大家都无惧高温的考验与舟车劳顿的艰辛，以耐心消融当地员工的心墙，用责任心执行并监督着样本采集过程，用真诚筑起我们与当地中资企业的心之桥。赴柬之前，他们还是温室里的花朵；现今，已然成为独当一面的小战士。在助力中国更好地开展对外投资与服务"一带一路"建设的同时，赴柬埔寨调研团队成员得到锻炼迅速成长，获益良多！

撷英采撷后，调研数据最终形成柬埔寨海外中资企业的国别报告——《企聚丝路：海外中国企业高质量发展调查（柬埔寨）》。这本书写作分工如下：陈瑛负责全书框架设计并指导数据分析和图表制作；云南省商务厅研究院程希、牛睿、张豪豪撰写第一章、第二章，蔡华龙撰写第三章，安然、张泽亮撰写第四章，张豪豪撰写第五章，赵雨琪、李爽撰写第六章，郝栋男撰写第七章，沈圆圆撰写第八章，鲁茸央宗撰写第九章，任欣霖撰写第十章；任欣霖、蔡华龙、郝栋男、张志伟参与了数据分析和图表制作。全书由陈瑛、蔡华龙、张豪豪和沈圆圆负责修改、更新、完善和校对。

本项调查得到北京大学赵耀辉教授、邱泽奇教授、翟崑教授和西南财经大学甘犁教授等几位咨询专家持续的支持和指导；感谢中国驻柬埔寨大使馆经商处、云南省商务厅、柬埔寨中国商会的协调和联系；此外，我们还要感谢柬埔寨皇家科学院VATH教授，云南企业代表处孙戮主任、易杰副主任、顾莹、施丽鑫、张杨秋雨等同志的热心帮助,以及众多中资企业负责人的理解与支持。最后,感谢云南师范大学柬埔寨语专业学生鲁茸央宗、柬埔寨留学生陈康良和上海财经大学柬埔寨留学生江利哥在外联工作上给予我们的帮助。受限于篇幅,我们未能一一列举,但所赠玫瑰,清香不散。我们定当精益求精、勇攀高峰,以此回报大家的帮助。

陈 瑛
2021年10月